오은영의 화해

상처받은 내면의 '나'와 마주하는 용기

오은영의
화.해.

오은영 지음

KOREA.COM

차례

PART 1. 부모, 그러나...

부모가 돼서 어떻게
그럴 수 있었을까요

PART 2. 그래서, 나...

당신 탓이 아니에요
그때 당신은 어쩔 수 없었어요

PART 3. 그런데 다시, 부모...

두려워 마세요
당신 아이는 당신과는 달라요

PART 4. 그리고 또다시, 나...

고통이 시작되는 곳을 알았다면
행복이 오는 곳도 알아야 해요

너무 아파했던 '당신'들,
우리 중 누가 '당신'이 아닐까요?

해결되지 않은 내면의 고통 때문에 힘들어하는 사람들의 사연을 상담하는 정신 상담 칼럼 〈오은영의 화해〉를 한국일보에 2년여 연재하면서 정말 많은 아픈 사연들이 제게 쏟아져 들어왔습니다. 굳이 정신과 의사를 찾아가지 않더라도 마음의 병에 눌려 사는 사람들이 우리 주위에 참 많았습니다. 그 상담 칼럼은 또한 정말 많은 분들이 읽어 주셨습니다. 어떤 칼럼은 몇 만 명이 읽기도 하고, 몇 천 개의 댓글이 달리기도 했어요. 그들은 사연의 주인공을 안타까워하고 위로했어요. 진심어린 조언을 하고, 앞으로의 삶을 응원하기도 했지요. 자신의 이야기를 일부 털어놓기도 했습니다. 어떤 사람은 사연의 주인공보다 더 가슴 아파하고, 분노하기도 했습니다. 펑펑 울기도 하고, 조금은 위로를 받기도 했습니다. 또 어떤 때는 제 상담 내용에 각자의 의견을 내놓으며 열띤 논쟁을 벌이기도 하였지요.

문득, 우리는 왜 그토록 그 사연들에 관심을 가졌을까 궁금해졌습니다. 따지고 보면 자신과는 아무 상관없는 이야기인데, 왜 그렇

게 절절하게 공감하며 눈물을 흘리고 화를 냈던 걸까요? 가만 생각
해 보니, 우리 중에는 그 사연의 주인공들이 아닌 사람이 없었습니다.
물론 똑같지는 않아요. 하지만 우리는 저마다 그와 비슷한 크고 작은
마음의 상처들을 가진 채 살아가고 있었습니다. 우리는 저마다 나름
대로 힘겹게 버티고 있는 '무엇'이 있었습니다. 또한 그 사연의 주인
공이 '나'는 아니더라도 '내' 옆에, '내' 앞에, '내' 뒤에 '내'가 위로해
줘야 하고 이해해 줘야 하는 소중한 사람들이었기 때문이었습니다.

　이 세상에 완벽한 사람을 부모로 가진 사람이 몇이나 될까요? 어
느 순간에는 자식에게 나쁜 말을 한 부모도 있고, 어느 순간에는 감
정을 조절하지 못한 부모도 있고, 어느 순간에는 이기적인 부모도
있었을 겁니다. 자신도 모르게 자식을 비교하고 비난하고, 형제간에
차별한 부모도 있었을 거예요. 자식에게 옳고 그름을 가르쳐 주고,
보호해 주어야 할 순간에 주저하다 방향을 잃어버린 부모도 있었을
겁니다. 그것이 지금까지 우리네 많은 부모들의 모습이었으니까요.
인간은 완벽할 수 없습니다. 완벽한 부모도 불가능해요. 그런 부모는
어디에도 없어요. 부모는 본능적으로 자식을 사랑하지만, 목숨을 바
칠 만큼 엄청나게 사랑하지만, 그래서 결국은 자식에게 어떤 식으로
든 상처를 남길 수밖에 없는 존재인지도 모르겠습니다.
　누가 봐도 문제가 있다고 할 만한 부모는 물론이고 좋은 부모라는
말을 듣는 부모조차 그럴 거예요. 어느 누구도 부모와의 관계에서 갈

등이 없을 수는 없습니다. 그 갈등의 크기는 조금씩 다르겠지요. 어떤 사람은 감당할 수 없을 정도로 커서 고통에 허우적거리기도 하고, 어떤 사람은 좀 작은 편이라 그럭저럭 처리해 나가면서 살아가기도 합니다. 그런 갈등은 누구에게나 있는 것이기에, 〈오은영의 화해〉의 사연들은 크든 작든 모두 우리의 상처, 우리의 이야기였던 거지요.

칼럼을 쓰면서 우리의 상처의 깊이에 비해 지면이 좁다는 생각을 했습니다. 우리의 힘겨움의 무게에 비해 조언이나 위로가 너무 짧은 것이 아닐까 항상 마음에 걸렸어요. 좀 더 속 깊은 이야기를 더 많은 우리와 나눠 보고 싶었습니다. 우리, 아무렇지도 않은 듯 하루하루를 버티며 살아가지만 아프지 않은 사람이 없잖아요. 나이와 상황, 사는 곳, 하는 일은 모두 다르지만 힘들지 않은 사람이 없잖아요. 내일의 삶이 불안하고 오늘의 삶이 버겁지 않은 사람이 없잖아요.

'어떻게 하면 조금이라도, 아니 잠시라도 이 많은 우리가 마음의 편안함을 얻을 수 있을까?' 고민했습니다. 이 책은 그렇게 시작되었습니다. 우리의 상처가 어디에서부터 시작되었고, 지금 우리는 왜 이렇게 아픈지, 이 아픔을 어떻게 바라봐야 할지, 앞으로 이 고통을 어떻게 다루며 살아가야 할지에 대해서 조심스럽게 적어 보았습니다. 정신건강의학과 전문의로서, 인생 선배 사회인으로서, 친구로서, 엄마로서, 형제로서, 자식으로서 고뇌하고 분석하며 연구해 보았습니다.

저는 이 책을 읽고 우리가 우리 자신과 화해하기를 바랍니다. 부모, 자식, 형제, 친구 혹은 주변 사람과의 화해는 접어 두세요. 그들과의 화해는 하고 싶지 않으면 하지 않아도 괜찮아요. 저는 단지 우리가 우리 자신과 화해할 수 있기를 간절히 바랍니다. 속절없이 당할 수밖에 없었던 '나', 그런 '나'를 보잘 것 없는 존재로 보고 미워했던 '나', 아무것도 할 수 없다고 생각했던 '나'…. 그 상처받은 '나'와 미워했던 '내'가 화해하기를 바라요. 상처의 시작은 '나' 때문이 아니었어요. 그것을 기억하세요. 그것을 알고 당신이 당신 자신과 진정으로 화해하기를 바랍니다.

　"다른 사람은 몰라도 저의 상처는 너무 깊어서 화해할 수가 없어요"라고 한다면, 이해합니다. "부모한테 매일 학대를 당했는데, 그게 가능하겠습니까?"라고 한다면, 맞는 말씀입니다. 어려울 거예요. 당신이 어려우면 어려운 것이 맞아요. 괴로우면 괴로운 것이 맞아요. 당신이 '자신과의 화해'를 할 수 없다고 한다면 그것이 맞습니다. 당신의 그 느낌에는 나름의 이유가 있는 것이니까요. 그것을 제가 감히 "그렇게까지 괴로울 필요가 있을까요?" 하지는 못합니다. 우리는 어떤 필요에 의해서 괴로운 것이 아니에요. 그냥 본인이 괴로우면 괴로운 겁니다. 그게 맞아요.

　그럼에도 저는 고맙습니다. 저에게 사연을 보내 준 분들이, 제 칼럼을 읽어 준 분들이, 강연이든 병원이든 블로그든 저를 찾아오는 모든 분이, 그리고 이 책을 집어 펼쳐 준 당신이 무척 고맙습니다. 누구한테도 털어놓을 수 없는 어려운 이야기를, 내어 놓는 것조차 너무 고통스러운 자신의 깊은 상처를 저라는 사람에게 글로 써서 보내 준 것이 고마워요. 진정한 속마음을 저에게 말해 준 것이 고맙습니다. 그 깊은 고통에 대해서, 단지 몇 줄의 글로밖에 설명할 수 없었는데도 읽어 주어서 고마워요. 다시 끌어내 생각하는 것조차 고통일 텐데 다시 한 번 내면의 고통을 들여다봐 주어서 고맙습니다. 그 어마어마한 이야기를 일면식도 없는 '저'라는 사람에게 털어놓고 조언을 구하는 그분들, 그리고 당신, 정말 진심으로 감사드립니다.

그런데 이 말을 꼭 드리고 싶어요. 그때 상처받았고 지금도 아프다고 말할 수 있는 그 자체가 당신에게 힘이 있다는 증거라고요. 힘들고 아픈 상처를 다시 들여다보고 다시 이야기한다는 것은 굉장히 어려운 일입니다. 그렇게 아팠는데 아무렇게나 살지 않고 버틴 것, 그것은 당신이 좋은 사람이라는 증거이기도 하고, 당신 안에 엄청난 힘이 있다는 증거이기도 해요.

우리 안에 어떤 문제가 있을 때, 그 문제가 나아지려면 그것에 대한 본질을 인식해야 합니다. 신문에 사연을 보낸 분들은, 저를 찾아준 분들은, 이 책을 집어든 당신은 그 인식을 가진 분이에요. 더 가여운 사람들은 문제 자체도 인식하지 못하는 분들입니다. 왜 괴로운지 모르고 괴로워만 하고 있는 사람들입니다. 당신은 문제를 인식했기 때문에 이 책의 첫 장을 펼쳤겠지요. 당신은 내면에 그런 힘을 가진 사람입니다. 인식이 있을 뿐 아니라 그렇게 상처받지 않았더라도 보이지 않는 인간의 갈등이나 고통, 인간의 상처에 대해서 관심을 가진 사람입니다. 이 부분에 눈을 뜬 사람이에요. 이것은 당신의 엄청난 내적 자원이에요. 저는 당신이 그 힘을 좀 믿었으면 좋겠습니다. 그리고 이 책을 읽어 가며 당신의 그 힘이 더 단단해져서 스스로를 지킬 수 있게 되었으면 좋겠어요.

이 책에는 수많은 '나'가 등장해요. '나'는 사실 우리입니다. 그리고 당신입니다. 제 부족한 글이 당신에게 위로가 되어 흔들리는 삶 속에서도 좀 더 고요하고 단단한 마음을 갖는 데 도움이 될 수 있기를 감히 희망해 봅니다.

정신건강의학과 전문의 오은영

PART ① 부모, 그러나...

부모가 돼서
어떻게 그럴 수
있었을까요

부모는 어떤 존재이기에
이렇게 아플까요?

스물이 조금 넘은 청년이 있었습니다. 그 청년은 저를 만나러 올 때 여름에도 가끔 빨간 목도리를 두르곤 했어요. 중학생 때부터 저와 만나 온 청년이었습니다. 사람들은 더운 여름에 빨간 목도리를 두른 젊은 남자를 종종 이상하게 쳐다보았죠. 청년의 어머니는 청년이 초등학생 때 암으로 돌아가셨어요. 어머니는 생이 몇 달밖에 남지 않았다는 말을 듣고는 빨간 털실을 몇 뭉치 사셨답니다. 그리고 매일매일 아들의 목도리를 떴어요. 청년은 어머니가 보고 싶은 날이면 빨간 목도리를 둘렀습니다. 그러면 어머니가 곁에 있는 것처럼 마음이 따뜻해지고 평안해진다고 했어요.

부모란 자식에게 어떤 존재일까요?

얼마 전에 만난 20대 중반의 여자는 아직도 그때만 생각하면 가슴이 무너진다며 하염없이 눈물을 흘렸습니다. 부모님이 이혼을 하셨고, 여자는 어머니와 함께 살았어요. 열여덟 살 어느 겨울밤, 밤새 너무너무 아파 앓다가 다음 날 새벽 도저히 견딜 수가 없어서 혼자서 응급실에 갔어요. 어머니는 옆방에서 주무시고 계셨지만 걱정하실까 봐 깨우지 않고 혼자 갔습니다. 아침까지 응급실에 있다가 열이 내려 집으로 돌아왔는데, 어머니는 여전히 주무시고 있었어요. 그녀는 어머니에게 "엄마, 나 너무 아파서 새벽에 응급실 갔다 왔어" 했대요. 어머니는 "나도 너 아픈 거 알고 있었어"라고 대답했답니다. 여자는 깜짝 놀라 "엄마, 아는데 왜 그냥 있었어?"라고 물었더니 "엄마는 다음 날 출근해야 하잖니" 하셨다는군요. 여자는 '어머니라는 사람이 어떻게 이렇게 이기적일 수 있을까'라는 생각에 가슴이 무너졌어요.

부모란 아이에게 어떤 사람이어야 할까요?

부모는 아이에게 우주입니다. 그 우주가 안전하고 그 우주에서 사랑받고 존중받는다고 느끼고 신뢰가 형성되어야 아이는 편안하게 자랄 수 있어요. 부모는 '부모'라는 이름으로 아이에게 해야 하는 상호작용이 있고, 주어야 하는 사랑이 있습니다. 이것은 아이가 부모에게 잘할 때만 주는 것이 아니라 조건 없이 주는 것입니다. 이 사랑을 받았다고 느끼는 아이는, 부모가 곁에 없어도 편안합니다. 이 사랑을 받지 못한 아이는 부모가 곁에 있어도 불안합니다. 부모가 곁에 있어서 더 불행합니다.

아버지는 술만 마시면 어머니를 때렸습니다. 어느 날 밤 어머니는 아버지가 잠든 사이, 짐을 챙겼어요. 집을 나가려고 한다는 걸 알았지요. 나는 말리지 않았어요. 아버지가 깨기 전에 얼른 가라고 했어요. 어머니가 이제는 아버지한테 더 이상 맞지 않아서 다행이라고까지 생각했어요. 어머니가 나가고 매일 주사를 하는 아버지 밑에서 어린 동생과 정말 힘들게 살았습니다. 제가 결혼하고 아이를 낳고 나니, 자꾸 그때 집을 나서던 어머니의 뒷모습이 떠올라요.

어린 시절을 떠올리면 어머니한테 맞은 기억뿐입니다. 공부를 못한다고 맞고, 방 정리를 안 해서 맞고, 전화를 안 받아서 맞고, 동생과 싸워서 맞고…. 어머니는 감정 조절을 잘 못했어요. 기분이 좋으면 부드러웠다가 아주 작은 일에도 무섭도록 차가워지고 순식간에 폭발했어요. 저희는 오락가락하는 어머니의 기분에 따라 속절없이 맞았습니다. 아버지는 그런 우리를 그냥 모른 체했어요. 보호해 주지 않았어요.

초등학생 때 사촌 오빠에게 성폭행을 당했습니다. 그때는 그걸 그냥 제 잘못이라고 생각했어요. 부모님께 말하지 못했습니다. 혼날 것 같았어요. 저를 버릴 것 같았습니다. 아버지는 어머니를 자주 때렸고, 어머니는 그럴 때마다 저와 동생을 고아원에 갖다 준다고 했거든요. 몇 년이 지나 그 사실을 어머니에게 말했어요. 어머니는 아버지가 알면 무슨 짓을 할지 모르니 그냥 덮고 살자고 했어요. 버림받은 느낌이었어요.

저는 부모 때문에 더 불행했던 수많은 '나'를 만났습니다. 그들은 마치 쏟아지는 장대비를 맞고 있는, 온몸이 상처투성이인 어린 새 같았어요. 이제 비는 그쳤지만 절뚝거리는 어린 새는 하늘을 날아오르는 방법을 잊어 버렸습니다. 다시 날고 싶은 간절한 마음에 날개를 파닥거려 보지만 여전히 상처가 송곳이 되어 자꾸만 심장을 찌릅니다. 날 수가 없어요. 심장이 너무 아파 숨쉬기도 힘들어하고 있었습니다. 도대체 부모는 어떤 존재이기에 자녀를 이렇게 힘들게 만든 걸까요?

부모는 아이에게 생명의 시작이자 생존의 기반이에요. 그리고 전쟁터의 방공호 같은 존재입니다. 아이는 부모가 없으면 살 수가 없어요. 몸도 그렇고 마음도 그렇습니다. 아이는 부모에게 조건 없이 수용받아 본 경험, 깊고 따뜻한 사랑으로 살아요. 아이는 부모에게 사랑받았던 기억으로 평생을 살아갈 힘을 얻습니다. 그런데 많은 '나'의 부모들은 그렇게 하지 않았어요. 비난과 간섭, 폭언과 폭행을 일삼았어요. '나'를 버리려고도 했습니다. '내'가 위험에 노출되었는데도 목숨 걸고 지켜주기는커녕 자신의 안위를 먼저 생각했습니다. 죽을 만큼 힘든 상황인데도 '나'를 구하러 오지 않았습니다.

오히려 철없는 어린아이여야 하는 '내'가 부모의 비위를 맞추고 챙기며 가정을 지켜야 했습니다. 안식처가 되기는커녕 신발도 신지 않은 아이를 전쟁터에 홀로 내버려 둔 것이지요. 어디서 총알이 날아올지 알 수 없는 상황, 얼마나 불안했을까요? 사파리 맹수 우리에 아이를 혼자 남겨 놓은 것입니다. 사방에서 으르렁거리는 맹수 소리에 얼마나 무서웠을까요? 아무것도 보이지 않는 칠흑 같은 망망대해에 아이 혼자 돛단배를 태운 채로 내버려 두었습니다. 얼마나 막막했을까요?

'나'는 아이를 이렇게 대했던 사람들을 과연 '부모'라고 부를 수 있을까요? '나'의 부모는 어떻게 부모로서 자식에게 이럴 수 있었을까요?

부모를 미워해도
괜찮아요

흥행에 크게 성공했던 〈공공의 적〉
이라는 영화를 기억하시나요? 이 영화가 개봉되었
을 당시, 영화를 보는 내내 너무 공포스러웠다며 눈
물을 흘리면서 저에게 뛰어온 사람들이 정말 많았
어요. 그들이 무서워한 것은 냉혹한 살인마인 조규
환이 별것도 아닌 일로 사람을 쉽게 죽이는 장면 때
문이 아니었습니다. 조규환은 펀드 매니저였어요.
부모에게 큰돈을 받아 주식에 투자해 놓은 상태였
습니다. 그런데 부모가 그 돈을 복지 시설에 기부하
겠다며 돌려 달라고 했어요. 며칠만 있으면 돈이 몇
배로 불어날 것 같은데, 부모가 말을 듣질 않았습
니다. 그러자 부모를 처참히 살해했어요. 사람들은

그 장면에서 숨겨 둔 자기 자신에 대한 두려움을 느꼈습니다.

숨겨 둔 자기 자신이란 끊임없이 잔소리와 비난을 하는 부모에게 "그만하세요! 그만하세요! 제발 그만하라고요!"라고 외친 적이 있던 '나'입니다. 그만하라고 말해도 계속해서 똑같은 비난을 하는 부모에게 "닥치라고요!" 하고 싶었던 '나'예요. 자신이 어떻게 처리할 수 없었던, 자신조차도 두려운, 부모에 대한 적개심을 가졌던 '나'입니다. 폭력적으로 대하는 아버지를 밀치고 뛰어갈 때 바닥에 나동그라진 아버지를 보고 스스로도 놀랐던 자신의 폭력성, 그렇게밖에 표현할 수 없었던 고통스러운 폭력성을 가진 '나'를 말합니다.

어느 날 문득 오래전 일기장을 펼쳤는데 '엄마가 죽이고 싶도록 밉다', '아빠가 없어졌으면 좋겠다'라는 한 구절을 발견하고는, 정말 인정하고 싶지 않고 드러나면 너무나 두려운 자기 안의 엄청난 분노심을 가졌던 '나'를 말하는 거예요. 영화는 사이코패스인 아들이 저지른 문제지만, 많은 사람이 그 영화를 보면서 자신의 내면에 해결되지 않은 고통스러운 갈등의 모습이 건드려져서 두려웠던 겁니다.

왜 이들은 이런 자신의 마음을 발견하고 무서워했을까요? 자식은 부모가 어떤 사람이든 부모를 미워하는 마음, 싫어하는 마음을 품는 것이 굉장히 불편합니다. 그런 마음을 갖는 자신이 괴롭습니다. 부모를 미워하는 것은 친구를 미워하는 것과 다릅니다. 나를 나쁘게 대했던 선생님을 미워하는 것과도 다릅니다. 부모는 마음 놓고 미워할 수 없는 대상입니다. 그저 미워하는 마음도 이 정도인데, 한순간이라도 죽이고 싶을 정도로 적개심을 가졌었다면 어떨까요? 말할 수 없이 고통스러울 겁니다. 아마 언제까지나 마음 속 깊은 곳에 꽁꽁 숨겨 두고 부인하며 살고 싶을 거예요. 그런데 영화를 통해 그 마음을 자신에게 들킨 겁니다.

이제 30대 중반이 된 한 여자도 그랬어요. 어릴 적 그녀의 아버지는 술만 마시면 폭력적으로 변했답니다. 아버지가 계단에서 굴러 떨어져서 119 구급차에 실려 가게 되었는데, 그때 자신도 모르게 중얼거렸대요. "제발 깨어나지 마라. 제발⋯." 그녀는 잠시라도 그런 마음을 가졌다는 것에 괴로워했습니다. 게다가 그녀는 어디를 가든 "그집 딸 참 착해", "너는 정말 좋은 아이야"라는 칭찬을 받았던 사람이었어요. 착하고 모범적인 아이였지요. 그랬기에 더더욱 자기 안에 있는 그런 어두운 마음을 받아들일 수 없었습니다. 아무리 나쁜 부모였어도 그런 패륜적인 생각을 하다니, 자신이 끔찍하게 느껴졌습니다. 마음 저 밑바닥에 그 고통을 묻어 두고는, 그 여자는 문득문득 자기 자신을 미워했습니다.

그런데 그런 마음, 가져도 됩니다. 인간의 무의식을 다루는 정신분석의 관점에서 보면, 인간의 저 깊은 무의식에는 죽을 만큼 힘들고 괴로우면 '나'라는 존재를 최소한 유지하기 위하여 나를 낳아 준 부모라도 죽이고 싶을 강도의 아주 감당하기 어려운 분노와 적개심과 절망감이 생긴다고 합니다. 무의식적인 정신분석이 그렇다는 것입니다. 그 마음은 굉장히 처절한 고통이에요. 그 마음 자체는 죄가 아니에요.

40대 초반의 남자는 부모가 죽이고 싶을 정도로 두렵고 공포스러웠고, 부모의 말과 행동이 고통이 되어 그 상처의 처절함에 몸부림쳤다고 했습니다. 부모를 볼 때 적개심을 느낀 적이 있었다고 고백하며 물었습니다. "저 같은 인간이 살 자격이 있을까요?"

자아의 기능 중 현실 검증력이라는 것이 있어요. 아주 본능적이고 충동적인 나의 모습을 현실에 맞게 검증해서 인간답게 행동하도록 하는 것입니다. 인간이 평생 동안 갖추려고 노력해야 하는 중요한 기능이지요. 인간은 어떤 계기로 나쁜 마음을 먹을 수도 있습니다. 못된 생각을 할 수도 있습니다. 그런 마음이 드는 것 자체는 죄가 아니에요. 마음은 언제나 자유로울 수 있습니다. 그 마음을 가졌지만 행하지 않았다면 괜찮습니다. 잘 살고 있는 거예요. '나'의 정신은 건강한 겁니다.

어린 시절 학대했던 부모를 용서하고 이제 그만 자기 안에 상처받은 어린아이를 낫게 해 주고 싶다가도, 어릴 때 기억이 떠오르면 또다시 부모가 미워집니다. 가장 많이 사랑하고 어떤 경우에도 보호해 주어야 하는 사람이 나를 감정적으로든 신체적으로든 공격했다는 것은 아이에게는 엄청난 고통과 절망입니다. 그래서 성인이 된 이후에도 여전히 부모를 미워하고 용서할 수 없다고 생각할 수 있어요.

어릴 때부터 지금까지 사사건건 지나치게 간섭하는 부모 때문에 괴롭습니다. 나이가 서른이 넘었고 번듯한 직장까지 다니고 있지만, 부모는 언제나 당신 말만 맞다고 하고 당신 말만 따르라고 합니다. 조금이라도 싫은 내색을 보이면 "내가 너를 어떻게 키웠는데", "다 너 잘되라고 하는 거야" 하며 서운해합니다. 이렇게 침습적인 부모가 있어요. 습자지에 물이 스미듯이, 자녀의 인생에 침습하는 사람들입니다. 때리고 욕하는 공격의 형태는 아니지만, 아주 수동적인 방식으로 집요하게 자식들의 인생에 스며듭니다. 자식이 스스로의 인생을 사는 것이 아니라 부모가 요구하는 삶을 살도록 강요해요. 이것은 자식을 미치도록 힘들게 합니다. 이러면 자식은 내 부모 같은 사람이 되지 않기 위해서 결혼도 하기 싫고, 아이를 낳기도 싫어질 수 있어요.

아무리 자식이라도 부모가 싫을 수 있습니다. 부모가 너무너무 밉기도 합니다. 분노도 느낄 수 있어요. 많은 사람이 그 감정을 두려워합니다. 버리지도 못하고 미워하지도 못하는 부모에게 갖는 그 당연한 감정에 오히려 자신이 더 불안해하고 괴로워합니다. 사실 그런 부모 밑에서 미움이나 분노보다 두려움을 더 크게 갖는다는 것은, 이미 '나'는 그 부모보다 성숙한 사람이라는 증거예요. 스스로 올바르게 성장하기 위해 많은 순간 자신을 채찍질해 왔을 겁니다. 그럼에도 그런 불안과 두려움은 인생에서 중요한 선택의 순간, 꼭 내 발목을 잡게 되어 있어요. 내가 원하지 않은 다른 길을 선택하게도 합니다. 참으로 가엾고 안쓰러운 일이지요.

"어머니 같은 엄마가 되지 않겠다", "아버지 같은 아빠가 되지 않겠다" 등등은 부모로부터 깊은 상처를 입었을 때 하는 말입니다. 이말에는 기본적으로 '미움'이라는 감정이 있어요. 닮고 싶지 않다는 자체가 갖고 있는 의미가 그 대상에 대해 내 마음이 '미움', '싫어함', '분노'를 가지고 있다는 거예요. 부모 같은 사람이 되지 않으려면 가장 먼저 '부모가 밉다', '부모가 싫다'라는 내 감정부터 인정해야 합니다. 너무 싫은 마음, 너무 미운 마음이 많으면 '부모라는 사람'을 극복하기가 어려워요. 미움과 분노에 지나치게 휩싸여 있으면 그들로부터 내가 받은 영향력이 무엇인지를 알아차릴 수 없기 때문입니다.

우리는 자기 자신을 잘 안다고 생각하지만, 생각보다 자신을 모르는 경우가 많아요. 내가 나를 제대로 알려면, 나조차도 나에게서 한발 떨어져 봐야 합니다. 그런데 감정은 강한데 그 감정이 무엇인지 모르면 한발 떨어져 볼 수가 없어요. '아, 내가 이런 것으로 인해 이런 영향을 받았구나. 이 영향 때문에 이런 생각을 갖게 됐구나. 그런 것 때문에 내가 이런 식으로 문제를 해결하는구나. 이런 것들이 나의 마음 안에 자리를 잡고 있구나. 이런 마음 때문에 내가 다른 사람을 이렇게 바라보는구나'라는 것을 알아차릴 수가 없습니다.

부모로 인해 생겨난 상처로 많이 고통스럽다면, 부모에게 화가 나고 분노가 느껴지겠지요. 당연히 느껴지는 그 감정을 인정한다고 내가 나쁜 사람이 되는 것은 아니에요. 내가 부모에게 받은 상처를 해결하려면, 우선 나의 마음부터 인식해야 합니다. 나의 마음을 인식하는 과정에서 나의 마음을 알아차리고, 나의 마음을 알아차린 다음에 내 스스로 그 마음을 소화시키는 과정이 필요합니다. 내가 갖는 감정부터 인정하세요. 미우면 미워하는 감정을 가져도 괜찮습니다. 분노가 치밀어 오르면 분노의 마음으로부터 도망가지 마세요. 그런 감정을 갖는 것에 지나치게 죄책감을 가질 필요 없습니다.

부모라고 다 '부모다운 것'은 아니에요

누구나 부모가 있습니다. 지금 내 나이가 몇이든, 결혼을 했든 안 했든, 아이가 있든 없든 우리는 모두 부모가 있습니다. 우리는 모두 누군가의 아이였어요. 누군가에 의해서 낳아졌고, 키워졌고, 쉴 새 없이 영향을 받았습니다. 따라서 지금 내가 나를 고민할 때, 나의 부모에 대해서 생각해 보지 않을 수 없습니다.

부모면서 도대체 왜 그랬을까? 당연한 의문입니다. 그런데 굉장히 안타까운 일이지만 세상에는 수많은 미성숙한 사람들이 있어요. 어른이 되었지만 어른답지 않은 사람들입니다. 인간다움도 어른다움도 부모다움도 갖추지 못한 사람들이 있습니다. 나이에 맞는 책임감도, 감정 조절 능력도 갖추지 못한 사람들이 있습니다. 억울한 일이지만 그런 사람 중 한 사람이 하필 내 어머니, 내 아버지였던 겁니다.

자기 마음에 들지 않으면 느닷없이 화를 내고 폭발했던 부모, 감정 조절에 문제가 많은 사람이에요. 그들은 나와는 상관없이 원래 그런 사람입니다. 사람은 자기 안에 여러 가지 주머니를 가지고 있습니다. 학습 능력 주머니, 운동 신경 주머니, 감정 조절 주머니 등등. 주머니 크기는 사람마다 다르지요. 감정 조절 주머니가 유난히 작은 사람은 자신이 감당하지 못하는 감정들을 누군가에게 마구 난장질하는 것으로 해소합니다. 그 누군가는 항상 가까이 있으면서 함부로 대해도 안전한 약자, 주로 아이가 됩니다. 아이가 여럿이라면 그중에서 만만한 자식이 그 희생양이 되고는 해요.

이들은 자신이 남에게 준 10만큼의 상처보다 자신이 받은 1만큼의 상처를 훨씬 크고 아프게 느끼는 아주 이기적인 사람들이지요. 부정적인 감정을 가래 뱉듯 강하게 토해 내고, 아이를 때리는 촉감을 느끼고, 아파하며 우는 아이들을 눈으로 보고, 있는 그대로 악을 쓰고 물건을 집어 던져야 화가 풀립니다. 요즘 '분노 조절 장애'로 인한 사건들이 참 많습니다. 화가 난다고 남의 물건을 부수고, 일면식도 없는 사람을 칼로 찌르고, 불을 지르는 사람들…. 그 사람들과 다르지 않지요. 자신의 불편한 감정을 적절하게 처리하지 못하고 극단적인 수위와 방법으로 터뜨리거나, 나를 기분 나쁘게 한 사람을 응징해야만 후련해지는 면에서는 비슷한 점이 있는 겁니다.

항상 자식보다는 자신에게 관심과 동정이 집중되기를 바랐던 부모, 이런 사람들은 뭐든 자기중심적입니다. 갈등을 해결하는 방식이나 남을 대하는 태도에서 매우 일관되게 자기중심적입니다. 무조건 자기편을 들어줘야 하고, 대화의 중심에는 늘 자기가 있어야 하고, 대못에 찔린 남의 고통보다 자기 손에 박힌 가시에 더 많은 동정을 바랍니다. 한마디로 성숙하지 못한 인격이라고 할 수 있어요. 이들의 행동은 매우 유치한 수준이라 서로의 인생에 관심을 기울이고 같이 아파해 주는 성인과 성인 간에 오가는 성숙한 관심을 갖기 어렵습니다.

사람은 성년기부터 중년기, 장년기 그리고 노년기에 이르기까지 나이에 비례할 만한 인격을 갖추어야 해요. 그런 발달이 안 된 거지요. 자기중심적인 것은 유아기의 특징이에요. 그 수준에 머물러 있는 겁니다. 이런 부모는 더 많이 이해해 주거나 더 많이 효도한다고 해도 만족시키기 어렵습니다.

자식을 버리거나 도망간 부모, 부모는 자식을 보호하는 사람이라는 개념이 없는 겁니다. 자기의 고통이 더 중요한 거예요. 자신의 유흥이나 외도를 위해서 자식을 버린 사람은 물론이고, 배우자의 폭력이나 경제적인 이유로 어쩔 수 없이 아이들을 두고 집을 나갔다고 하더라도 마찬가지입니다. 꼭 떠나야 한다면 아이까지 데리고 가 그 폭력적인 상황에서 함께 벗어나게 했어야지요.

이런 말을 듣는 것이 억울할 수도 있습니다. 사람마다 인생에 사연이 있고 고통이 있으니까요. 그러나 삶이 아무리 힘들어도 그 안에는 부모의 자리와 자식의 자리가 따로 있어요. 어떤 일이 있어도 부모라는 자리를 떠나서는 안 됩니다. 부모가 이 기본 개념을 잃었을 때 자식이 입는 상처는 자식의 평생에 영향을 줍니다.

공부를 잘해야만 인정해 주는 부모, 안타깝게도 그렇게 하는 것이 사랑이라고 잘못 믿고 있는 사람들입니다. 아이가 공부를 잘해야, 좋은 대학에 가야, 부모가 원하는 직업을 가져야 아이가 행복할 거라고 믿어요. 그렇게 만들기 위해 아이를 채찍질하고 밀어붙이지요. 폭언, 폭행도 서슴지 않습니다. 부모는 세상에서 가장 안전한 대상이어야 하는데, 자식은 부모가 늘 불안하고 두려워요.

부모와의 관계를 이루는 본질적인 구조가 언제나 자기수행에 대해 평가받고, 지적받고, 수치심을 느끼는 식의 부끄러운 과정이라면, 아이는 인정받은 경험이 별로 없게 돼요. 이러면 아이의 자존감은 굉장히 떨어집니다. 다른 사람이 자신을 흔들었을 때 그 뿌리를 지켜 낼 내면의 힘을 가지지 못하게 됩니다.

'부모'라는 이름을 붙여 줄 수 없는 인간들도 있습니다. 자식을 성추행하는 사람들이지요. 인종과 국가를 불문하고 부모의 가장 중요한 역할은 자식에게 사랑과 보호를 제공하는 겁니다. 그런데 부모가 자식을 공격했어요. 그것도 아주 심각하고 공포스럽고 천인공노할 공격이었습니다. 어떻게 그런 일이 있을 수 있을까요? 못 배워서 그럴까요? 아니요, 교육을 받지 못한 사람이라고 모두 그런 행동을 하지 않습니다. 그 사람은 인면수심의 반인륜적 인간입니다. 다른 사람의 감정과 권리를 무시하고 무책임하게 행동하는 것이죠.

이런 사람에게 자식은 자식이 아니었을 거예요. 돈이 필요하면 돈을 벌어 올 일꾼, 짐을 날라야 할 땐 짐꾼, 밥을 지어야 할 땐 가정부, 심지어 자신의 성욕 앞에서는 그 욕구를 해소할 여자였던 겁니다. 정말 짐승만도 못한 인간이지요. 이런 사람들은 자기가 뭘 잘못했는지도 모릅니다. 머릿속에서 최소 20년 간 발달했어야 할 인간으로서의 도리나 역할에 대한 부분에 구멍이 뻥 뚫려 있거든요.

만약 이런 아버지한테 성추행을 당하는데 어머니가 모른 척했다면 자식의 배신감은 이루 말할 수 없습니다. 아이는 그런 어머니로 인해 더 큰 2차 피해를 입어요. 그런데 정당화시키려는 것은 아니지만, 어머니가 장기간 폭력에 노출되어 있었다면 <u>스스로 존엄성을 잃고 판단력도 떨어진 상태가 되었을 수도 있습니다.</u>

집안의 평화를 위해서라며 아이가 친척에게 성추행 혹은 성폭행을 당했는데 덮고 사는 집, 생각보다 적지 않아요. 하지만 그건 가족이 아닙니다. 뻔히 일어난 일을 모른 척하면서 가족이 모여서 '하하 호호' 하거나 친척 행사에 모여서 즐거운 척하는 것이 도대체 무슨 의미가 있나요. 너무나 가식적이고 병리적입니다.

부모가 부모답지 않으면 아이는 아이다울 수가 없어요. 아이가 아

이답게, 자연스러운 성품으로 자라지 못합니다. 그들은 끊임없이 자식을 잘못 다룹니다. 가정의 위기가 왔을 때, 서로 갈등이 생겼을 때, 부모로서 책임져야 할 일들이 생겼을 때, 그것을 적절하게 감당해 내지 못해요. 자식이 성인이 되기 직전까지 20~30년 동안 365일 24시간 끊임없이 이상한 말과 행동, 해결 방식들을 보여 줍니다. 그런 사람들이 자식에게 주는 좋지 않은 영향은 실로 엄청날 수밖에 없습니다.

'미웠다'고 말하세요, '너무 힘들었다'고 고백하세요

어머니는 항상 동생과 저를 엄하게 키웠어요. 칭찬이나 격려를 해 준 적이 없어요. 늘 입에는 '돈'이란 말을 달고 살았고, 항상 우리 남매를 다른 집 아이와 비교했습니다. 어머니한테 사랑받고 인정받고 싶었어요. 그런데 잘 되지 않았습니다. 저는 결국 집에서도, 학교에서도, 회사에서도 인정받지 못하는 존재였어요. 스무 살이 넘자 우울증과 공황장애까지 찾아왔어요. 어머니는 나약해서 걸린 병이라며 운동이나 하라고 면박하셨지요. 언제나 제 감정에는 별 관심이 없었습니다. 오로지 '결과'가 중요해요. 어머니 시각에서 저희는 이미 망한 겁니다. 저는 아르바이트를 전전하고, 동생은 만날 취업 준비

중이거든요. 저도 제 상황에 화가 날 때가 많아요. 다 어머니 탓인 것만 같습니다. 꼭 사과받겠다는 생각도 했어요. 어머니가 했던 모진 말과 행동, 다 따지고 싶었습니다. 그런데 암이래요. 사실 날이 얼마 남지 않았대요. 갑자기 어머니의 인생도 참 불쌍하다고 느껴집니다. 요즘 어머니는 그만 죽고 싶다고만 하십니다. 잘 드시지도 않아요. 마음이 아픕니다. 이제는 사과받고 싶은 마음도 없어요. 그저 살아서 옆에 계셨으면 좋겠다는 생각이 듭니다.

우리는 언젠가 가까운 사람을 떠나보냅니다. 부모를 보낼 때도 있고 그게 형제가 되기도 하고, 친구, 때로는 자식이 되기도 해요. 누군가를 떠나보내는 건 인생에 있어 매우 자연스러운 일이에요. 그러나 익숙하고 자주 보는 풍경임에도 막상 자신의 일로 닥쳤을 때는 실감이 잘 나지 않아요. 그는 삶이 얼마 남지 않은 어머니를 보며 그저 살아계시기만을 간절히 바라고 있습니다. 어머니의 죽음 앞에서 이제는 사과받고 싶은 마음도 없다고 했지만, 이건 심정적으로 화해한 것은 아니에요. 부모로부터 큰 상처를 받았음에도 그냥 괜찮은 것처럼 덮어 두면, 부모님이 돌아가신 뒤 엄청난 마음의 폭풍을 맞을 수도 있어요.

어머니는 자식에게 감정을 부드럽게 표현하는 것이 아이를 약하게 만드는 일이라고 생각했을 수 있습니다. 부드럽게 말하면 자신이 약해질까 봐 두려웠을지도 몰라요. 눈물을 보이기라도 하면 자기가 무너질까 봐, 자식을 강하게 키운답시고 늘 독한 말, 센 말만 해 온 건지도 모르지요. '돈, 돈, 돈' 한 건 '돈이 아깝다'가 아니라 '아껴 써라'였을 수도 있고, 다른 집 아이들과 비교한 건 '넌 개만 못 해'가 아니라 '더 열심히 해 보렴'이었을 수도 있어요. 어머니가 솔직하게 마음을 표현할 수 있었다면 자식들은 훨씬 더 잘 받아들였을 겁니다. 그토록 큰 상처가 되지는 않았을 거예요. 하지만 그때의 '나'는 어머니의 말에 다른 뜻이 있을 수 있다고 생각하기에는 너무 어렸습니다.

부모의 마음을 알아차리려면 적어도 마흔은 넘어야 합니다. 제가 부모에게 늘 하는 말이 있어요. 지금 마흔 넘은 자식을 키우는 게 아니라면 알아듣도록, 좋게 말하라는 겁니다. 아이들은 결코 알아듣지 못하거든요. 그 역시 그걸 알기에는 너무 어렸고, 게다가 어머니의 따뜻함을 경험한 횟수도 부족했습니다. 따뜻함을 많이 느꼈다면 그걸 토대로 어머니의 마음을 조금은 잘 해석해 냈을지도 모릅니다. 그랬다면 상처를 조금은 덜 받았을지도 모릅니다.

어머니는 지금도 착각하고 있을 거예요. 자신이 자식들을 격려하고 지지해 줬다고, 잘 되도록 최선을 다해 뒷바라지를 했노라고. 하지만 의도가 좋았으니 어머니가 무조건 옳다는 건 아니에요. 아이들이 알아듣지 못하는 말로 표현한 건 어머니의 잘못입니다.

부모를 미워하는 자식은 왜 마음이 아플까요? '죄책감' 때문입니다. 많이 미워요. 하지만 미움만 있지 않아요. 그 안에는 사랑도 있어요. 삶의 끝자락에 있는 어머니가 너무나 불쌍하고 모든 걸 제쳐 두고 조금이라도 더 살기를 바라는 마음이 있습니다. 하지만 부모가 아프다는 이유로 부모에 대한 미움을 구석으로 밀어 버리고 그런 상태에서 부모가 세상을 떠나 버리면, 사람은 본능적으로 자신을 탓하게 됩니다. 부모에게 상처받았다고 느꼈을 때, 부모에게 섭섭했을 때, 그래서 부모가 밉다고 생각한 그 마음 때문에 부모가 사고가 나기도 하고 암에 걸리기도 한 것은 아닐까 생각하게 됩니다. 그것 때문에 고통받는 자녀가 많습니다. 그런데 당연히 아니지요. 부모의 죽음은 암과 같은 '질병'이나 '사고' 때문입니다. 어머니와 이 문제에 대해서 대화하지 않으면 안 됩니다. 대화하지 않은 상태에서 어머니가 돌아가시면 오해를 풀 대상이 사라져 버리기 때문에 '나'는 엄청난 죄책감에 시달리게 될지도 몰라요.

어린 시절 부모에게 상처를 받았다면, 때로 어머니를, 아버지를 미워했던 적이 있다고 담담하고 솔직하게 고백하세요. 원망했던 적도 용서할 수 없다고 생각했던 적도 있다고 말하세요. 그러나 돌아보니 그런 마음만 있는 게 아니더라고, 부모님이 무슨 말을 해도 좋으니 그냥 곁에 살아 있어 주기만을 바라는 마음이 내 안에 분명히 있다고 말이에요.

이렇게 말하면 부모님이 뭐라고 하실까요? 가슴 아프지만 부모님이 이제 와서 진심 어린 사과를 할 거라고 기대하지 마세요. 대부분 사과하지 않습니다. 사과를 받아야만 나의 상처가 치유되고 마음이 편해지는 것은 아닙니다. 사과받는 데 매달리면 부모가 끝내 그 기대를 저버리고 떠날 경우에 더 큰 상처를 받을 겁니다. 부모에게 사과를 받는 것이 중요한 것은 아닙니다. 지금 당신에게는 자신의 마음을, 자신의 오랜 아픔을 부모에게 털어놓는 그 시도 자체가 중요해요.

"네가 엄마 때문에 그렇게 힘들었는데도 잘 살아 줘서 고맙다. 엄마가 눈이 멀었다. 진심으로 미안하다. 엄마는 이제 다른 것은 바라지 않아. 네가 엄마 딸로 이렇게 살아 주는 것만으로 충분해. 네가 편안하게 살 수 있는 것, 그게 엄마가 원하는 전부란다." 20대 초반의 자녀에게 사과하고 싶어 하는 40대 후반 엄마에게 제가 적어 드린 말이에요. 현실에서 부모가 자식에게 이렇게 말해 준다면 얼마나 좋을까요?

한 여자가 열흘 전 교통사고를 당했습니다. 병원에 입원할 정도로 많이 다친 것은 아니지만, 몸이 계속 안 좋아 일주일은 집에서 거의 누워 있었습니다. 교통사고가 났던 날, 언니가 부모님께도 알렸는데 부모님은 전화 한 통이 없었습니다. 여자는 남동생이 똑같은 일을 당했다면 부모님이 이렇지는 않을 거라고 생각하니 서러워졌습니다. 어린 시절 내내 그랬거든요. 부모님은 공부 잘하는 예쁜 언니와 아들 귀한 집에서 막내로 태어난 남동생만 예뻐했습니다. 딸은 드라마 〈응답하라 1988〉에서 나온 덕선이가 딱 자기 같다고 생각했어요.

그런데 오늘 친정어머니가 집에 오셨습니다. 딸이 허리도 다리도 아프다고 하자, 어머니는 "너 뚱뚱해서 그래. 너는 살만 빼면 돼"라고 하셨어요. 어머니는 딸이 아이를 낳고 나서 살이 계속 찌는 것이 늘 걱정이었습니다. 여자는 너무 섭섭해서 절규하듯이 말했습니다. "아니, 나 교통사고 당해서 온몸이 아프다고!" 어머니는 다시 "너는 다 살쪄서 아픈 거야. 살만 빠지면 다 나아" 했어요. 딸은 "엄마, 나 지금 아프다고!"라며 울부짖었지만, 돌아온 말은 "야야, 이 세상에 안 아픈 사람 어디 있니? 난 더 아파. 난 나이 들어서 더 아파"였습니다.

딸은 어린 시절의 서러운 기억이 모두 살아났어요. '항상 이런 식이었어. 항상 이런 식이야.' 더 이상 참을 수가 없어서 따지듯이 말했어요. "엄마, 이건 다른 문제잖아. 나는 지난주에 교통사고가 나서 몸이 아파. 그게 어떻게 살쪄서 아픈 거야? 진짜 너무 하는 거 아니야? 그리고 딸이 교통사고가 났는데 어떻게 전화 한 통 안 할 수가 있어? 나 엄마 딸 맞아? 내가 얼마나 상처받았는지 알아?" 딸의 원망스러운 말에 친정어머니는 대답합니다. "그러는 너는 왜 먼저 전화를 못 하냐? 꼭 엄마가 먼저 전화해야만 하니?" 딸은 어린 시절 이야기까지 꺼내며 원망을 퍼부었습니다. 어머니는 딸의 말을 다 듣더니 말합니다. "네가 그렇게까지 생각하는 줄 몰랐다. 너도 참 너무한다. 그때 엄마가 얼마나 힘들었는데, 딸이 돼서 그것 하나도 이해를 못하니?" 딸은 주저앉아서 주먹으로 가슴을 쾅쾅 때렸습니다. 딸이 엄마에게 듣고 싶었던 말은 단 네 음절이었습니다. 미·안·하·다….

많은 부모가 자식의 고백에 "그랬다면 미안하다"가 아니라 "그랬다면 이해해라"라고 합니다. 이들이 정말 자식 걱정을 한 번도 안했을까요? 저는 그렇게는 생각하지 않습니다. 걱정했을 것입니다. "미안했다. 나는 그런 뜻이 아니었는데 사느라 바빠서 못 챙겼어. 네가 그렇게 받아들였다면 마음이 상했겠구나. 미안하다." 이렇게 말해 주면 그 엉킨 실타래가 조금은 풀릴 텐데, 우리 부모들은 끝끝내 그렇게 말하는 것에 참 인색합니다.

어떤 분은 부모에게 편지를 보냈습니다. 스무 통을 넘게 보냈지만 태도에 변화가 없고 답변도 없었답니다. 부모 입장에서 보면 억울할 수 있어요. 하지만 부모 자식 간에는 자식이 아무리 나이가 많아도 자식은 자식이에요. 자식이 더 억울한 겁니다. 억울함이 깊다면 부모의 의도와는 달리 어떤 형태로든 자식에게 그 억울함이 쌓이도록 상처를 준 거예요. 하지만 대부분의 부모는 그 억울함을 해결해 주지 않아요. 사과조차 안 하는 걸요. 결국은 자신이 해결해 나가야 합니다.

당신에게 부모와 상처에 대해 대화하라고 조언하는 것은, 그 자체가 자신의 삶을 적극적으로 해결해 보려는 시도이기 때문입니다. 부모가 당신의 말에 미안하다고 사과를 하든 안 하든, 한 번쯤 속마음을 표현한다는 그 자체가 당신 자신에게 도움이 되는 행위이기 때문에 중요합니다.

이해는 해도, 용서는 되지
않을 수 있어요

형은 어린 시절부터 공부도 안 하고 문제도 자주 일으켰습니다. 부모님은 그런 형을 신경 쓰느라 저는 항상 뒷전이었지요. 저는 부모님을 배려하는 마음에 부모님 일도 돕고 공부도 열심히 했습니다. 형은 폭력적이기도 했어요. 저는 초등학생 때부터 형에게 지속적으로 폭행을 당했습니다. 지금 제 나이가 20대 중반입니다. 형은 여전히 저를 때립니다. 이유도 없어요. 부모님은 그저 참으라고만 하세요. 심지어 형의 기분을 풀어 주라는 말까지 하십니다.

이제는 못 참겠다고 말하는 것이 너무나 당연한

상황인데도, 부모는 또 참으라고 합니다. 도저히 불가능한 인내를 해 왔는데, 부모는 그 오랜 인내를 당연한 일로 여깁니다. 남자의 몸과 마음은 얼마나 아팠을까요? 절대 있어서는 안 되는 일이지만, 가족 구성원으로부터 성폭력 피해를 입은 사람이 있을 때, 가족들이 피해 자에게 "너만 참으면 우리 모두 잘살 수 있다"라고 말하는 것과 본질 적으로 같은 상황입니다.

부모는 충돌을 피하기 위해 첫째 아들에게 문제가 있다는 것을 알 면서도 눈 감아 왔어요. 이런 부모의 행동은 의도와 무관하게 첫째 아들의 폭력성을 그의 정체성으로 인정한 셈이 되어 버렸습니다. 마 치 '도둑이니까 도둑질을 하지'라고 생각해 버리듯 말이죠. 그 어떤 상황에서도 가족은, 아니 사람은 타인을 때릴 권리가 없습니다. 어 느 누구도 그 어느 때라도 상대방을 때릴 권리는 없어요. 가족이라 는 이유로 부당함을 참으라고 해서는 안 됩니다.

지금 남자의 마음은 가족으로부터 받은 상처로 인해 너덜너덜해 졌을 것 같아요. 남자는 기본적으로 착하고 불평을 잘 하지 않는 사 람입니다. 그래도 이건 해도 해도 너무합니다. 억울할 거예요. 보통 억울하다는 마음에는 원망과 분노가 들어차 있을 때가 많습니다. 하 지만 남자는 화가 많이 났다기보다는 너무나 상처를 받아 마음이 만 신창이가 되었습니다. 힘든 상황에서도 부모에게 아들로서 최선을 다하려고 했던 착한 사람이에요. 하지만 부모는 형으로부터 그를 보 호해 주지 않았습니다. 먼저 도움을 요청하기까지 했지만 거부당했어요. 자신의 삶의 근간이 무너져 버린 것 같은 좌절감을 느꼈을 겁니다.

그는 왜 그렇게 오랫동안 형의 폭력을 참아 왔을까요? 아마 기본적으로 타인에 대한 공감 능력이 뛰어난 사람이었을 거예요. 부모가 힘들어하는 모습을 보며 '나라도 그러지 말아야지'라고 생각했을 겁니다. 그렇게 했을 때 부모로부터 인정받은 듯한 느낌도 있었을 거예요. 종종 부모들이 하는 "너는 신경 쓰이게 하지 않아서 좋다" 같은 말은 아이의 평생을 좌우하는 말이 되기도 합니다. 아마 남자도 이 말 자체가 자신의 모습이 되어 버린 것 같아요. 인내하고 착한 아들로 있어야 부모로부터 인정과 사랑을 받을 수 있다고 느꼈을 거예요. 그런데 지금 남자가 살려면 형과 단절해야 합니다. 더 참는다고 형이 바뀌지 않아요. 집에서도 나와야 합니다. 경제적으로 여유롭지 않다는 이유로 형과 같은 집에 사는 건 정서적으로 전혀 도움이 되지 않아요.

한 여자가 울면서 저에게 물었습니다. "원장님, 제가 혹시 아이를 학대하고 있는 건가요?" 제가 대답했습니다. "당신이 하고 있는 건 학대가 맞습니다. 그러나 저는 당신이 아이를 사랑한다는 것을 의심하지는 않습니다." 아이가 성장하는 과정에서 신체적으로나 정신적으로 건강하고 편안한 상태를 유지하는 데 문제를 일으키는 모든 행위는 학대입니다. 언어적 학대에는 욕설과 비난, 모욕, 핀잔을 주는 것이 포함됩니다. 신체적 학대는 때리는 것입니다. 때리는 모든 행위가 다 학대일까요? 네, 그렇습니다. 실수가 아닌, 때리려는 의도로 때린 건 다 학대예요. 살살 때리든 세게 때리든 학대입니다. 학대에 크고 작고는 상관없어요.

그녀의 어린 시절은 정말 최악이었어요. 어릴 때부터 대학생이 되기까지 큰오빠한테 맞았어요. 폭력에 쉽게 노출되었고, 집안의 누구 하나 그 폭력을 지적하지 않았습니다. 큰오빠는 집안에서 아무도 건드릴 수 없는 폭탄 같은 존재였습니다. 앞의 사연에서 남자의 형과 비슷한 사람인 것 같아요. 오빠는 부모 대신 훈육을 한다며 때렸습니다. 부모는 딸이 맞는 것을 봐도 말린 적이 한 번도 없었답니다. 어느 날 여자가 오빠에게 흠씬 맞고 어머니를 붙잡고 울었더니, 어머니는 이렇게 말했습니다. "또 뭘 잘못했니?"

학대는 대물림되기 쉬워요. 학대 속에서 자란 사람은 학대하지 않는 법을 배우기 어렵습니다. 여리고 가여운 소녀는 폭력을 당하며 마음속에 분함과 억울함이 생겼어요. 그리고 엄마가 되어 아이가 잘못을 하면 훈육을 한다며 아이를 때리게 되었습니다. 큰오빠가 그녀를 때릴 때 부모가 "동생이 무슨 잘못을 했든 때리는 건 절대 안 돼!"라고 말해 주었다면 지금 그녀의 인생은 어떻게 바뀌었을까요? 부모는 자식에게 옳고 그름에 대한 확신을 줘야 해요. 아닌 걸 아니라고 말해 줘야 합니다. 그러나 그녀의 부모는 그런 역할을 해 주지 않았어요. 오히려 왜 까다로운 애를 건드리느냐고 하면서 모든 문제의 원인을 집에서 가장 약자인 딸의 탓으로 돌렸습니다.

　이제 어른이 된 그녀는 자신의 어린 시절을 이렇게 이해했어요. "지금 생각해 보면 부모님이 큰오빠를 무서워해 문제를 회피한 게 아닌가 싶어요. 불같은 아들과 부딪히느니 그냥 저 하나 맞도록 두는 게 편하니까요." 저는 그녀의 말에서 이루 다 말할 수 없는 무력감을 느꼈어요. 또한 이루 다 말할 수 없는 비겁함을 느꼈습니다. 집안의 가장 작고 약한 사람이 가장 크고 강한 사람에게 당하는데, 어떻게 부모라는 위치에 있는 사람이 나서지 않을 수 있을까요? 어떻게 그 순간에도 자신의 안위를 먼저 걱정할 수 있었을까요?

　그녀는 그때 부모가 왜 그런 행동을 했는지 알 것 같다고 했습니다. 하지만 안다고 마음이 풀리지는 않아요. 사람의 생각과 판단을 '인지'라고 합니다. '그래, 그때 오빠가 워낙 불같은 성격이었으니까 부모님도 무서웠을 거야'라고 생각할 수 있지만 그것을 인지한다고 해서 마음이 풀리는 것은 아닙니다. 마음은 생각이 아니에요. 정서의 반응입니다. 머리로는 알지만 마음은 용서가 되지 않을 수 있습니다.

　남편이 외도를 했어요. 어쩌다가 한 실수가 아닙니다. 꽤 오랫동안 한 것 같아요. 아내는 남편이 외도했다는 그 자체보다 남편이 오랫동안 자신을 속여 왔다는 것이 도저히 용서가 되지 않았습니다. 남편은 자신의 행동을 뼈저리게 뉘우치고 있었어요. 아내에게 너무 미안해했고 진심으로 잘못했다고도 했습니다. 자신이 정말 아내와 아이들에게 못할 짓을 했다고 후회도 했어요. 아내는 남편에게 온갖 욕설을 퍼붓고 때리기도 했습니다. 남편이 저에게 물었습니다. "원장님, 도대체 언제쯤 저를 용서할까요?" 저는 용서받지 못할 수도 있다고 대답했어요. "네?" 남편은 놀랐습니다. 저는 말했어요. "그러나 어느 정도 완화되어 살아갈 수 있을 겁니다. 하지만 아내의 상처가 너무 깊어 쉽게 용서되지 않을 수 있습니다. 그냥 최선을 다하세요." 정말 그래요. 아내는 남편의 행동을 죽을 때까지 용서하지 못할 수도 있습니다.

용서는 인간만이 가지고 있는 고차원적인 가치지요. 하지만 강요할 수는 없습니다. 용서를 하고 안 하고는 그 사람의 마음이에요. 그 사람 마음 안에서 일어나는 일입니다. 이해도 마찬가지예요. 내 마음 안에서 일어나는 일입니다. 누구도 나에게 강요할 수는 없어요. 부모를 이해하려고 지나치게 애쓰지 않아도 괜찮습니다. 부모가 준 상처들은 영영 아물지 못할지도 몰라요. 이해가 안 되면 안 되는 채로, 용서가 안 되면 안 되는 채로 있어도 괜찮아요. 그렇게 살아도 괜찮습니다. 그것이 당신의 감정에 대한 존중입니다.

거리를 두세요,
잘하려고 애쓰지 마세요

여자는 친정어머니에게 두 살 난 아이를 맡기고 있어요. 어머니는 여자의 집안 살림은 물론이고 육아, 주말 일정, 시댁 일까지 사사건건 간섭을 합니다. 조언 정도가 아니라 지시였고, 따르지 않으면 화를 냈어요. 사위에게도 민망할 정도로 이래라저래라 했습니다. 여자는 어머니에게 화도 내 보고 울면서 호소도 해 보았습니다. 소용이 없었어요. 그녀는 숨이 막혀 죽을 지경이었습니다.

여자는 자라면서 어머니와 즐거웠던 기억이 별로 없다고 했어요. 어머니가 자신을 키워 준 어린 시절이 행복하지 않았고, 현재도 이렇게 고통스러운데 여자는 왜 친정어머니 곁을 떠나지 못하는 것일까요? 어린아이는요, 생존하기 위해 부모에게 의지하며 애착 행동을 합니다. 부모가 지속적으로 거절하거나 귀찮아하면 아이는 절망해서 더 이상 부모에게 다가가지 않아요. 겉으로 보기에는 독립적인 아이로 자라는 듯하지만, 그건 '허구의 독립'일 뿐입니다. 아이는 뒤늦게라도 그 결핍을 채우고 싶어 하지요. 여자도 그런 것 같아요. 뒤늦게 의존적 욕구를 채우고 결핍을 메우고 온전히 수용받는, 자식으로서 부모에게 관심과 보호를 받으려는 마음 때문에 친정어머니 옆에 머물러 있는 것으로 보입니다. 어릴 때처럼 외로워지는 것보다 지금이 낫다는 무의식적인 생각 때문이지요. 상처받은 어린아이가 이제 성인이 되었는데도 부모 곁에 붙어서 사랑과 관심을 여전히 갈구하고 있는 겁니다.

　여자는 친정어머니로부터 빨리 멀어져야 합니다. 여자는 성인이 되었지만 마음은 충분히 단단하지 못해요. 다시 어머니가 자신의 가족의 행복을 망칠까 겁내고 있습니다. 어머니가 키우는 자신의 아이가 자신처럼 행복하지 않은 사람으로 성장할까 두려워하고 있어요. 어머니와 신체적, 물리적으로 멀어져야 합니다. 먼 곳으로 이사를 가는 것도 좋아요. 어머니와 자주 만나지 말고 정서적 거리도 유지해야 합니다. 자식으로서의 도리를 하고, 좋은 일 있을 때 가끔 만나는 정도가 좋습니다. 안부 전화도 자주 하지 않아도 돼요. 관계를 끊거나 원수처럼 지내라는 말이 아닙니다. 자신의 마음이 불편해지면서까지 부모에게 잘하려고 애쓰지 말라는 겁니다. 그저 마음이 편안한 선에서만 해도 돼요. 그게 진정한 효도입니다.

　많은 이들이 부모 곁을 떠나는 것을 두려워합니다. 부모 마음이 아플까 봐, 다른 사람에게 손가락질을 받을까 봐, 경제적으로 빈곤해질까 봐, 일상생활이 불편해질까 봐 등 떠날 수 없는 여러 가지 명분을 세우기도 하지요. 떠나는 과정에서 생기는 충돌을 두려워하기도 합니다. 그러나 그 무엇보다도 마음이 가장 힘든 것은 부모가 나에게 많은 상처도 줬지만, 사실은 나를 사랑하기도 했음을 알기 때문입니다. 하지만 나의 행복을 위해서, 내 아이와 배우자의 행복을 위해서, 아이를 보다 안정적으로 키우기 위해 선택하는 삶의 방식을 비난할 사람은 없어요. '핵가족'이라고 부르는, 부부와 자녀가 중심이 되는 삶은 당연한 겁니다. 결혼하지 않았다고 해도 성인이 된 사람의 독립은 문제될 것이 없어요.

　물론 부모의 반대가 심할 수도 있어요. 응대하지 마세요. 싸우지 말고 묵묵히 듣고 있다가 준비된 순간에 행동하세요. 그래야 포기시킬 수 있습니다. 지금 자식과 사이가 그리 좋지 않은 부모라면, 어차피 설득하거나 말로 이기긴 쉽지 않아요. 이제 와서 부모 성격을 바꿀 수도 없습니다. 당장 부딪히는 게 겁나서 부모와의 갈등을 내버려 두면 언젠간 곪아 터질 가능성이 커요.

　아이를 맡겨야 한다면 그래도 가족인 친정어머니가 아이를 봐 주시는 게 낫지 않을까 생각하기도 합니다. 하지만 나와 좋은 기억이 많고 나를 편안하게 키워 준 어머니, 지금 관계가 편안한 어머니가 아니라면 되도록 아이를 맡기지 않는 게 좋아요. 어머니와 나의 관계가 아이와의 사이에서 되풀이될까 봐 두려울 겁니다. 그 불편하고 두렵고 복잡한 마음 위에 흔들거리면서 서 있지 말라는 이야기예요. 조금 힘들어도, 잘 모르면 책도 읽고 전문가를 찾아가면서라도 내 아이는 내가 주도적으로 키우는 것이 좋습니다. 그것이 아이에게도 자신에게도 좋습니다.

부모 중에는 요구적인 사람이 많기도 해요. 자식과 부모의 관계에서 중요한 첫 번째는 요구가 아닌 조건 없는 수용과 수긍이에요. 조건 없이 자식을 가장 소중한 사람으로 대하는 것입니다. 잘나도 못나도 있는 그대로 수용하는 것, 여기서부터 변화가 시작될 수 있어요. 자식은 부모보다 어립니다. 그래서 먼저 수긍해야 하는 건 언제나 부모 쪽이어야 합니다. 요구는 자식의 몫이에요. 인정해 달라고, 사랑해 달라고, 찾을 때 대답해 달라고 하는 것이 자식의 역할입니다. 그런데 이것을 부모가 하는 경우가 너무 많아요. 부모는 이런 요구를 대화라고 착각합니다. 사랑이고 관심이라고 착각합니다. 그렇게 되면 자식은 날개를 제대로 펴지 못해요. 자기 삶을 자기답게 살지 못합니다.

자식은 일정한 나이가 되면 부모로부터 독립해야 합니다. 그것이 순리입니다. 반항도 배신도 불효도 아니에요. 만약 부모가 지나친 집착으로 자식의 독립을 막는다면, 진정한 독립을 위해서 부모와 거리를 둘 수밖에 없습니다. 진정한 독립이란 연을 끊는 게 아니라 몰두하는 대상이 바뀌는 거예요. 부모보다는 나의 배우자, 내 아이 그리고 내가 몰두하고 싶은 것으로 말이지요. 결혼 후에도 부모의 간섭이 이어진다면 "제 가정이니까 제가 하나씩 배워 가면서 만들게요. 이제 제가 가장 많이 의논할 대상은 어머니가 아니라 배우자예요"라고 단호하게, 반복해서 말해야 합니다. 그렇게 지금 선을 그어야 해요. 그렇다고 사이가 나빠지거나 등을 지고 지내라는 것이 아닙니다.

자식이 성인이 되면, 부모도 자식과 거리를 좀 두는 것이 좋아요. 남남처럼 지내라는 것이 아닙니다. 과한 통제와 간섭은 그만해야 합니다. 그래야 자식과 좋은 사이로 지낼 수 있어요. 자식의 어떤 면이 너무 안타깝다면 가끔 진지하게 이야기해 줄 수는 있어요. 하지만 거기까지입니다. 안타깝지만 자식이 성인이기 때문에 부모가 원하는 방향으로 살도록 요구할 수 없어요. 말할 때도 징글징글하게 느껴질 정도로 애원한다거나 잔소리를 퍼붓는 식으로 하지 말아야 합니다. 소리를 지르거나 화를 내면서 말하는 대신 선을 그어 주는 것이 좋습니다. 자식이 돈을 계속 가져간다면 "너 지금까지 엄마한테 가져간 돈이 얼마야? 또 뜯어 가려고?"가 아니라 "굉장히 안타깝지만 우리가 도와줄 수 있는 건 여기까지밖에 안 된다" 하는 식으로 진지하게 말하고 선을 긋는 것이지요. 자식이 스스로 해결할 수 있게끔 한발 물러서야 하는 겁니다.

우리는 가족이라는 이름 하에서 모든 것을 너무 강요받고 그것을 따르지 않으면 나쁜 사람 취급을 하는 것 같아요. 부모가 형제 사이에 돈을 빌려 주라고 강요하기도 합니다. 돈이 없다고 하면 돈 잘 버는 것 다 아는데 형제를 안 챙긴다며 나쁘다고 하죠. 가족 구성원 개인에 대한 존중이 전혀 없는 지나친 가족주의입니다. 가족주의는 때로 좋기도 하지만, 너무 강하면 그 안의 개인은 불행해질 수 있어요.

성인이 되었는데도 부모가 계속 좋지 않은 영향을 줍니다. 어린 시절 부모에게 받은 상처에서 계속 피가 나요. 그 부모와 계속 엉켜 붙어 있는 것은 상처 치료에 도움이 안 됩니다. 상처가 나으려면 깨끗하게 딱지가 앉고, 그 딱지 안쪽으로 새살이 돋을 수 있도록 도와야 해요. 그러려면 최소한 상처를 다시 건드려서는 안 됩니다. 계속 비슷한 자극을 주는 것은, 딱지가 앉을 만하면 뜯고 앉을 만하면 또 뜯는 것과 같아요. 상처가 낫기는커녕 다시 고름이 생기고 상처는 더 커지게 되겠지요. 상처가 심해지면 낫기가 더 힘듭니다.

너무 힘들면 거리를 두세요. 멀어져도 괜찮습니다. 가족이 서로 관여하지 않거나, 사는 거리가 멀거나, 연락이 좀 뜸하다고 가깝지 않은 것은 아닙니다. '정말 잘 지냈으면 좋겠다'라는 마음이 형식보다 더 중요한 거예요.

부모를 나와 떨어뜨려
다른 개체로 바라본다면

　　부모에 대한 증오심은 나를 힘들게
합니다. '나는 어떻게 생겨 먹었기에 부모한테 이
런 마음을 갖지?'라는 마음과 동시에 '어떻게 나를
그렇게 대했을까? 도대체 나를 왜 미워했을까?' 하
는 의문이 공존합니다. '내가 오죽 못났으면, 나를
낳아 준 부모조차 나를 사랑하지 않았을까? 나는
얼마나 재수가 없으면 그런 사람을 부모로 만났을
까?' 하염없이 내가 형편없다는 생각도 듭니다.

　세상에 형편없는 사람은 없습니다. 모든 인간은
존중받을 가치가 있어요. 때문에 자기 자신을 형편
없다고 생각하는 것은 너무나 잘못된 것입니다. 그
런데 부모에게 상처받은 사람은 좀처럼 그 생각을

떨쳐 버리기가 어려워요. 자식을 잘못 다루는 부모는 끊임없이 자식에게 잘못된 생각을 심어 주기 때문입니다.

당신은 그렇게 까다로운 아이가 아니었어요. 그냥 제 나이에 맞는 아이다운 행동을 했을 뿐입니다. 그런데 자기중심적인 부모는 본인이 아이를 제대로 못 다루면서 "너는 정말 까다로운 아이야. 너는 정말 사람을 힘들게 해"라고 합니다. 아이는 스스로를 까다롭다고 생각하고 자랍니다. 감정 조절을 못 하는 부모는 어떨 때는 잘못해도 넘어가고, 어떨 때는 별일 아닌데도 아이를 때립니다. 그러면서 사과 대신 설명을 합니다. "네가 맞을 짓을 하니까 그렇지, 내가 그냥 때리니?"

세상에 '맞을 만한 짓'이란 없어요. 자신이 감정 조절을 못 하는 것을 아이 탓으로 돌리는 것이죠. 하지만 아이는 자신을 맞을 만한 짓을 하는 사람이라고 생각하며 자랍니다. 맞을 만한 짓을 하면 때려야 된다고 생각하며 자랍니다. 이 외에도 아이를 잘 다루지 못하는 부모가 흔히 하는, "넌 어쩌면 그렇게 너만 생각하니?", "거봐, 내가 제대로 하라고 했지? 내가 그렇게 될 줄 알았어", "너한테 돈을 써 봤자 소용이 없어", "내가 너처럼 이상한 애는 처음 봤다" 등등의 말들은 모두 아이에게 잘못된 자아상을 심어 주게 됩니다.

대부분의 사람은 성인이 되면 상황을 조금은 객관적으로 보는 능력이 생깁니다. 즉, 누군가 화를 잘 내면, '어휴, 저 사람은 그럴 일도 아닌데, 좋게 말해도 될 것을 왜 화부터 내지?' 하고 생각합니다. 그런데 어린 시절 화부터 내는 부모를 보며 자란 사람은 '내가 이렇게 행동하면 우리 엄마는 꼭 저런 식으로 반응을 하더라' 하고 상황을 객관적으로 판단하지 못합니다. 아이는 그저 어머니가 혼내면서 하는 말과 행동의 영향을 고스란히 받아, 무조건 자기가 잘못했다고 생각하거든요. 그렇게 자라면서 자기 자신을 꾸준히 왜곡시켜 나가게 되지요. 자신에 대한 왜곡된 자아상, 세상을 보는 왜곡된 창을 꾸준히 만들어 갑니다. 그러면 어른이 되어도 상황을 객관적으로 보지 못하고 왜곡된 자아상으로 상황을 해석해 버리고 맙니다.

자식이 부모를 미워하는 마음을 가지고 있다면 부모에게 상처 입은 '무엇'이 있을 거예요. 상처가 깊다면 반복해서 받았을 겁니다. 상처 낸 그 무언가는 아마 부모가 끊임없이 주었을 겁니다. 그리고 '나'는 자신도 모르게 부모가 자신을 나쁘게 대하는 이유 중에 자신이 못난 부분이 있다고 생각하며 자라게 됩니다. 잘못된 자아상을 갖게 되는 거지요.

〈오은영의 화해〉에 사연을 보내신 많은 분이 그랬어요. 어린 시절 부모에게서 받은 영향으로 왜곡된 자아상을 가진 채, 인생의 계단들을 돌아가느라 상처입고 다치고 떨어지고, 때로는 주저앉아 울고 있었습니다. 그래서 제가 상담할 때 가장 먼저 한 일은 부모가 어떤 사람인지를 알게 하는 것이었습니다.

어머니에게 사랑받고 싶었어요. 그런데 어머니는 어린 저를 귀찮아했어요. 안기면 밀쳐 내면서 "치대지 마라" 하며 짜증을 내셨어요. 혼나서 울면 "네가 우는 소리가 제일 싫다"고 구박도 하셨어요. 늘 제 단점을 찾아 지적하셨어요. 공부하다가 제가 이해를 못하면 "너처럼 머리 나쁜 애는 처음 봤다" 하셨고, 다른 사람에게 제 흉을 보기도 했습니다. 어머니는 오빠에게는 잘해 줬어요. 항상 오빠는 착한 아이, 저는 이기적인 아이라고 했어요.

그녀는 지금 당당하지 못한 어른이 되었습니다. 억울한 일을 당해도 좀처럼 반박하지 못하고 움츠러들었어요. 모두 자기 잘못인 것만 같았습니다. 남자친구를 만나도 언제 헤어질지 모르니 처음부터 마음을 닫고 만났습니다. 회사에서 누가 괴롭혀도 어떻게 대응해야 할지 몰랐습니다.

그녀의 어머니는 기질이 까다로운 사람입니다. 그런 경우에는 일부 감각도 예민한데 특히 촉각이 예민한 사람들은 누가 와서 안기고 비비고 달라붙는 것을 싫어합니다. 상대가 싫어서가 아니라 자극이 불편해서 밀어내기도 합니다. 하지만 어떤 이유에서든 어머니에게 거부당한 아이들은 이내 포기하고 절망합니다. 마음은 그렇지 않은데도 방법을 잘 몰라 혼자 놀게 됩니다. 자기를 받아 주지 않은 어머니에게 화를 내면 혼날까 두려워서 화를 삭이다가 결국 폭발하기도 하고요. '나'는 그런 어머니와 살면서 엄청나게 불안하고 고통스러웠을 겁니다.

'엄마랑 있으면 안전하고 즐거워. 다른 사람과 있어도 안전하고 즐겁겠지? 엄마가 나를 사랑하고 돌봐 주는 걸 보니 나는 가치 있는 존재구나. 엄마를 믿을 수 있으니 세상도 믿을 만하겠구나.' 어머니와의 관계에서 아이는 이렇게 느낍니다. 어머니가 제대로 반응해 줘야 아이는 안정된 성격을 가진 어른으로 자랍니다. 대인관계를 두려워하지 않고 혼자 있어도 외로워하지 않는 어른으로요. 반대로 어머니가 아이의 신호를 귀찮아하고 무시하거나 내킬 때만 반응해 주면 아이는 굉장히 불안한 사람으로 자랍니다. 그녀가 회사 상사나 남자친구와 편하게 지내지 못하는 것도 이런 이유 때문이지요.

부모님은 늘 싸우셨어요. 아버지가 직장을 잃자 어머니는 집을 나갔다가 한 달 만에 돌아왔어요. 그 사이 동생과 저는 친척집을 옮겨 다니며 살았습니다. 한 달 만에 돌아온 어머니는 컴퓨터만 했어요. 말을 걸면 벌컥 화를 냈어요. 어머니가 제게 거는 말이라곤 항상 제 잘못을 꼬집을 때뿐이었어요. 어머니는 저희를 버리려고 했던 것을 사과하지 않았어요. 부모님이 너무나 미웠지만 한 번도 내색하지 못했어요. 집에서 부모님이 싸워도 모르는 척, 상처받지 않은 척했어요. 친구들 앞에서도 화목한 가정에서 자란 아이인 척했어요. 진짜 제 모습을 알면 모두 떠날 것 같았거든요.

슬프지 않은 척, 행복한 척, 사랑받고 자란 아이인 척 가면을 쓴 채 살아가는 '나'는 너무 가여운 사람입니다. '나'의 어머니는 매우 이기적이고 감정 발달이 잘 되지 않은 사람입니다. 스스로 느끼는 감정을 인식하고 표현하거나 타인의 감정을 공감해 주는 능력이 부족했습니다. 자신만 소중히 생각하고 언제나 이해받기를 원했어요. 집을 나갔던 걸 제대로 사과하지 않은 것도 자신의 감정만 중요하게 여기는 사람이라서 그렇습니다. 그런 어머니와 함께 살았기 때문에 '나'도 감정 발달에 어려움을 겪고 있어요.

어떤 상황에서도 부모에게 가장 소중한 존재이고 싶은 것이 아이의 본능입니다. 어린 '나'는 집을 나간 어머니에게 버려졌다고 느꼈을 거예요. 그것도 돈 때문에요. 아마 스스로 돈보다 못한 하찮고 형편없는 존재라고 느꼈을 겁니다. 또다시 버림받을지 모른다는 엄청난 공포에 떨었을 테지요. 반려견도 유기되면 극심한 트라우마를 겪는데 사람은 오죽할까요. 아이가 부모에게 버려지는 건 엄청난 트라우마를 남깁니다. 놀이공원에서 잠깐 엄마를 잃어 버렸던 기억이 십수 년 뒤에도 자꾸 나타나는 경우가 있어요.

'내'가 자꾸 자신을 포장하려고 하는 건, 어머니가 돈이라는 조건 때문에 나를 버렸듯이 다른 사람도 상황이나 조건 때문에 나를 등지거나 떠날 수 있다고 생각해 겁이 나기 때문입니다. 다른 사람도 엄마와 다르지 않을 거라는 두려움이 있는 것이지요. 그래서 있는 그대로의 자신을 자연스럽게 드러내지 못하는 겁니다. 다른 사람에게 맞춰 주고 희생해야 조금이라도 사랑받을 수 있다고 여기는 거죠. 그런데 그럴 필요가 없습니다. 왜냐면 '나'는 어머니처럼 욕심이 많거나 이기적이지도 않고. 양보심도 많은 사람이거든요. '나'는 어머니와는 전혀 다른 사람입니다. 생각이 깊고 인내할 줄 알고 그 어려운 환경에서도 삐뚤어지지 않고 잘 자란 사람이에요. '나'의 진가를 어머니만 모를 뿐입니다. 대부분의 사람은 있는 그대로의 '나'를 좋아할 겁니다.

그런데 이런 어머니도 '나'를 사랑하긴 했습니다. 미워한 것은 아니에요. 한 달 만에 집에 돌아온 것은 본능적으로 아이들을 사랑했기 때문입니다. 어머니가 집을 나간 것은 아이들을 버린 것이 아니라 남편의 문제를 도저히 감당할 수 없어서 잠시 도망친 거였어요. 너무나 약하고 부족한 사람이라서 자식을 생각할 겨를도 없이 자기 자신만 보호하기 위해 도망친 거지요. 그래도 상황이 이래서 내가 잠시 집을 비우는 것이라고 아이들에게 말해 줬더라면 얼마나 좋았을까요. 어쨌든 많은 것을 기대할 만한 사람은 아니에요. 하지만 자식을 사랑하긴 했습니다.

부모가 나에게 어떤 영향을 주었는가도 알아야 하지만, 그 부모가 어떤 사람이기에 나에게 이런 상처를 주었는지도 알아야 해요. 그래야 마음의 짐을 좀 내려놓을 수 있습니다. 마음 깊이 '아, 이건 엄마라는 사람의 문제였구나. 나와는 직접적인 연관이 없었던 거구나'를 느낄 수 있어요. 그래서 '내가 그렇게 사랑받지 못할 만큼 문제가 많거나 가치가 없는 사람이 아니었구나'를 깨달아 갈 수 있습니다. '내'

게 문제가 있어서 그랬던 것이 아니에요. 부모라는 사람 자체가 가진 문제라는 것을 마음 깊이 알아차리세요.

한발 떨어져 부모가 도대체 어떤 사람인지 분석해 보세요. 부모는 내가 아니에요. 나는 부모가 아니에요. 부모가 못난 사람이라고 나도 못난 사람은 아니에요.

왜 부모는 잘해 준 것만 기억하고, 아이는 못해 준 것만 기억날까?

　　　　　　　　서른이 넘어 결혼을 앞둔 딸이 용기를 내어 어머니에게 자신의 어린 시절 상처를 꺼내 놓았습니다. 공부 잘했던 오빠에게 밀려 어머니에게 사랑받지 못했던 서러운 기억들이었지요. 딸은 어머니에게 왜 그랬느냐고 따질 작정이었습니다. 그런데 어머니는 딸이 말하는 그 사건들을 기억하지 못했어요. 그런 일이 없었다고 딱 잘라 말했습니다. 대신 어머니는 당신이 기억하는 그녀의 어린 시절 이야기를 했습니다. 다른 형제와 마찬가지로 어머니의 사랑이 가득한 일화뿐이었어요. 그런데 이번에는 딸이 그 일화를 기억하지 못했습니다. 자신의 기억과 어머니의 기억이 조금 교차하는 지점도 어머니가 말하듯 핑크빛은 아니었어요. 아무 의미 없는 회색빛이었습니다. 딸은 서운했습니다. 자신은 아직도 그때만 생각하면 가슴이 아픈데, 어머니의 기억 속에는 아예 없다니요. 어머니는 억울했습니다. 아무리 생각해도 자신은 그런 말과 행동을 한 적이 없는 것 같았거든요.

왜 이렇게 기억이 다른 것일까요? 우리의 기억은 원래 주관적입니다. 같은 사건이라도 사람마다 다르게 기억해요. 한 연구자가 이것을 증명하기 위해 실험을 했습니다. 싸움 상황을 연출한 후, 10명에게 그 상황을 지켜보도록 했지요. 어느 방향에서나 똑같이 볼 수 있도록 했습니다. 그러나 싸움이 끝난 후 10명이 전한 이야기는 모두 달랐어요. 이렇게 사람마다 다르게 기억하는 것은, 기억은 인지 기능이면서 정서와도 매우 관련이 깊기 때문입니다. 그 당시 나의 정서적 반응에 따라 기억이 나기도 하고 안 나기도 합니다. 일부러 잊어버리기도 하고, 무의식 속에 묻히기도 합니다. 종종 왜곡과 변형도 일어납니다.

부모가 공부를 안 하는 아이에게 "너 이렇게 해서 대학에 가겠니?"라고 말합니다. 아이가 이 말에 굉장히 기분이 상했다면, 그 말은 "이따위로 해서 대학이나 갈 수 있겠어?"로 기억될 수 있습니다. 가끔은 부모가 전혀 하지 않은 말도 한 것처럼 기억되기도 해요. 평소 아이에게 "쯧쯧, 네가 할 줄 아는 게 뭐가 있니?"라는 말을 자주 했다면, 아이는 부모의 "쯧쯧" 하는 소리만으로도, 그 말을 할 때 부모가 주로 짓는 표정만으로도 그 말을 한 것으로 기억하기도 합니다.

야산을 오르다 보면 사람들이 많이 밟고 지나간 곳에 길이 나요. 그 길은 점점 더 다니기 편해지고, 더 많은 사람이 다니게 됩니다. 길은 조금씩 조금씩 넓어지게 되지요. 뇌의 신경회로도 그래요. 어떤 자극을 자주 받으면 그쪽으로 길이 뚫리고 단단해집니다. 지름길이 뚫리는 거지요. 그 길은 정보가 빠르게 해석되는 길입니다. 좋은 쪽도 있고 나쁜 쪽도 있어요. 부모의 표정만으로도 기분 나쁜 말을 들었다고 기억하는 것은, 부모와의 관계에서 나쁜 쪽으로 지름길이 뚫려 있기 때문입니다. 어린 나이에 이런 길이 뚫린 사람일수록 부모와의 일상생활의 기억 대부분이 좋지 않아요. 나쁜 기억들은 더 강하고 깊게 기억에 남습니다.

이것은 성인이 되어 다른 사람과의 관계에도 영향을 줍니다. 누군가 그 길로 가는 작은 단서만 제공해도, 다른 형태의 정보들은 무시한 채 오직 그 단서에 따라 좋지 않게 해석해 버리고 맙니다. 누군가 "쯧쯧" 혀 차는 소리 한 번 한 것으로 자신을 무시했다며 욱하게 될 수도 있습니다. 자신이 어린 시절 받았던 상처와 유사한 느낌을 받거든요. 이런 이유로 부모와의 관계가 편안해야 하는 것입니다. 아동교육의 측면에서 아이를 잘 키우기 위해서가 아니라 뇌 과학의 측면에서 그렇습니다. 부모와의 관계가 편안해야 자식이 건강한 정서를 가진 사람으로 자랍니다.

아이가 어떤 일에 도전했다가 실패했을 때 부모의 반응은 두 가지로 나타나요. "지금 네가 실패를 맛본 것은 네가 도전했기 때문이야. 도전하는 것이 얼마나 중요한데. 또 도전해 보렴. 실패를 통해서 배우는 것이 더 많단다." 또는 "야, 너 또 실패야? 너는 제대로 하는 게 뭐가 있니?"라고 하는 경우지요. 전자보다 후자를 훨씬 많이 사용했다면, 자녀에게는 많은 정보가 후자 쪽과 같은 느낌으로 먼저 해석됩니다. 그 회로가 넓어지고 단단해졌기 때문이죠.

자식은 서러웠다고 하는데 부모에게 그 기억이 전혀 없는 이유는 또 있습니다. 부모는 그 말과 행동을 한 자신의 본심만 기억해요. 아주 이상한 부모를 제외하고는 대부분 자식 잘되라고 한 말과 행동입니다. 부모는 본인이 한 말과 행동의 표현 방식이나 결과가 아니라 언제나 말과 행동을 시작한 출발선을 생각합니다. 그러니 본인은 타당한 것이지요. 그러나 자식은 부모의 출발선보다 그 표현 방식을 강렬하게 기억합니다. 그 지점에서 두 사람의 기억은 또 달라집니다.

아이가 고3인데 공부를 안 하고 있어요. "평소에 네가 열심히 하는 거 잘 아는데, 이상하게 고3 엄마들은 애들이 책상에서 멀어져 있으면 불안하고 걱정되더라"라고 말하는 부모의 태도와, "야! 고3이면 더 열심히 해야 하는 거 아니니? 네가 그럴 때니?"라고 말하는 부모의 태도는 완전히 다릅니다. 두 말의 의도는 같아요. 아이가 공부를 좀 열심히 했으면 하는 마음을 전달한 것입니다. 하지만 후자처럼 말하면 아이는 부모의 태도에 마음이 많이 상하고 맙니다. 그런데 부모는 후자처럼 말해 놓고 전자처럼 말했다고 착각합니다. 부모가 매번 이런 식이면 아이는 마음의 상처가 깊어져 부모에 대한 분노가 생겨요. '왜 나를 못 믿어 줄까' 하는 생각은 해결하지 못한 갈등 요소나 취약성이 됩니다. 이것에 의해서 사건이나 상황을 왜곡되게 해석하기 시작합니다. 아이의 기억에 부모의 말투는 더 심하게 왜곡되고, 부모의 의도 또한 여간해서 좋게 보려고 노력하지 않게 되는 거지요.

고작 그런 걸로 상처를 받느냐고 되묻는 부모도 있습니다. 당신이 그렇게 말했던 출발은 좋은 의도였기 때문에 괜찮다고 생각하는 겁니다. 하지만 의도가 좋다고 해서, 모든 말과 행동이 용서되는 것은 아니에요. 좋은 의도라면 받는 사람도 그렇게 느끼도록 충분히 좋게 말해야 합니다. 편안한 상황에서 좋게 말해야, 아이가 부모의 깊은 사랑을 조금이라도 느낄 수 있습니다.

덧붙여 드릴 말씀이 있어요. 부모에게 어린 시절 힘들었다고 고백했는데 부모는 기억이 없다고 하면 '나'는 어떻게 해야 할까요? 아무리 말해도 기억이 안 난다고 하면 어떻게 할까요? 그러면 더 이상 말하지 마세요. 왜냐하면 사실 대화의 핵심은 그런 기억이 있느냐 없느냐가 아니에요. 그게 정말 있었던 일이든 자식이 왜곡해서 그렇게 느꼈든 그게 중요한 것이 아니에요. 자식이 마음이 아팠다고 말하는 것이 핵심입니다.

기억에 있든 없든 부모라면 "아이고, 그랬니? 미안하다. 기억이 다 나진 않지만 그런 의도는 아니었을 거야. 엄마는 너를 무척 사랑했어. 그래도 미안하다"라고 해야 하는 거예요. "그 말까지는 기억이 나는데, 그 뒷말까지는 기억이 없다"라고 할 문제가 아닌 거지요. 기억이 없다고만 한다면, 그 부모의 수준이 거기까지인 겁니다. 말로 갈등을 풀어 가기란 참 어렵습니다. 그 부모가 자식을 사랑하지 않는 것은 아니지만, 진정하고 진실한 대화를 할 준비가 안 되어 있는 거예요. 그러나 그런 부모라도 한 번은 말하긴 해야 합니다. 내 아픔을 이야기하는 것은 상대방에게 내용이 전달되어서 상대방이 그것을 접수하고 사과받길 바라는 것이 목적은 아니니까요.

사랑할수록 고통을 주는
사랑도 있어요

아이를 잘못 다룬 부모들, 자식에게 큰 상처를 준 부모들…. 그들도 자식을 사랑하긴 했습니다. 아니, 지금도 사랑하고 있습니다. 그런데 왜 그 사랑이 자식에게 상처가 되었을까요? 안타깝지만 그것이 그분들의 사랑이었습니다. '심맹(mind blindness)'처럼 자식의 마음은 보지 못한 채, 사랑할수록 고통을 주기만 하는 그런 사랑을 한 겁니다.

한 어머님이 편지를 보내셨어요. 스무 살이 넘은 딸이 은둔형 외톨이라고 하셨어요. 딸은 식구들과도 얼굴을 마주치지 않고 식구들이 없을 때만 방 밖으로 나온다고 했지요. 딸은 특히 엄마를 미워한다고 했어요. 이분은 어린 시절 가난해서 제대로 공부할 수 없었습니다. 그래서 딸에게는 다른 인생을 열어 주고 싶은 마음에, 아주 어릴 때부터 딸의 모든 것을 통제하며 공부를 시켰다고 했습니다. 성적이 떨어지면 때리기도, 내쫓기도 하면서 더 열심히 하도록 채찍질했다고 합니다. 이 어머니는 공부하라고 닦달하는 것이 부모로서 당연히 할 일이라고 생각하셨대요. 그런데 딸은 어머니가 자신을 한 번도 믿어 주지 않았다면서 어머니 때문에 삶의 의욕을 꺾었다고 한답니다.

세상의 모든 부모는 자식을 사랑합니다. 지금 내가 부모에게 큰 상처를 받았다고 해서 그 부모가 나를 사랑하지 않은 것은 아니에요. 부모와 자식은 본능적 사랑으로 맺어진 관계입니다. 이분도 딸을 사랑합니다. 그래서 제대로 배우지 못한 한과 아픔을 딸에게 물려 주고 싶지 않은 마음을 갖고 있습니다. 그 마음을 누구도 의심하지 않아요.

많은 부모가 자식을 사랑해서 자식 공부에 '올인'합니다. 자기 인생을 포기하다시피 하면서까지 엄청난 시간과 에너지를 쏟고, 허리띠를 졸라 매면서 사교육을 시키지요. 참 안타까운 건, 그렇게 키운 많은 자녀가 부모에게 상처받았다고 느낀다는 겁니다. 부모가 나를 괴롭혔다고 생각하고, 부모가 버겁고 원망스럽게 여겨지고, 능력만 되면 부모 없이 혼자 살고 싶어 합니다. 부모도 자식도 억울한 상황이지요.

부모가 주는 사랑과 자식이 받아들이는 사랑은 다를 때가 있습니다. 부모는 사랑을 주었다고 생각하는데 자식은 상처를 받았다고 느끼기도 해요. 왜 그럴까요? 부모는 아이를 언제나 완벽하게 이해하고 편안하게 해 줄 수 없습니다. 때로는 아이에게 서운하고 억울하게도 하지요. 하지만 아이가 부모의 사랑을 굳게 믿고 있다면, 조금 섭섭한 일이 생겨도 잘 넘길 수 있어요. 그런 믿음이 없는 아이들은 부모가 조금만 섭섭하게 해도 크게 분노해요. 부모를 공격자라고 생각합니다.

　이분의 딸 역시 엄마의 사랑을 믿고 신뢰하지 못했던 거예요. 부모의 사랑은 아이들이 마음에 충족감을 느끼는 형태여야 합니다. 아이가 원하는 사랑을 주어야 합니다. "너는 정말 똑똑하구나, 큰일을 해내겠다"와 같은 인정을 받고 싶은 딸에게 "넌 참 예쁘구나", "과일을 야무지게 잘 깎으니 시집 잘 가겠다"와 같은 말은 충족감을 주지 못합니다.

　30대 여자가 있었습니다. 어릴 때 그녀의 아버지는 원양어선을 타셨어요. 여자는 1년에 열흘 정도밖에 아버지의 얼굴을 볼 수 없었습니다. 여자에게 아버지는 늘 보고 싶고 그리운 존재였어요. 그럼에도 막상 아버지를 만나면 좀 어색했습니다.

　5학년 때인가 6학년 때인가, 수업을 마치고 집으로 돌아오는 길이었어요. 긴 논두렁길을 터벅터벅 걷고 있는데 저 멀리 이쪽으로 걸

어오는 아버지가 보였습니다. 여자는 너무 반가웠지만, 순간 걸음을 멈추었어요. 너무 당황스러웠거든요. 머릿속이 하얗게 되었습니다. 여자는 "아빠!" 하고 안겨야 할지, "아버지, 안녕하셨어요?"라고 해야 할지, "아버지, 다녀오셨어요?"라고 해야 할지 몰랐어요. 그녀는 고민하느라 천천히 걸었습니다.

그러다 문득 마주 오는 아버지를 보았어요. 아버지는 허리를 숙이고는 땅에서 뭔가를 줍고 계셨습니다. 뭔가 중요한 것을 땅에 떨어뜨려 찾고 계신 것도 같았습니다. 한참을 그렇게 허리를 숙인 채로 있으셨거든요. 여자는 무슨 일일까 조금 걱정까지 되었습니다. 다행히 잠시 후 허리를 펴신 아버지가 여자를 향해서 성큼성큼 걸어오셨어요. 아버지는 곧 여자의 발 앞에 마주 섰습니다.

그런데, 그런데 말이에요. 아버지의 손에 커다란 들꽃다발이 들려 있었어요. 조금 전 아버지가 허리를 숙이셨던 이유가 이 들꽃다발 때문이었어요. 길가에 있는 들꽃을 꺾어서 꽃다발을 만드느라 그러셨던 거예요. 여자는 눈물이 날 것 같았어요. 아버지는 그런 여자를 보며 활짝 웃으셨습니다. "○○아"라고 이름을 부르며 들꽃다발을 여자에게 내밀었어요. 여자는 자신도 모르게 "아빠, 보고 싶었어요!"라고 외치며 아버지의 품에 와락 안겼습니다. 아버지와 그녀의 품 사이에는 들꽃다발이 끼어 있었어요. 은은한 들꽃 향기가 그녀의 코끝을 찔렀습니다. 행복감이 여자의 온몸을 감쌌습니다.

여자에게는 인생을 살아오면서 굉장히 큰 고통의 순간이 몇 번 있었어요. 사는 것이 무슨 의미가 있나 싶고, 죽으면 이 고통이 끝날까 하는 마음에 삶을 다 내려놓고 싶은 적이 있었습니다. 그럴 때마다 자신을 삶으로 다시 이끌어 준 것은 그 들꽃 향기였어요. 그 향기를 떠올리면 그때 그 들꽃다발이 바로 옆에 있는 것처럼 생생하게 그날이 기억납니다.

그러면 여자는 '그때 참 행복했어' 하면서 인생의 고통에서 빠져나올 수 있었어요. 여자는 아버지와 아주 오랜 시간 떨어져 지냈지만 어린 시절 그 한 번의 행복한 기억이 인생에서 고통스러울 때마다 자신을 지탱시켜 준 힘이 되었던 겁니다.

이게 바로 '마음의 충족감'입니다. 마음의 충족감은 아이가 '와! 부모가 내 마음을 잘 아는구나'라고 느끼면서 눈에 보이지 않는 따뜻한 느낌이 확 차오르는 거예요. 양으로는 측정이 안 되지만 물통에 물이 차오르듯이 내 마음에 사랑이 꽉 차오르는 느낌이 드는 겁니다. 그럴 때 아이는 '아, 행복해!', '아, 나는 사랑받는 사람이구나'라고 생각합니다.

아이에게 이런 '마음의 충족감'을 주려면 부모는 아이를 잘 관찰

하고 자신을 잘 관찰해서 아이가 원하는 사랑을 주어야 합니다. 부모가 아이 마음에 충족감을 줄 때 그 순간 아이는 굉장히 행복해하고, 그 기억은 평생을 갑니다. 그 기억으로 고통과 아픔을 겪어 나갈 힘이 생깁니다. 그래서 아이의 마음이 편안한 것, 행복감을 자주 느끼게 하는 것이 아이를 잘 키우는 최고의 방법이에요.

사랑받지 못했다고 아파하고 힘들어하는 자녀, 나는 너에게 언제나 사랑을 주었다고 원통해하는 부모를 볼 때마다 너무나 가슴이 아픕니다. 여기 매우 소중한 도자기가 있습니다. 내 것이에요. 내 소유입니다. 닦고 닦고 또 닦으면서 반질반질하게 윤을 냅니다. 다른 사람들은 절대 못 만지게 해요. 손자국이라도 내면 화를 냅니다. 도자기에 좋게 온도도 습도도 신경 쓰면서 행복해합니다. 반짝반짝 빛을 내는 도자기를 보면서, 도자기도 좋아할 것이라고 생각합니다. 도자기를 위해 뭔가 또 해 줄 것이 없는지 찾습니다. 끊임없이 뭔가를 해 주면서, 그러면 도자기가 행복할 것이라고 생각합니다.

하지만 자식은 도자기가 아닙니다. 생명을 가진 주체적인 존재입니다. 아이를 대할 때는 내가 무엇을 원하는지가 아니라 '아이가 무엇을 원할까?'를 생각해야 합니다. '내가 아이에게 하는 말이나 행동이 아이에게 어떻게 가서 닿을까?'도 고려해야 합니다.

아이가 위험한 곳에 올라가 있어요. 발을 조금만 헛디디면 떨어질 수도 있어요. 엄마는 깜짝 놀라 소리칩니다. "너 빨리 이리 안 와!" 깜짝 놀란 아이는 얼른 엄마에게 갔어요. 엄마는 무서운 얼굴로 아이의 뒤통수를 때립니다. 이 엄마의 마음은 '난 너를 너무 사랑해, 네가 위험하지 않게 하고 싶어'였을 겁니다. "위험해" 하면서 얼른 아이를 위험한 곳에서 내려 주면 되는데, 무섭게 소리치며 때리기까지 합니다. 이렇게 되면 아이는 부모가 자신을 구했다고 생각하지 않아요. 그 순간을 굉장히 공포스럽게 기억합니다.

부모에게 왜 화를 내냐고 하면, "애가 위험하잖아요. 다치면 어떡해요?"라고 할 거예요. 본인은 나름대로 아이를 너무 사랑해서 한 행동입니다. 그러나 아이는 그것을 사랑이라고 느끼지 않아요. 아마 이 엄마는 아이가 위험에 처하면, 아이 대신 죽을 수도 있을 거예요. 굉장히 깊은 사랑이지요. 그런데 그 사랑의 중심에 취해 있으면 본인이 무슨 짓을 하는지 모르기도 합니다. 그것 때문에 아이를 함부로 대할 때도 있습니다.

꽤 화제를 모았던 〈밥 잘 사주는 예쁜 누나〉라는 드라마 기억나시지요? 드라마에서 주인공 윤진아의 어머니 모습은 자식에게 상처를 주는 전형적인 우리네 부모님의 모습이었습니다. 우기고 다그치고 비합리적이면서 타인의 감정을 전혀 고려하지 않고, 자식을 사랑한다고 하면서 자식의 인생에 간섭하고, 그것이 자식을 얼마나 불행하게 만드는지 전혀 깨닫지 못했어요.

그들은 자식에게 생명을 주었습니다. 목숨 바쳐 자식을 사랑합니다. 그러나 그 사랑의 깊이가 너무 깊다 보니, 사랑에 매몰되어 자신이 자식에게 무슨 짓을 하고 있는지 몰랐어요.

어떤 부모도 처음부터 '자식을 쉬운 대상이니까 무시해야겠다'라고 마음먹지 않아요. 자식을 사랑해서, 너무나 사랑해서 그렇습니다. 그래서 반성이 더 어렵습니다. 사랑의 깊이가 너무 커서 반성을 못해요. 부모 입장에서는 측정할 수 없을 만큼 커다란 자식에 대한 사랑이 언제나 가장 크게 느껴집니다. 부모 입장에서는 자식에게 했던 잘못된 방식과 성숙하지 않은 자신의 모습을 반성해야 하는 지점에서조차 자식을 사랑했던 마음이 더 크게 떠오르는 거예요. 그래서 반성해야 하는 그 순간에도 언제나 "내가 너를 얼마나 사랑했는데! 내가 너를 위해 얼마나 희생했는데!"라는 말이 먼저 나옵니다. 그래서 결국 또 반성이 어려워지고 맙니다.

많은 부모가 저에게 물어요. "아이에게 어떻게 해 주어야 할까요?" 부모는 아이에게 뭔가 해 주려고만 합니다. 그런 마음도 사랑 맞습니다. 그런데 저는 그런 부모에게 종종 이렇게 말합니다. "아이에게 무엇을 해 주어야 하는지는 중요합니다. 어떤 것은 꼭 해 주어야 해요. 그러나 아이에게 절대 하지 말아야 하는 것이 있어요. 절대 하지 말아야 하는 것을 하면 아이에게 해가 됩니다. 무언가를 해 주는 것보다, 절대 하지 말아야 하는 것을 안 하려고 노력하는 것이 더 중요합니다."

부모가 주고 싶어 하는 사랑이 모든 아이에게 사랑으로 받아들여지는 것은 아니에요. 부모들이 '아이에게 무엇을 해 줄까?'보다는 '이 아이가 부모인 나에게 무엇을 원할까?', '아이는 내게 어떤 말을 듣길 원할까?'라는 생각을 하길 바랍니다.

당신 탓이 아니에요
그때 당신은
어쩔 수 없었어요

부모가 미워요, 사실은
나를 미워하는 마음이 더 큽니다

부모란 존재, 자식에게는 참 어렵
습니다. 미워하는데 사랑받고 싶은 마음도 있어요.
그래서 괴로워하면서도 가까이에 붙어 있으려 합
니다. 그러다 더 징글징글해지면 완전히 떨어져 나
가기도 하지요. 대개 자식은 어떻게든 사랑을 받아
보려고 여러 번 손을 내밀어요. 그런데 부모는 자식
을 대하는 그 패턴을 못 바꿉니다. 자기 자신을 모
르기 때문에 패턴을 바꿀 수가 없어요. 당신은 자식
을 사랑했다고 생각하니까요. 자식이 사랑이 아니
라 상처를 받고 있다고 울부짖으면, 가슴 아파하면
서도 계속 그 패턴으로 대합니다. 자식은 한 번, 두
번, 세 번… 손을 더 내밀어요. 그러다 상처받은 곳

에 또 상처를 받게 되면 그때는 만정이 떨어집니다. 그런데 만정이 떨어지면 편해지는 것이 아니라 고통이 남습니다. 남남인 사람은 만정이 떨어지면 관계를 정리하는 것으로 편안해질 수 있어요. 그런데 부모 자식은 다릅니다. 만정이 떨어져도 편안해지지 않는 것이 부모 자식 간입니다.

우리 안에는 이런 마음이 있습니다. 내가 좀 더 잘했다면, 내가 좀 더 괜찮은 아이였다면 우리 부모가 조금은 다르지 않았을까? 이런 예민하고 까다로운 나, 나조차 내가 감당하기 힘든데 부모인들 나를 사랑할 수 있었을까? 그래도 나를 사랑하지 않은 부모, 그 부모가 밉습니다. 그 미운 마음 아래에 나 자신을 미워하는 더 큰 마음을 꼭꼭 숨기고 있는 거죠.

그런데 내가 너무 싫어하는 나의 모습은 진짜 나의 모습이 아닌 경우가 많아요. 부모가 준 부정적인 영향으로 나에 대한 이미지가 왜곡되고, 인간에 대한 생각이 왜곡되고, 세상에 대한 생각이 왜곡된 것이지요.

엉망진창인 것 같은 지금 내 모습, 이 모든 것이 다 부모 탓일까요? 물론 다 그렇지는 않습니다. 대인관계가 늘 쌍방통행이듯이 부모 자녀 관계도 그럴 수 있어요. 냉정하게 보면 부모도 인간입니다. 인간은 기본적으로 본능이라는 것을 가지고 있어요. 화가 날 때는 소리를 막 지르고 싶고, 한 대 쥐어박고 싶을 때도 있습니다. 내 자식이지만 미운 마음이 들 때도 있습니다. 다 때려치우고 튕겨 나가고 싶을 때도 있습니다. 본능대로 해 버리는 부모에게서 아이들은 상처를 쉽게 받죠. 그런데 본능대로 해 버리는 부모 밑에서 잘 크는 아이들도 있어요.

저는 부모와 자식 간의 문제에서는, 누구의 문제가 더 중하든, 설사 아이의 문제가 크더라도 언제나 부모가 먼저 바꿔야 한다고 생각합니다. 부모는 한 인간의 삶에 너무나 큰 영향력을 행사할 수 있는 중요한 사람입니다.

최소 20년은 아이와 같은 공간에서 살아요. 아이와 부모 사이가 좋고 아이가 부모로부터 좋은 영향을 받을 수 있다면, 20년 동안 아이는 집이 무척 행복하고 편안할 거예요. 반대로 아이와 부모 사이가 나쁘고 부모가 나쁜 영향을 줄 수밖에 없는 사람이라면, 20년 동안 아이는 집이 지옥 같을 거예요. 한 공간에서 20년을 같이 살면 너무나 많은 자극을 줄 수밖에 없어요. 아이는 부모를 피할 수도 없습니다. 나쁜 친구는 피하면 되고, 학원 선생님이 마음을 불편하게 하면 그 학원을 다니지 않으면 됩니다. 나만 보면 뭐라고 하는 동네 아줌마가 있다면 그 아줌마를 만나지 않는 길로 돌아서 다니면 돼요. 그런데 부모는 좋든 나쁘든 피할 수가 없습니다. 일정 기간 동안은 헤어질 수가 없어요.

부모와 아이는 평등한 관계가 아니에요. 부모는 아이의 생존에 필요한 중요한 열쇠를 전부 쥐고 있습니다. 그래서 아이는 부모를 거부하거나 거절하기가 어려워요. 부모에게 전적으로 의존할 수밖에 없죠. 부모가 주는 모든 것은 '사랑'이라는 이름으로 포장되어 있습니다. 이것이 너무나 절대적이라 부모가 주는 것이 부정적일 때에도 아이들은 거절하기 힘듭니다. 그것이 괴롭고 스트레스가 되어도 사랑이라는 포장지에 싸여 있기 때문에 괴롭다는 말을 못합니다. 오히려 그런 생각을 하는 자신이 부모의 사랑을 의심하는 나쁜 아이 같습니다.

또 하나, 부모와 자녀 관계는 부모가 아이를 보호해 주고, 보살펴 주고, 도와주어야 하는 것이 기본 전제입니다. 아주 오래 전부터 그래 왔고 누구나 그것이 당연하다고 생각해요. 아이는 내 부모가 그럴 것이라고 믿습니다. 부모와 자녀 관계에서는 '내가 아이에게 잘해야지'라고 마음먹고 하는 행위가 아니라 당연한 것으로 받아들이는 것입니다. 그런데 이 당연한 것을 받지 못하면 아이는 엄청난 상처를 받아요. 부모, 자녀 관계의 기본 전제는 아이가 애써야 오는 것이 아니라 당연히 와야 하는 것이기 때문입니다. 부모로부터 당연히 받아야 할 보호, 보살핌, 도움을 받지 못하면 인간으로서 기본적으로 가져야 할 존엄성, 고귀함, 존중감 등이 망가집니다.

자신이 아이를 낳고 키우면서 마음이 너무나 힘들어졌다는 한 젊은 엄마가 진료실을 찾아왔어요. 그녀는 아이를 키우면 키울수록 자신의 친정어머니를 이해할 수 없다고 했습니다. 자신이 아이를 낳아보니 아이가 더할 나위 없이 예쁘고 바라보는 것만으로도 사랑의 감정이 막 솟아나는 존재인데, 친정어머니는 자신을 그렇게 키우지 않았다는 겁니다. '자녀에 대한 사랑은 이토록 본능적인데 왜 어머니는 나를 키우면서 그런 사랑으로 키우지 않은 것일까?' 그녀는 이런 질문들로 너무나 괴로워했습니다. 그런데 진료를 받던 중 우연히 그녀의 친정어머니가 의붓어머니였다는 사실을 알게 되었어요. 아주 어렸을 때 부모는 이미 이혼한 상태였습니다. 그녀는 그 사실을 알자마자 마음이 너무 편안해졌다고 했어요.

오해는 하지 마세요. 요즘은 재혼 가정도 많고, 친모 못지않게 잘 대해 주는 의붓어머니가 많습니다. 이 사례는 친모냐 계모냐를 이야기하려는 것이 아닙니다. 부모와 자녀 관계는 조건이 없는, 희생적인, 아주 본능적인 사랑을 주는 것이 기본 전제라는 겁니다. 그것이 뭔가 어긋나면 한 개인이 평생 느끼는 혼란은 상상할 수 없을 정도로 크다는 이야기예요. 이 여자는 친정어머니가 의붓어머니였다는 사실을 확인하는 순간, '그럴 수 있겠구나' 생각했습니다. 나를 직접 낳지도 않았는데 결혼하고 나서 남의 자식을 맡아 키우고, 경제적으로도 어려웠으니 어떨 때는 어린아이가 미웠을 수도 있었겠다는 생각이 절로 들었어요. 무엇보다 '내가 그렇게 존중받지 못할 정도로 형편없는 존재가 아니었구나'라는 생각이 들면서 자존감이 회복되고, 마음의 안정을 되찾았어요.

부모가 불편하고, 부모의 사랑이 애매모호한 것 같을 때 아이가 느끼는 아픔과 혼란은 이루 말할 수가 없습니다. '내'가 아픈 원인 중

많은 것은 부모 때문인 것이 맞습니다. 그때를 돌이켜 생각하다가 '내가 왜 그랬지?'라고 후회되는 부분이 있을 수도 있어요. 하지만 그건 어른이 되어서야 할 수 있는 생각입니다. 부모에게서 어이없는 일들을 겪고 부모에게서 끊임없이 상처를 받는 아이들은 어떻게 대처해야 할지 모릅니다. 안다 해도 제대로 대항할 수 없습니다. 그 감정을 어떻게 처리해야 하는지, 자신을 어떻게 보호해야 하는지 모릅니다. 꽤 컸다고 생각하는 고등학생 정도까지도 그래요. 아직 아이였던 그때의 '나'로서는 어쩔 수 없는 일들이었던 것이죠. 그러니까 '그때 어머니가 그렇게 했더라도, 내가 좀 더 잘했더라면 덜 혼나고 컸을 거야'라고 말할 수는 없는 겁니다.

작은 것도 내 마음대로
결정 못 하는 나

이제 만 2세가 된 남자아이는 한창 기저귀 떼는 연습을 하고 있습니다. 잠들 시간이 되면 엄마는 그림책을 읽어 줍니다. 책을 다 읽고 나서 잠들기 직전 화장실에 가서 마지막 소변을 보지요. 그런데 오늘 아이는 이런저런 핑계를 대면서 화장실에 가지 않으려고 했어요. 엄마는 억지로 아이를 화장실 앞에 데려다 놓았습니다. 아이는 팔도 아프고 다리도 아프다며 울기 시작했어요. 엄마는 여러 번 달랬습니다. 아이는 계속 울음 섞인 짜증을 부렸어요. 아이와의 감정싸움이 길어지자 엄마는 진이 빠졌어요. 시간이 지날수록 점점 화가 치밀기 시작했습니다. 결국 "너 맴매 가지고 와!"라고 무섭게 소리를 질렀어요. 아이는 엄마의 매 앞에서 고집을 꺾고 혼자 소변을 누고는 울면서 잠자리에 들었습니다.

엄마는 우는 아이의 모습을 보면서 한숨이 나왔습니다. 사람들은 대소변 가리기를 성공하려면 이 시점에서는 자기 전에 반드시 아이 혼자서 소변을 누게 해야 한다고 했어요. 하지만 엄마 눈에는 아이가 너무 힘들어하는 것이 보였습니다. 오늘은 정말 너무 졸려 보였어요. 마음 같아서는 안아서 바지도 내려 주고 소변도 누이고 다시 안아서 잠자리에 눕혀 주고 싶었어요. 하지만 그렇게 하면 뭔가 잘못될 것만 같았습니다. 졸려서 온갖 짜증을 내며 혼자 소변을 보지 않겠다는 아이를 달래는 일보다 엄마는 그런 아이를 보면서 자기 안에 일어나는 마음의 갈등이 더 힘들었습니다. 울면서 잠드는 아이에게 "졸려서 쉬하기 싫었을 텐데 참고 하느라 수고했어. 엄마는 너를 많이많이 사랑해"라고 말해 주고 싶었어요. 그런데 마음만 그럴 뿐 말이 나오지 않았어요. 엄마는 그런 자신이 너무 싫었습니다.

이 엄마는 평소 작은 결정에도 자신의 마음을 따르는 것이 참 어려웠어요. 육아뿐 아니라 인간관계에서도 그랬습니다. 여간해서는 깊은 관계를 맺을 수가 없었습니다. 또한 남이 부탁하면 거절하기가 힘들었어요. 뭔가 선택해야 할 때도 늘 상황에 밀려 마음과는 다른 선택을 했어요. 누군가와 의견이 다르거나 갈등이 생기면 그저 상대가 원하는 쪽으로 고개를 끄덕이고 마는 경우가 많았습니다.

그녀의 어머니는 아주 엄격하고 무서운 분이었습니다. 그리고 어떤 일에 대부분 감정적으로 대응하는 분이었어요. 그녀는 아주 어릴 때부터 성취 결과를 두고 어머니께 야단을 맞고는 했어요. 때로는 맞기도 했습니다. 사람들이 있든 없든 상관없었어요. 뭔가 잘못하면 어머니는 불같이 화를 내며 때리거나 물건을 던졌어요. 피아노를 잘 못 쳐도, 시험을 못 봐도, 학교에서 무슨 연락이 와도 그랬습니다. 어머니는 '어떻게 된 거니?'라고 물은 적이 없었어요. 그녀는 어머니 발자국 소리만 들려도, 어머니가 옆에만 있어도 불안하고 무서웠습니다.

자존감의 근간은 부모와의 관계에서 만들어집니다. 진정한 자존감은 타인의 혹독한 평가, 나의 가장 약한 지점을 건드리는 자극, 스트레스, 상처, 배신, 좌절감 등에도 그 근간은 쉽게 흔들리지 않아요. 즉, 해결되지 않는 갈등이 있다면 그건 어릴 적 중요한 관계에 있던 사람과의 경험에 의해 만들어지고, 그런 경험이 반복되면서 내면에 뿌리를 내리고 자리 잡아 그 이후의 삶에도 계속 영향을 주는 겁니다.

그녀의 어머니는 결과중심적인 양육을 했습니다. 이러한 양육 방식에서 자란 아이는 중간 과정이 중요하고, 또한 과정을 통해서 결과가 바뀔 수 있다는 생각을 못하게 될 수 있어요. 누군가 나를 오해하고 있다면 그건 그런 게 아니라고 말해야 합니다. 그러면 결과가 바뀔 수 있어요. 누군가와 갈등이 생기면 서로 의견을 들으면서 갈등을 풀어 가거나 조절해 가야 합니다. 조금은 번거롭고 잠시 마음이 불편해지더라도 당연히 거쳐야 하는 과정이에요. 그 과정을 지나야 나도 만족하고 상대도 만족하는 결과를 찾아갈 수 있으니까요. 하지만 부모가 결과만 중요시하며 아이를 키우면, 아이는 타인이 나에 대해 잘못된 평가를 내렸을 때 그대로 수긍해 버리고 말아요. 중간 과정을 거쳐서 그 평가를 바로잡거나 바꿀 수 있다는 생각을 못하는 것이죠. '내가 말한들 무슨 소용이 있을까'라는 무력감을 갖게 되거든요.

아이는 핵심적인 애착 관계의 대상으로부터 '자기 확신'이나 '신뢰감'을 쌓아야 합니다. 결과중심적인 양육에서는 이것을 쌓기가 힘들어요. 부모들은 좀처럼 이렇게 말해 주지 않아요. "너는 열심히 했지만 잘 안 될 때도 있어. 그래도 괜찮아." "너는 잘하려고 했던 거니까 네가 옳아." 아이는 이런 말을 많이 들으면서 자라야 해요. 그래야 '이번에는 잘하지 못했지만 그래도 난 참 괜찮은 아이야', '나도 이만하면 꽤 멋진 걸'이라는 생각을 갖게 되거든요. 결과보다는 뭔가를 해 나가는 과정이 중요하다는 것, 부모가 꼭 가르쳐야 하는 사실입니다. 그래야 자기가 하는 일, 자신의 주도하에 하는 일에 대해 자신감과 자기 신뢰감을 가질 수 있어요.

내가 나에 대한 확신이 부족할 때, 작은 결정에도 자꾸 나의 마음을 외면하게 될 때, 이때 가져야 하는 생각은 '나는 지극히 보편적인 사람이다', '나는 대체로 옳다'라는 겁니다. 우리는 대부분, 게다가 지금 이 책을 읽고 있는 '나'는 아마 지극히 보편적인 사람일 거예요.

이걸 의심하지 마세요. '나'는 이상한 사람도, 못난 사람도 아닙니다. 내가 하는 말과 행동은 누구나 그렇게 하는 보편적이고 일반적인 것들입니다. '마음 같아선'이란 생각이 들면 그 마음대로 해도 돼요. 내 마음이 그렇다면 그게 옳은 겁니다.

배변 훈련을 시키는 엄마도 그래요. 오늘 같은 날은 아이를 안아서 변기에 앉혀도 괜찮아요. 원칙은 일관성을 가지고 지키는 것이 중요하지만, 일관성은 무조건이 아닙니다. 조금 유연해도 됩니다. 장기적으로 배변 훈련을 하지만 오늘은 배변보다 더 중요한 것이 무엇인지 파악하고 유연하게 바꿔도 괜찮습니다.

그리고 서로 의견이 다르면 내 마음을 말해도 돼요. 사람은 솔직할 때가 제일 잘 통합니다. 우리 안에는 기쁜 마음, 슬픈 마음, 속상한 마음, 화나는 마음이 다 있어요. 표현할 때 소리를 지르거나 욕을 하는 것이 아니라 말로 하면 됩니다. 솔직하게 말하는 것이 가장 좋은 방법이에요. 조심스럽고 진솔하게 내 마음을 표현했는데 상대가 언짢아하면, 그건 그 사람 문제예요. 그것까지 걱정할 일은 아닙니다.

성공한 결과만 중요한 것이 아니에요. 어떤 일이든, 어떤 인간관계든 어떤 과정을 통해서 가는지가 중요합니다. 도달한 결과의 성적이 다른 사람이 보기에 조금 떨어지면 어때요. 우리는 충실하게 하나하나 해결해 나가는 과정을 통해서 인생에서 더 많은 것을 얻고는 합니다. 우리는 결과 속에 살지 않아요. 과정 속에서 생각하고 선택하고 말하고 행동하면서 나를 느끼며 삽니다.

말도 안 되는 것을
참고 견디기만 하는 나

　　　　좀 부당해도 집안의 평화를 위해서
무조건 참는 선량하고 착한 사람들이 있어요. '이
정도면 다행이지. 감사하게 생각해야지.' 좋은 쪽으
로만 생각하려는 사람들입니다. 하지만 그렇게 착
하게 살아도 상황이 나아지지 않아요. 억울할 정도
로 참았는데도 주위 사람도, '나'도 행복해지지 않
습니다. 왜 그럴까요?

　　　　어린 시절 아버지는 경제적 능력이 없었어요. 어
머니가 일을 하셔야 했지요. 아버지는 '돈 좀 번다고
남편을 무시한다'며 어머니를 때렸어요. 어머니가
우리를 앉혀 놓고 더 이상 못 살겠다고 하시면서 "너

희 때문에 죽지도 못하고 이렇게 산다"라고 하신 말이 잊히지 않습니다.

　잘 살고 싶었어요. 남편과 알콩달콩, 아이들과 오순도순. 그런데 결혼해 보니 남편이 도박 중독이었어요. 남편은 직장도 그만두고 도박에만 미쳐서 15년을 보냈어요. 돈은 제가 벌어야 했어요. 아이들에게도 저에게도 너무 힘든 시간이었습니다. 다행히 몇 년 전 남편이 도박을 끊었습니다. 감사했죠. 그런데 아이들은 여전히 아빠를 못마땅하게 생각합니다. 아빠의 취미 활동이 너무 심하다는 거지요. 축구, 볼링, 당구 등을 하루도 빠지지 않고 하거든요. 아이들에게 "도박을 끊은 것만으로도 대단한 거야. 변해 가는 아빠의 모습에 감사하자"라며 달래고 있지만, 잘 되지 않네요. 어떻게 해야 남편과 아이들 사이가 좋아질 수 있을까요?

　옳은 것이 옳다고 받아들여지지 않고, 정당한 것에 정당한 가치를 부여하지 않으며, 고마운 것을 고맙다고 느끼지 않는 환경에서 자라면 아이는 위기 상황에서 어디에 중점을 두고 결정해야 할지 가치관이나 기준을 세우는 일에 흔들리게 됩니다. 어머니는 힘겹게 일해서 생계를 유지하는데 아버지가 고마움은커녕 폭력을 휘두르면 아이들은 엄청나게 혼란스럽습니다. 속된 말로 누구에게 줄을 서야 할지 알 수 없거든요. 공격적인 행동을 하는 주체와 경제적 능력을 가진 주체가 동일인인 경우보다 훨씬 더 혼란스럽습니다.

게다가 어머니는 자녀들에게 "너희 때문에 내가 죽지도 못한다"라는 말까지 했어요. 이는 부모가 아이에게 절대 하지 말아야 하는 말입니다. 엄밀히 따지면 괴로움의 근원은 부부간의 갈등이지 아이가 아니에요. 아이들에게는 부모의 무능함이나 폭력보다 이 말이 더 결정적인 악영향을 끼칠 수 있어요. 아이들은 나를 낳아 준 어머니에게 가장 소중한 존재이고 싶어 합니다. 그런데 오히려 어머니 인생의 발목을 잡고 있다니요? 아이들은 자기 존재를 부정당한 것과 마찬가지로 느낄 것입니다.

그녀는 왜 이렇게 말도 안 되는 남자를 참아 왔을까요? '나'의 삶을 지켜보면서 주변 사람들은 나의 희생과 인내를 알아봐 주고 많이 칭찬해 주었습니다. 그러한 인정과 칭찬을 생의 거름으로 삼아 힘을 내어 인생을 살아왔지요. 그런데 계속 그렇게 살아서는 안 됩니다. 말도 안 되는 일을 참고 견디는 것으로 존재를 인정받는 것, 괴롭지만 문제가 있는 가족의 뒤치다꺼리를 하면서 자신을 필요한 존재라고 느끼는 것, 그렇게 생각함으로 마음이 편안해지기를 바라는 것, 이것은 너무 가여운 일이에요. 우리는 모두 이 세상에서 꼭 필요한 사람들입니다. 칭찬 따위로 존재를 인정받기 위해 애쓸 필요가 없어요. 그런 칭찬에 의지해서 내 안의 해결되지 않은 핵심 갈등을 적당히 봉합하고 넘어가려는 일은 이제 그만두어야 합니다.

정도 이상으로 스포츠에 집착하거나 많은 액수의 돈을 내기에 건다면 그건 취미가 아니라 도박의 습성으로 봐야 해요. 도박은 어떤 수를 써도 가족이 해결하기 어려운 당사자만의 문제입니다. 이런 사람은 주변에서 통제하려 들면 큰 문제가 생길 거예요. 이럴 때는 남편에게 선을 제시하기보다 내 마음에서 선을 그어야 합니다. '다시 도박을 하면 떠나겠다, 볼링을 쳐도 내기하는 금액이 크다면 용납하지 않겠다'라는 식으로 자기 기준을 세워야 합니다. 문제의 근원은 남편의 도박이에요. 내가 아닙니다. 내 가족이 행복할 수 있는 옳은 기준을 내가 만들어 남편에게 제시해야 합니다. 상대가 협조를 안 하면 그 기준에 맞게 세부 사항을 늘려 가야 합니다. 그래야 삶이 행복해지고, 남편도 나를 약간 어려워하게 됩니다.

아이들에게도 옳은 기준을 알려 주어야 합니다. "아빠한테 그렇게 하면 안 돼"라거나 "아빠가 너희 생각을 얼마나 많이 하는데" 같은 말을 하면, 아이들도 혼란과 무력감에 빠질 수 있어요. 어린 시절에 자신의 부모에게 버림받지 않기 위해 과도하게 참고 부모에게 맞추려고 했던 무의식적 갈등을 아이들에게 그대로 답습시키는 겁니다. 부모의 행동이 옳지 않으면, 옳지 않은 거라고 말해 주어야 해요. 남편 흉을 보라는 것이 아니에요. 아이들이 느끼는 분노, 불만을 기본적으로 인정해 주어야 합니다. "아빠한테 화나는 게 당연해. 엄마도 이건 아빠가 고쳐야 한다고 봐"라고 말해 주세요. "그래도 옛날에 비하면 얼마나 나은 거니?"라고 말하지 마세요. 긍정적으로 생각하는 것처럼 보이겠지만, 그 본질은 두려움입니다. 나쁜 상태로 후퇴할까 봐 두려워서 본질을 직면하지 못하는 겁니다.

우리에게는 많은 역할이 주어져 있어요. 누구의 부모, 자식, 배우자, 친구, 동료, 사회인 등 이 역할들을 착하게, 순종적으로 잘 해내야 내 존재를 인정받는 것은 아닙니다. 그 역할들보다 더 큰 비중을 차지해야 하는 것은 그냥 '나'입니다. 나 자신이 소중하다는 생각을 가장 먼저 하세요. 우리는 역할로만 인정받는 그런 작은 존재가 아닙니다.

부모님이 원하는 일이라는
생각이 들면 하기 싫어져요

어린 시절 어머니, 아버지, 학
교 선생님들 모두 제가 공부만 잘하면 절 대하는 태
도가 달라지셨어요. 저는 가장 친한 친구의 고민을
듣는 것도 지겨워할 만큼 차갑고 냉정한 아이였지만,
어른들은 우등생이었던 저에게 친절했습니다. 성적
이 올랐을 때 흐뭇해하던 아버지의 표정을 지금도 잊
을 수가 없어요. 그런데 고등학교에 가면서 성적이
떨어지기 시작했습니다. 선생님들은 저에게 관심이
없어졌고, 부모님은 24시간 내내 공부하라고 닦달하
셨어요. 저는 공부 의욕을 잃기 시작했어요. 그러다
우울증으로 학교를 자퇴하게 되었습니다. 그때 부모
님은 저보다 더 우울해하셨어요. 제가 왜 우울한지,

왜 불안한지 이해하지 못하셨죠. 제 건강이 좀 괜찮아지자 아버지는 다시 공부 이야기를 꺼내셨어요. 저는 자해를 하기 시작했어요.

부모님에게는 제 꿈도 제 교우관계도 중요하지 않았던 것 같아요. 사람으로서 해야 할 일과 하지 말아야 할 것에 대한 가르침도 없었습니다. 공부를 못하면 언어폭력에 시달려야 했고, 공부를 잘해야만 살 것 같았어요. 부모님은 제가 좋은 대학을 나와 좋은 곳에 취직하고 결혼하고 살기를 바라겠죠? 저는 뭐든 부모님이 원하는 일은 하기 싫어요. 상처를 주고 싶어요. 공부도, 취업도, 결혼도, 출산도 하고 싶지 않아요. 그런데 이런 생각을 하다 보면 너무 피곤하고 서러워집니다.

좋은 대학의 졸업장을 받아 그럴듯한 회사에 취업하는 것만이 자식의 성공이자 행복이라 생각하는 부모들이 있어요. 이런 부모에게 자식으로서, 인간으로서 유일하게 존중받을 수 있는 건 좋은 성적뿐입니다. 그러나 공부로 칭찬받기란 대개 초등학교 3학년 이후로는 어렵습니다. 영·유아기에는 조금만 잘해도 "아이고 잘하네, 이런 것도 아네" 하며 칭찬해 줄 수 있어요. 하지만 초등학교 3학년을 넘어 가면 공부가 어려워지기 때문에 칭찬만 해 줄 수는 없어요. 틀린 걸 지적하고 지도해 주어야 해요. 그렇기 때문에 부모와 자녀가 어릴 때부터 공부로만 상호작용을 하는 것은 매우 위험합니다. 그 폐해는 이루 말로 다할 수 없어요. 아이들이 공부하는 건 공부가 재미 있어서가 절대로 아닙니다. 부모가 거기에 긍정적인 반응을 해 주기 때문이에요. 공부할 때 자신이 사랑받는다고 느끼고, 그게 기뻐서 공부하는 거예요. 공부로만 상호작용을 계속하면, 초등학교 3학년 이후로는 부모와 자녀가 긍정적 관계를 만들 통로가 사라져 버려요. 쉽게 말하면 혼날 일만 남은 거예요.

그걸 감안하면 '나'는 꽤 오래 버틴 편이에요. 중학교 때까지는 잘 해냈어요. 그러나 고등학교에 들어가 예상치 못한 성적을 받았을 때 생의 근간이 흔들렸습니다. '나'에게 존재의 근간이었던 성적이 무너지면서 다 무너져 버렸어요. 당연히 불안하죠. 우울한 것도 당연해요. 어릴 때부터 돈이 가장 중요한 가치라고 배운 사람들은 돈이 없어지면 죽고 싶어 해요. 외모로 인정받은 사람들도 자신이 늙어 가는 것을 견디지 못합니다. 그것 외에는 자기 자신을 지탱할 수 있는 힘이 없기 때문이에요.

오롯이 자기 존재 자체로 인정을 받아 본 적이 없는 사람은 다른 사람과 친밀한 관계를 맺는 것도 힘들어합니다. 남이 나를 조건 없이 사랑하고 이해하고 인정해 줄 것이라고 믿을 자신이 없는 거예요. 그래서 누구를 만나면 한없이 위축됩니다. 관계 맺기가 어려우니까 자꾸 피하려 하죠. 힘들어서 도망갔다가 외로워서 다시 다가가고, 다가갔다가 공격받을까 봐 또 도망가고, 악순환의 연속이에요. 결국 그녀는 사람과 가까워지기 굉장히 어려웠을 겁니다. 누군가와 친근해지기란 매우 어려운 일입니다. 절절하게 누군가와 친근해지고 싶은데, 친해지면 '이 사람이 나를 온전하게 받아 줄까? 나를 떠나면 어떡하지?' 이런 두려움들로 인해 다가가지 못하고 오히려 먼저 벽을 칩니다. 그 두려움의 벽으로 인해 겉으로는 차갑고 냉정하게 보이는 거예요. '내'가 자신을 차갑고 냉정하다고 느끼는 것은 이 때문입니다.

그런데 자신을 차갑고 냉정하다고 말하는 사람은 문제의식을 가지고 자신을 진지하게 들여다볼 줄 아는 사람이에요. 자신의 문제를 알고 성장하고 싶어 하는 사람입니다. 이건 아주 중요한 신호예요. 또한 이야기를 풀어 가는 것을 보면, 자신의 감정을 잘 따라갑니다. 마음을 읽을 줄 안다는 겁니다. 이는 타인의 감정을 읽고 감응할 수 있는 기본을 갖추었다는 뜻이기도 해요. 정서 발달은 다행히 후천적입니다. 지금 가진 이 장점들을 잘 활용하면 뒤늦었던 정서를 조금씩 발달시킬 수 있습니다.

자식은 부모에게 무엇을 잘해야만 인정받는 존재가 아닙니다. 말을 잘 들어야만, 공부를 잘해야만, 좋은 대학에 들어가야만 사랑받는 존재가 아닙니다. 조건 없이, 온전하게 오롯이, 있는 그대로, 자기 존재만으로 사랑받아야 하는 것이 자식입니다. 말을 안 들어도 공부를 못해도 부모는 자식을 인정해 주고 사랑해 주어야 하는 겁니다. 자식만 그런 존재가 아니에요. 사람이 그렇습니다. 우리가 남을 인정하고 존중하는 것은 그 사람의 지위, 학력, 물질적인 것 때문이 아니에요. 사람은 그 자체로 가치 있는 존재입니다. 그래서 존중하는 겁니다.

　자신이 차갑고 이기적이라고 생각한다면, 그 모습을 피하지 말고 직면해 보세요. 모든 조건을 제거한 나, 꾸미지 않은 진짜 나, 발가벗은 나의 모습을 직면하는 것부터 시작하세요. 그게 어떤 모습이든 나를 인정하세요. 그게 나예요. 바람직하지 않은 내 모습을 보는 일이 쓰리고 아플 수도 있습니다. 하지만 그렇게 자기 자신을 하나씩 인정해 가면서 나를 알아차려 가세요. 그 상처가 아물고 나면 그 후에 따라오는 벅찬 감동의 순간이 있습니다. 나도 알지 못한 나의 차가운 모습 뒤에 숨어 있던 아직 펼치지 못한 따뜻함도 발견하게 될 겁니다. 스스로를 알게 되고, 인정하고 나면 안정감과 평온함도 느낄 수 있습니다.

자꾸 나쁜 남자만
만나게 돼요

좋은 부모를 갖지 못했는데, 배우자까지 좋은 사람을 만나지 못해 삶이 고통스러운 사람들이 있어요. '내가 무슨 죄를 그리 지었기에 삶이 이렇게 고달플까? 어째서 만나는 사람마다 이렇게 모두 나쁜 사람들일까?'라고 한탄하는 사람들이 있습니다. 신이 나를 버린 걸까요? 그렇지 않아요. 강박적 순환(Repetition Compulsion)이라는 개념이 있습니다. 어릴 때 받은 상처나 충족되지 않은 욕구를 채우려고 같은 패턴의 실수를 반복한다는 겁니다. 특히 대인관계에서 주로 그렇습니다. 아버지 같은 사람을 만나지 않겠다고 다짐해 놓고 정작 아버지를 닮은 사람과 사귀거나 결혼하는 경우가 그래요. 내 안의 갈등의 핵심을 파악하고 이로 인해서 발생되는 중요한 오류를 이해하지 못하면 인간은 그 오류를 반복하고 삽니다.

수없이 버려진 한 여자가 있었습니다. 태어나자마자 어머니한테 버려졌어요. 어머니는 집을 나갔고, 아버지도 나 몰라라 했습니다. 그녀는 어린 시절 할머니, 할아버지와 살았는데, 학대를 당했어요. 매일매일 때리고 내쫓기까지 했어요. 다시 아버지에게 돌아갔지만, 아버지도 여자를 학대했습니다. 할머니와 살 때보다 더했어요. 여자는 집을 나와 여기저기를 떠돌면서 살았습니다. 그렇게 성인이 되고 여자는 새 인생을 살아 보려고 서둘러 결혼했어요. 이번에는 남편이 때렸어요. 시댁 식구들이 구박했어요. 자신이 더 잘하면 남편과 시댁 식구들이 변하지 않을까 했습니다. 그러나 삶은 점점 힘들어졌습니다.

또 한 여자는 부모가 이혼하면서 친척집에서 자랐습니다. 그 집에서는 자기 자식과 그녀를 차별했죠. 사람들이 있을 때는 잘해 주는 척하고 사람들이 없을 때는 투명인간 취급을 했어요. 여자는 좋은 남편을 만나 원 없이 사랑을 받아 보고 싶었습니다. 그래서 사랑하는 사람을 만나자 얼른 결혼했어요. 결혼해 보니 남편은 폭력적이었습니다. 여자가 원한 가정은 이게 아니었기에 딸이 하나 있었지만 이혼했어요. 그리고 곧 재혼을 했습니다. 정말 다정하고 따뜻한 남자였습니다. 그런데 결혼하자마자 딸을 구박했어요. 재혼해서 낳은 아들만 편애했습니다. 여자는 그런 남편을 보면서 자꾸 자신의 어린 시절이 생각나 힘들었어요. 다시 이혼을 생각했습니다. 그러나 용기가 나지 않았어요.

또 다른 여자는 외도하던 아버지, 그때마다 술을 드시던 어머니가 있었어요. 아이들 때문이라며 합치고 헤어지기를 반복하다가 결국 아버지는 집을 나가 버리고 어머니는 알코올 중독으로 돌아가셨어요. 오빠가 하나 있었지만 사이가 좋지 않았습니다. 여자는 너무 외로웠습니다. 그러다 한 남자와 불같은 사랑에 빠져 만난 지 한 달 만에 결혼했어요. 여자는 평범한 가정을 꿈꿨어요. 사랑과 이해가 가득한 집에서 행복해지고 싶었습니다. 그러나 남편은 아이와 집에 관심이 없었어요. 자기 부모님이나 친구밖에 몰랐습니다.

무엇보다 결혼은 '내'가 사랑하는 사람과 해야 합니다. 다른 조건들보다 사랑이 가장 우선이어야 해요. 상대가 잘해 주니까, 집에서 나오고 싶어서, 빨리 가정을 꾸리고 싶어서, 혼자 아이를 키울 자신이 없어서 결혼을 해서는 안 돼요. 그렇게 선택하면 배우자와의 관계에서 '힘의 균형'이 깨지고, 그것이 모든 문제의 원인이 되기도 합니다. 결혼 생활을 유지하려면 부부가 서로 조심해야 해요. 배우자가 싫어하는 말과 행동을 하지 않으려고 노력하고 늘 배려해야 합니다. 원래 나쁜 사람은 아니지만 결혼하고 나서 더 이상 조심하지 않는 사람들이 많아요. 결혼을 깰 마음은 아니지만 더 이상 사랑을 지키려고 조심하지 않는 것입니다. 한마디로 상대가 만만해진 거예요.

버림받고 거절당하는 것을 극도로 두려워하는 사람은 버림받지 않으려고 애쓰는 데 모든 에너지를 씁니다. 꼭 해야 할 말도 못 하고, 당연한 권리도 주장하지 못 하고, 기분 나쁜 내색도 못 하죠. 안타깝지만 그런 태도를 반복적으로 접한 상대방은 그 사람을 더 이상 존중하지도, 조심스럽게 대하지도 않아요. 사람의 본성이 본래 그렇습니다.

아주 가깝고 중요한 대상으로부터 버림받고 거절당한 경험이 많은 사람은 다른 사람이 조금만 친절하게 대하면 나를 사랑하는 것이라고 쉽게 착각합니다. 친절과 사랑을 헷갈려 하는 거예요. 그리고 그 사람을 사랑을 나누는 성인과 성인의 관계가 아니라 나를 보호해 주는 보호자 관계로 느낍니다. 결혼은 성인과 성인의 관계로 맺어지는 것인데, 그 사람을 자꾸 보호자같이 생각해요. 왜 그럴까요? 자신을 온전하게 수용해 주는 사랑에 대한 결핍이 너무 컸기에 그런 결핍을 채워 주는 사랑을 절실하게 원하기 때문입니다. 오랜 가뭄 끝에 내리는 빗방울에 생명체는 본능적으로 입을 크게 벌리죠. 비를 미처 탐색할 겨를도 없어요. 마치 이와 같습니다. '저 남자가 나를 사랑하는 것 같아. 내 배우자이자 보호자이자 부모가 되어 줄 것 같아. 내 결핍을 채워 줄 것 같아.' 이런 바람이 너무 큰 나머지, 그 관계를 객관적으로 보지 못하고 주관적인 색을 입히게 됩니다. 어느 정도 판타지가 개입되는 거지요. 그리고 곧 또다시 버려질지 모른다는 두려움에 떨게 됩니다.

강박적 순환의 고리를 어떻게 끊을까요? 인생에서 가장 복잡한 관계로 얽힌 사람들에 대한 감정을 분명히 정리해야 합니다. 부모에게 가졌던 분노, 원망, 미안함, 슬픔, 연민 중 당시 내가 느꼈던 감정은 뭐였는지, 무엇에 상처받았는지, 그래서 나는 어떤 사람이고 앞으로 타인을 만날 때 무엇을 조심해야 하는지 잘 살펴봐야 합니다. 그래야 같은 실수를 저지르지 않을 수 있어요. 자신을 잘 알지도 못한 채로 다른 사람에게서 행복을 찾으려고 하면 그 기대는 좌절될 수밖에 없어요. 어떤 사람이 조금만 잘해 주어도 그 사람에게 판타지를 갖고는, 그 기대가 충족되지 않으면 또다시 절망하는 일이 반복될 겁니다.

폭력적인 남편에 대해서는 말해 둘 것이 있습니다. 힘이 약한 배우자를 도구나 완력을 사용해 폭행하는 일이 한 번이라도 발생하면 그냥 넘어가서는 안 됩니다. '한 번이니까, 너무 화가 났으니까'라는 식으로 합리화하지 마세요. 데이트 폭력도 마찬가지입니다. 한 번이 열 번, 백 번 된다는 말이 틀리지 않습니다. 상식적인 사람은 어떤 경우에도 절대 폭력을 쓰지 않아요. 배우자에게 기회를 한 번 더 주고 싶다면, 그것이 얼마나 엄청난 문제인지 진지하게 대화함으로 부부관계를 신중하게 재검토해야 합니다.

내가 아무리 노력해도 나에게 폭력을 행사하거나 못되게 구는 가족이라면 떠나는 것이 맞아요. 참고 기다리면 언젠가 바뀔 거라고 기대하지 마세요. 남편이 변화를 거부하고 시댁이 돕지 않으면 그들을 떠나는 것이 맞습니다. 무조건 떠나야 합니다. 남편이 놓아 주지 않으려고 해도 용기를 내야 해요. 아이를 위해서는 그래도 가정을 지키는 것이 낫다고 생각할 수 있어요. 하지만 그런 가정은 지킬 가치가 없습니다.

글은 이렇게 쓰지만 이것이 정말 쉽게 내릴 수 없는 결정이라는 것, 누구보다도 잘 알아요. 제가 쓴 몇 줄처럼 단순한 일이 절대 아니지요. 먹고사는 것도, 아이들을 데리고 떠난다는 것도 너무나 쉽지 않은 일입니다. 무엇보다 어디 숨을 곳도 없는데 폭력적인 남편이 쫓아와서 더 큰 폭력을 휘두를까 봐 너무 무섭기도 할 거예요. 그러다 보니 '내가 좀 참으면, 내가 좀 맞춰 주면 좋아지지 않을까' 또다시 이런 생각도 하게 될 겁니다. 쉽게 행할 수 없는 일이라는 것을 알기에, 이 글을 읽는 당신이 떠나지 못하는 자신을 두고 '아, 역시 난 바보네'라고 자책할까 봐 걱정입니다. 그런 생각은 안 했으면 좋겠어요.

그럼에도 저는 이 글에서 당신이라는 존재의 가치를 지키기 위해서는 당신을 폭력으로 대하는 배우자와 살 수 없다는 말을 할 수밖에 없어요. 그것은 당신뿐 아니라 아이와도 관련이 있습니다. 엄마가 아빠에게 무력하게 맞고 당하는 걸 본 아이들은 아빠에게는 분노를, 엄마에게는 연민을 느낍니다. 그런데 거기서 끝나지 않아요. 아이는 부부간 힘의 균형에서 밀리는 엄마가 못나고 만만한 존재라고 여기고 얕잡아 보게 돼요. 엄마의 말이 점점 아이에게 통하지 않게 됩니다. 아빠 말은 무서우니까 듣는 척은 하겠지만 신뢰하지 않아요. 결국 제대로 된 부모와 어른이 없는 상태로 아이는 자랍니다. 또 아빠한테 맞는 엄마의 모습을 지켜보는 아이의 아픔은 엄마가 겪는 고통과 크게 다르지 않아요. 이대로 둔다면 아이도 자존감 없는 어른으로 자랄 가능성이 커요. 아이에게 비상식적인 성장 환경과 그로 인한 처참한 불안을 물려 주게 되는 겁니다. 그래서 아이들을 데리고 남편을 떠나는 것이 너무나 어려운 일인 줄 잘 알지만, 이런 이야기를 드릴 수밖에 없어요.

재혼한 남편이 자신과의 사이에서 낳은 아이만 편애한다면 그건 옳지 않다고 당당히 말해야 합니다. 남편의 행동을 절대 받아들일 수 없다고 말해야 합니다. 아이들을 차별하는 것은 정서적 학대입니다. 애원하거나 흥분하지 말고 차분하게 말하세요. 그 말을 꺼내면 이혼으로 끝날지도 모른다는 두려움을 버려야 해요. 오히려 남편에게 그 모습을 바꾸지 않으면 이혼도 고려하겠다고 강하게 말해야 합니다. 협박하라는 것이 아니에요. 남편과 힘의 내적 균형을 찾으라는 것입니다. 버려질지도 모른다는 두려움에 갇혀서 관계를 바로잡지 않으면 실제로 버려지는 사람이 될 가능성이 큽니다.

당신이 강하게 말하면 남편이 물리적 힘을 행사할 수도 있을 겁니다. 하지만 아이는 자신을 위해 용감하게 할 말을 하는 엄마를 보면서, 엄마가 자신의 진정한 보호자라고 믿게 될 겁니다. 당장 용기가 없다면 전문가에게 치료를 받아 힘을 길러야 합니다. 아이에게도 미리 말해 주세요. "아빠는 너에게 하지 말아야 할 행동을 하고 있어. 엄마가 잘 알고 있고, 그러지 말라고 꼭 말할 거야. 사랑하는 엄마를 믿어 줘." 엄마가 아이를 보호해 주지 않으면, 아이는 엄마가 옆에 있어서 더 많이 아플지도 몰라요. 엄마가 자신을 전혀 보호해 주지 못한다는 사실이 슬프고 무서울 거예요.

40대 남자가 있었습니다. 남자는 어린 시절 정서적으로 매우 불우하게 컸어요. 경제적으로는 어렵지 않았습니다. 그런데 어머니가 좀 이상했어요. 자기 마음에 들지 않으면 물건을 던지고 때리는 것은 물론이고, 가족들을 지나치게 통제하려고 들고, 있는 그대로가 아니라 늘 뭔가를 꾸미고 속여서 말하는 사람이었습니다. 남자는 성인이 되어 여자를 사귀게 되었습니다. 남자는 여자를 사귈 때마다 헤어지게 될까 봐 두려워했고, 모든 일을 여자에게 맞춰 주었어요. 여자가 화를 내면 무조건 매달렸어요. 여자가 잘못한 일에도 남자가 빌었어요. 그랬더니 만나는 여자마다 이 남자를 함부로 대했습니다. 그러다 결혼을 했어요. 겉보기에는 외모가 아름답고 착한 사람처럼 보였습니다. 고등교육도 잘 받은 사람이었습니다. 그러나 상상을 못할 정도로 가학적으로 남편을 때렸습니다. 그래도 남자는 그 여자가 자신을 떠나는 것이 두려웠어요. 혼자 남겨지는 것이 죽기보다 싫었어요. 남자는 여자가 때리는 대로 그대로 맞았습니다. 그런데 그럴수록 여자는 남자를 점점 더 심하게 대했습니다.

남자는 견딜 수 없어 치료를 받기로 결심했어요. 치료를 받고 나서는 마음이 좀 건강해져서 '계속 이렇게 살 수는 없다'고 생각하게 되었고 여자에게 이혼하자고 했어요. 남자의 어머니가 이 소식을 들었어요. 여자가 남자를 때린 이유 중에는 시어머니에게 미움을 받아 쌓인 분노로 인한 것도 있었습니다. 그런데 어머니는 태연스럽게 "화해해"라고 말했어요. 남자는 "어머니, 저는 배우자를 때리는 사람하고는 결혼 생활을 지속할 수 없어요"라고 대답했습니다. 그러자 어머니가 말했습니다. "걔가 괜히 때렸겠니? 네가 맞을 짓을 했으니까 그러지." 남자는 정색하고 다시 어머니에게 말했어요. "어머니도 저한테 맞을 짓 많이 하셨거든요. 그렇다고 제가 어머니를 때렸습니까? 제가 어머니를 때리지 않은 것은 사람이 사람을 때려서는 안 되기 때문입니다. 더군다나 부모를 때려서는 안 되기 때문입니다." 어머니는 한참을 아무 말도 못 하셨습니다. 하지만 어머니는 집으로 돌아가면서 이렇게 말씀하셨대요. "야, 내가 다른 사람한테 이혼한 아들 있다고 창피해서 어떻게 말하나!" 그 남자는 어머니 같은 여자랑 결혼하지 않는 것이 일생일대의 목표였는데 지금 생각해 보면 어머니랑 똑같은 여자랑 결혼했다고 긴 한숨을 내쉬었습니다.

사람은 누구에게도 버림받지 않아요. 사람은 소중하고 존귀한 존재라서 누구든, 어떤 상황에서든 버려질 수 없어요. 수없이 버림을 받았다고 느끼며 살아온 지난 인생은 절대로 나의 잘못이 아닙니다. 마음이 약해지고 겁이 날 때마다 항상 되뇌어야 합니다. '나는 이렇게 살면 안 되는 존재다. 누구도 감히 나에게 함부로 할 수 없다.' 이 세상에 때리고 학대하고 버려도 되는 사람은 없어요. 생긴 모습이나 가진 것, 배운 것이 어떻든 사람은 언제나 존중받아야 합니다.

'No'라고 말하지 못해요,
인간관계가 어려워요

"네가 제대로 하는 게 있기나 해?"
"네가 그렇지 뭐." "그런 성격을 좋아할 사람이 어디
있겠니? 결혼도 힘들겠다." "왜 태어나서 속을 썩이
니?" 어린 시절에 이런 식의 말을 들으면 자존감이
많이 떨어집니다. 다른 사람 앞에서 'No'라고 말하
기가 어려워지지요. 자기주장이 없어서 그럴 수도
있고, 다른 사람이 자신을 싫어할까 봐 두려워서 그
럴 수도 있어요.

부모가 자주 싸웠다면 그것이 자녀에게 부정적
인 영향을 끼쳐서 자기주장을 제대로 하지 못하는
성격의 아이를 만들 수도 있습니다. 고성이 오가고
아버지와 어머니가 서로 헐뜯고 비난하는 것을 옆

에서 지켜 본 아이는 최악의 두려움과 불안에 휩싸이고 맙니다. 말 그대로 공포 분위기 속에서 서로 네 탓이니 하며 자기주장만 펼치는 모습을 보면서 '주장'은 나쁜 것으로 인지하기도 합니다. 곧 '주장 = 싸움'이라고 동일시하는 거죠. 아버지와 어머니가 상대의 말은 들어 보지도 않고 큰 소리로 자기 말만 하다가 사이가 나빠진 최악의 장면을 자주 접하면서 싸움의 원흉을 '주장하는 것'으로 여기고 차라리 주장하지 않는 편이 낫다고 생각하게 되는 겁니다.

좋은 일보다 위험하거나 기분 나쁜 경험이 많은 사람은 나쁜 기억을 먼저 떠올립니다. 누군가와 대화를 하다가 상대의 언성이 조금만 높아져도 부모가 싸우는 것을 봤을 때의 두려운 감정과 불안이 자동적으로 튀어나오지요. 위험을 해결하기 위해 무조건 고개를 끄덕이며 상대의 말에 긍정하게 됩니다. 만약 이런 사람이 어렵게 'No'라고 말했는데, 상대가 기분 나빠한 경험이 보태진다면 더욱 그렇겠지요.

피치 못하게 해야 하는 부탁도 하지 못하고, 들어줄 수 없는 사정인데도 상대의 부탁을 차마 거절하지 못한다면, 내 마음 안에 모든 사람에게 사랑받고 싶고 좋은 사람이고 싶은 갈망이 있는지 들여다보아야 합니다. 사람은 누구에게나 좋은 사람일 수는 없습니다. 누구에게나 사랑받을 수 있다면 정말 좋겠지요. 하지만 세상의 그 많은 사람 중에는 나를 싫어하는 사람도 있을 수 있어요. 사람은 지나치기 쉬운 사소한 버릇이나 습관 때문에도 갑자기 상대가 싫어지기도 하거든요. 이것은 전혀 괴로워할 문제가 아니에요. 부탁을 잘 들어주고 노력해도, 나를 좋아하지 않는 사람이 있을 수 있어요. 사람의 마음은 수시로 변하므로 상대의 어떤 부분이 마음에 들지 않는다고 해서 그 사람 자체를 싫어하는 것은 아닙니다.

대부분의 건강한 사람은 거절했다는 이유만으로 사람을 싫어하지 않습니다. 물론 거절할 때 진솔하게 말하되 상대가 기분 나쁘지 않게 말하면 좋겠지요. "미안해요. 그날은 약속이 있거든요. 함께 가면 좋을 텐데. 다음에는 꼭 같이 가요." 이런 식으로 말입니다. 이렇게 말했는데도 상대가 기분 언짢아한다면 그건 그 사람의 문제입니다. 대부분의 건강한 사람은 상식적인 수준의 부탁을 하고, 상식적인 수준의 부탁을 들어줍니다. 가벼운 부탁은 서로 쉽게 들어주는 편이에요. 하지만 쉽게 들어주지 못할 힘든 부탁은 누구든 거절할 수 있습니다. 그것은 '나'이기 때문에 거절하는 것이 아니라 누구라도 마찬가지입니다.

혹여 어렵게 들어주는 부탁일 때는 '생색내기'도 때로는 필요해요. 상대에게 내 수고를 인정받고 애써 인사를 받으라는 것이 아니에요. 어렵게 부탁을 들어준다는 건 그 상대를 특별한 존재로 생각한다는 의미입니다. 상대와 감정을 공유하고 싶다는 무언의 표현이기도 해요. 그 표현을 하라는 겁니다. 이런 생색내기는 돈독한 관계를 유지하는 기술이자 비법이에요. 치사한 것이 아닙니다. 해 주기 싫은데 싫다는 말이 절대 안 나온다면 "글쎄요"라고 말하는 것도 괜찮습니다. "싫어요"라는 말보다는 하기가 좀 쉬울 거예요. 연습해 보세요.

동의하지 않을 때, 고개를 갸우뚱하면서 "글쎄요"라고 말하면, 아무 말도 안 하는 것보다 기분이 훨씬 낫습니다.

인간은 사회적 동물이라 인간관계는 필수적이에요. 깊은 인간관계는 한 사람의 희생으로 이루어지지 않습니다. 서로의 이해와 배려로 쌓이는 거예요. 어떤 의견을 물었을 때 항상 상대의 뜻에 따르거나 좋은 쪽으로만 답하는 사람은 인간관계가 깊어지기 힘듭니다. 인간관계가 깊어지려면 서로의 마음을 나눠야 하고 진솔한 대화가 있어야 하거든요.

친구들과 두루두루 잘 지내는 중학교 3학년 여자아이가 있었습니다. 그런데 그 또래라면 누구나 하나씩 있는 죽고 못 사는 단짝 친구가 그 아이에게는 없었어요. 아이는 그 이유가 항상 궁금했습니다. 저는 아이에게 물었습니다. "만약 친구가 너에게 좋은 대학에 가고 싶은데 수학을 못해서 고민이라고 말하면 너는 뭐라고 해 줄거니?" 아이는 "글쎄요. '아니야, 너 수학 잘해'라고 말해 주지 않을까요?"라고 했어요. 이 아이가 친구에게 해 준 대답은 잘못된 것도 없고 틀린 말도 아니에요. 그러나 너무 일반적인 대답입니다. 정말 친한 친구가 나에게 고민을 의논하고자 말한 것이라면 "그렇지. 내 생각에도 네가 유독 수학이 다른 과목보다 약한 것 같아. 그래서…"라는 식으로 그 사람의 고민의 깊이에 맞춰 진지하게 따라 들어가 줘야 합니다. 이 아이의 답은 누구에게나 적용할 수 있는 그저 '안전한 대답'이에요. 단짝 친구가 되고 싶은 그 친구에게 해 주어야 할 모범 답안이 아닙니다. 사람들은 상대에게 자신이 특별한 존재이길 원해요. 다른 사람과 다르게 마음을 터놓고 깊이 있는 대화를 나눌 수 있는 상대로 나를 대해 주기를 원하거든요. 아이의 대답은 일반적인 대인관계에서는 최선일지 모르지만, 나와 친해지고 싶어 하는 친구에게는 '너는 나한테만큼은 특별한 존재야'라는 메시지를 주지 못해요. 갈등이 있지도 않았고 친구의 기분이 상한 것도 아니지만, 매번 이런 식이면 그 친구도 나를 각별하게 대하지 않게 됩니다.

특별한 관계를 맺고 싶은 사람은 인사 정도를 주고받는 사람과는 구별되는 어떤 상호작용이 있거나 때로는 충고나 고민들을 나누고 싶어 합니다. 좋은 게 좋은 거란 식의 충고는 누구에게나 해 줄 수 있는 '상투적인 답'이에요. 들어서 나쁠 것은 없지만 딱히 도움도 안 됩니다. 그런 대답을 들은 친구는 '이 친구에게는 내가 각별한 존재가 아니구나'라고 생각하게 됩니다. 이렇게 되면 누군가와 마음을 나누는 깊은 관계를 맺을 수 없습니다.

수많은 '~해야 한다' 때문에
사랑할 틈이 없어요

만 세 살 아이를 둔 엄마가 저를 찾
아와서는 엉엉 울었습니다. 엄마는 아무래도 아이
의 지능이 모자라는 것 같다고 했어요. 여러 가지
검사를 해 보았습니다. 아이는 정상이었어요. 왜 그
런 생각을 하게 되었는지 물었습니다. 엄마는 집에
영유아발달표를 붙여 놓고 월령에 맞춰 비교하며
살펴보는데, 아이가 제 월령 대에 못하는 게 있더라
는 겁니다. '가위질을 할 수 있어야 한다'고 적혀 있
는데 아이가 못하면 이 엄마는 일일이 붙잡고 가르
쳤어요. 가위질이라는 게 소근육 발달의 상징이지
만, 일상생활에서 소근육 사용에 문제가 없으면 괜
찮은데 말이지요.

세상에는 정말 많은 '해야 한다'라는 것이 있습니다. 유아기부터 노년기까지 연령별로 모두 존재하는 것 같아요. 그 '해야 한다'를 따르지 않으면 우리는 왠지 대열에서 낙오된 것처럼 느껴집니다. 그래서 자꾸 조급해집니다. 더 열심히 더 잘하기 위해서 나를, 주변 사람을 채찍질하게 됩니다. 그런데 이 '해야 한다'가 죄책감까지 자극하는 것이 바로 육아예요. 이걸 못하면 아이가 잘못될 것 같고, 내가 아이를 잘못 키우는 것 같아서 불안해집니다.

아이가 35주 만에 2.5kg으로 태어났어요. 이제 다섯 살인 아이는 안 먹어도 너무 안 먹습니다. 작게 태어났기에 잘 먹여 보려고 별짓(?)을 다 해 봤어요. TV나 스마트 폰도 보여 주고, 구슬려도 보고, 혼내도 보고, 매끼 다른 반찬에 온갖 맛있는 음식을 다 만들어 주어도 아이는 잘 먹지 않았습니다. 유명 전문가도 찾아가 보았지만 소용없었어요. 그런데 언제부터인가 제가 안 먹는 아이에게 막말을 하고 울고 소리를 질렀어요. 아이는 태어나서부터 예민하긴 했는데 점점 더 예민해졌습니다. 처음 어린이집을 다니기 시작할 때는 맞고 와서 걱정이었는데 이제는 때리고 와서 걱정입니다. 날이 갈수록 더 화내고 떼쓰고 던지고 점점 난폭해지고 있어요. 모두 저 때문이겠지요.

안 먹는 아이로 인해 고민하는 분이 많습니다. 우리는 왜 이렇게 아이의 밥 먹이는 일에 집착하는 걸까요? 작게 태어난 아이가 잘 안 먹으면 제대로 못 클 것 같은 걱정이 자꾸 죄책감을 자극합니다. 그런데 여기에 강박적으로 매달리게 되면 결국 아이와의 관계가 나빠집니다. 사람은 배고프면 먹게 되어 있어요. 안 먹으려고 하면 덜 먹이면 됩니다. 잘 먹는 게 분명히 있으니 그걸 먹이세요. 이렇게 말하면 많은 엄마가 그러면 영양이 불균형해서 안 된다고 합니다. 하지만 안 먹는 아이를 먹게 하는 일에서 가장 중요한 것은 밥을 즐겁게 먹고 포만감을 느껴서 '다음에 또 맛있게 먹어야지'라는 경험을 만들어 주는 겁니다. 똑같은 음식을 먹여도 괜찮습니다. 영양 상태요? 크게 망가지지 않아요. 요즘처럼 음식 종류가 많은 세상에 몇 가지만 먹는다고 큰 문제가 되지 않아요. 아이가 싫어하는 음식은 리스트를 만들어서 당분간 해 주지 마세요. 반드시 좋아하는 게 있습니다. 그걸 맛있게 만들어 주면 됩니다. 먹이기 위한 행위에 몰두하지 마세요.

아이가 잘 먹고 골고루 먹는 것은 물론 더 좋은 일입니다. 이건 너무 안 먹는 아이들에게 해당되는 이야기예요. 너무 안 먹는 아이를 골고루 먹이려고 하는 것도 부모의 사랑에서 비롯된 것임은 맞아요. 그런데 부모가 이 행위에 몰두하게 되면 아이에게 윽박지르고 입에 음식을 쑤셔 넣고, 아이가 뱉으면 화를 내고 다그치게 됩니다. 먹이는 양을 늘리려고 미디어를 보여 주기도 해요. 너무 안 먹는 아이에게 한 숟가락이라도 더 먹이려고 하는 이 모든 과정이 아이의 성장을 방해합니다. 아이가 자기 손으로 자기 입에 먹을 것을 넣고 씹고 배가 불러지는 과정을 자연스럽게 경험하면서 발달 단계에 맞게 자율성과 자기주도성을 배워 나가야 하는데 그 단계를 방해받는 것이죠. 우리가 아이를 키우는 진정한 목표인 건강하고 행복한 삶에 좋지 않은 영향을 끼친다는 겁니다. 결국은 그 '골고루'보다 잃은 것이 너무나 많습니다. 이럴 때 부모는 '지금 이 아이에게 진정 필요한 것은 무엇일까', '나는 부모로서 섭식과 관련된 이 과정을 아이와 어떻게 손을 잡고 나가야 할까'에 대해 좀 더 고민해 봤으면 좋겠어요.

까다로운 아이들이 있어요. 양육과 상관없이 생물학적으로 주어지는 기질적 특성이 그런 아이들입니다. 까다롭다는 것은 성격이 나쁘다는 말이 아니에요. 사람은 사회적 동물이므로 외부로부터 다양한 정보와 자극을 입력시켜서 해석하고 처리해야 합니다. 대뇌에 정보와 자극을 입력시킬 때 버릴 것은 버리고 받아들일 것은 받아들이는 과정을 거치는데 가장 먼저 감각을 통해 얻은 정보와 자극을 처리합니다. 이 감각 체계가 과도하게 예민한 아이들은 외부의 자극을 편안하게 받아들이지 못하고 특히 낯설거나 강한 자극에 예민하게 반응합니다. 익숙하거나 편안하지 않은 자극을 부정적 자극으로 해석하지요.

이 아이들은 구강 자극에도 예민합니다. 구강은 맛을 느끼는 미각과 재료의 질감을 느끼는 촉각이 동시에 관여하는 중요한 감각입니다. 구강 자극에 예민한 아이들은 새로운 음식이 입에 들어왔을 때 그 맛을 처리하는 것에 굉장히 과민합니다. 음식의 맛을 잘 받아 들이지 못하고, 음식의 식감을 입 안에서 처리하는 것에 매우 예민해서 익숙해질 때까지 일단 거부해요.

그런데 엄마는 잘 먹이겠다고 끊임없이 새로운 음식, 안 먹는 음식을 먹이려고 시도하죠. 아이는 입에 물고 있고, 아이 침에 의해 입 안 음식은 점점 불어납니다. 엄마는 한 번에 많이 먹이려고 꾹꾹 눌러 담아 입에 또 넣어 주고, 아이는 토할 것 같은 상태가 돼요. 그러다 뱉어 내면 엄마는 폭발합니다. 악순환이에요. 구강 자극에 예민한 아이에게는 5첩 반상도 괴롭고 불편하고 거부감이 드는 자극일 수 있어요. 그런데 부모는 안 먹는 아이니까 좀 먹는다 싶을 때 빨리 입에 넣어 주려고 하고, 이것이 아이에게는 공격으로 받아들여질 수 있어요. 이런 경험이 반복되면 외부 자극에 대한 감각이 더욱 과민해지고 내적 불안과 긴장, 경계심이 높아집니다.

외부 정보를 처리하는 중요한 단계인 감각이 예민한 아이들은 성장 과정에서 좌충우돌하면서 불안이 높아지기도 해요. 불안이 높은 아이들은 어릴 때 강한 자극이 들어오거나 자신이 준비되어 있지 않은데 낯선 자극이 들어오면 더 불안해하면서 자신의 안전을 지키기 위해 자극으로부터 도망가고, 자극에 대해 쉽게 위축되고 바들바들 떱니다. 또는 정반대로 자기를 보호하고 지키기 위해 날을 세우고 먼저 공격하기도 합니다.

집에서는 부모와 매우 잘 지내던 아이가 있었어요. 사실 이 아이는 감각이 예민한 아이였어요. 아이에게 집은 이미 익숙하고 부모는 무척 가깝고 친한 사람입니다. 가장 안전한 사람들이죠. 이런 상황에서는 감각이 예민한 아이라도 불안해하지 않아요. 안정감을 찾습니다. 그런데 이 아이가 새로운 기관에 들어갔어요. 기관에는 여러 친구들이 있습니다. 그중에는 쉴 새 없이 뛰어다니는 친구도 있고, 가지고 노는 장난감을 확 뺏어 가는 친구도 있어요. 공간이 좁다 보니 이리저리 다니다가 치고 가는 친구도 생깁니다. 그러다 보면 엉덩방아를 찧거나 넘어질 때도 있겠지요. 감각이 예민한 아이들은 불안과 경계심이 높아서 긴장하게 돼요. 아이는 그 친구들이 싫은 것도 아니고 기관이 싫은 것도 아니지만 그 상황에서 오는 자극에 굉장히 두려움을 느낍니다. 그러면 크게 위축되기도 하고, 자기가 공격받았다고 느껴서 자신을 지키기 위해 선제공격도 하는 거지요. 친구가 움직이려고만 해도 자기를 공격한다고 생각해 다가가서 확 물어 버리기도 합니다.

여기서 참 억울한 일이 생겨요. 아이 입장에서는 위축되거나 다른 친구를 공격하는 것이나 다 같은 마음입니다. 그런데 어른들은 위축된 아이를 대할 때는 '아, 얘가 좀 무서워하는구나, 새로운 곳에 와서 아이가 좀 불안하구나'라고 쉽게 이해하고 안쓰러워 도와주려고 합니다. 이에 반해 소리를 지르거나 친구를 물거나 미는 등 공격적 대응을 하는 아이에게는 "너 엄마가 이렇게 가르쳤어?", "너 선생님이 하지 말라고 했지?", "너 왜 친구를 자꾸 때려? 너 그러면 애들이 싫어해"라고 공격적으로 대하지요. 그러면 아이의 불안은 더 높아집니다. 더 예민한 아이가 되는 거지요. 두 행동 모두 도와주어야 할 상황임에도 아이의 모습에 따라 어른들의 대응이 180도 달라지는 겁니다.

부모나 어른들은 겉으로 드러나는 아이의 행동이 아니라 아이가 왜 그러는지에 대한 더 근원적인 이유를 찾아 이해하려고 노력해야 해요. 아이의 기질이나 생물학적 특성, 아이가 환경에 어떻게 대응하고 어떻게 정보를 처리하는지 알아야 합니다. 그래서 아이에 맞춰서 대응해 줘야 해요. 아이는 어리기 때문에 부모나 어른들에게 맞출 능력이 없습니다. 맞춰 주라는 것은 비위를 맞추라는 것이 아닙니다. 조화를 이루라는 거예요. 부모나 어른이 더 적극적으로 애써서 맞추고, 아이가 속한 환경 속에서 조화를 이루도록 도와야 합니다. 이렇게 부모나 어른들이 편안하게 맞춰 주려는 과정을 지속적으로 제공하면 감각이 예민한 아이라도 일상생활이 불편하지 않을 정도로 안정감을 찾을 수가 있어요.

부모가 아이에게 맞추지 못하는 이유에는 '해야 한다'의 홍수 때문도 있을 거예요. 이 단계에서는 이 정도를 해야 한다는 부담 때문에 어깨가 무거워요. 그 틀에서 벗어나면 괴롭기도 합니다. 그래서 아이에게 '해야 한다'를 요구하게 되는 것 같아요. 아이는 그렇게 할 이유도, 능력도 없는데 말이지요. '해야 한다'는 것을 잘 지키려고 하는 것은 아이에 대한 강한 책임감에서 비롯되었을 겁니다. 아이를 제때 바르게 키우고 싶어서요. 그런데 '해야 한다'가 너무 많으면 아이를 사랑할 틈이 없습니다. 육아에서 가장 중요한 것은 아이에게 부모의 사랑을 느끼게 해 주는 거예요. 무서운 얼굴로 몸에 좋은 것이니 안 먹으면 혼난다고 말하면 과연 아이는 엄마가 나를 사랑한다고 느낄까요? 아이가 좀 자라면 부모들은 교육에 목숨을 겁니다. 좋은 대학에 보내기 위해서 온갖 잔소리와 비교를 하고, 머리를 쥐어박고 등짝을 때리기까지 하면서 공부를 시켜요. 그렇게 해서 좋은 대학에 간 아이는 과연 부모가 온전하게 나를 사랑했다고 느낄까요?

'해야 한다'가 넘쳐나는 것은 비단 육아뿐이 아니에요. 우리 주변에는 누군가가 만들어 놓은 수많은 '해야 한다'가 있어요. ~가야 한다, ~먹어야 한다, ~읽어야 한다, ~따야 한다, ~들어가야 한다, ~입어야 한다, ~가져야 한다, ~있어야 한다, ~이뤄야 한다 등 아주 사소한 것부터 중요한 것까지 많이 있습니다. 부모는 육아의 '해야 한다'에 치여서, 아이를 사랑할 틈이 없습니다. '해야 한다'에 몰두하다가 정작 '아이'를 놓칩니다. 성인들은 자신 주변에 쏟아지는 일상의 '해야 한다'에 치여서 자신을 사랑할 틈이 없습니다. '해야 한다'에 몰두하다가 정작 '나'를 놓칩니다.

열심히 사는 것은 좋아요. 최선을 다하는 것도 좋아요. 하지만 수많은 '해야 한다'를 따라 달려가다가 나를 떨어뜨리면 안 되지 않을까요? 내 삶인데 내가 빠지면 안 됩니다. 누군가 '해야 한다'라고 말하면, 스스로에게 질문하셨으면 좋겠습니다. 정말 그럴까? 나에게도 맞을까? 내 아이에게도 맞을까? 내 생각은 무엇인가? 내 아이에게 지금 가장 중요한 것은 무엇인가? 내 인생에 가장 중요한 것은 무엇인가? 나는 어떤 가치관을 가지고 살아갈 것인가? 스스로 이 질문들에 답해 본 뒤에도 의미가 있다면 따라도 됩니다. 그렇지 않다면 '아, 저 사람들은 저렇게 생각하는구나' 정도로 이해하셨으면 해요. '아, 저런 것도 있구나' 하고 그냥 지나가셨으면 해요.

나를 때린 부모,
아이를 때리고 있는 나

우리가 부모에게 받은 나쁜 영향에서 목숨 걸고라도 기필코 끊어 내야 하는 것이 있어요. 하나는 술입니다. '평소에 좋은 아버지였는데 술만 먹으면 다른 사람이 되었어요'라고 말하는 사람에게 저는 술을 입에도 대지 말라고 조언합니다. 안타깝지만 그런 부모를 한 명이라도 가졌다면 술은 아예 멀리하는 것이 좋아요. 생물학적인 이유에서 자식에게도 그런 면이 있을 수 있기 때문입니다.

다른 하나는 학대예요. 어릴 때 맞고 커서 상처가 되었다는 분들이 있습니다. 이분들은 사람이 사람을 왜 때려서는 안 되는지, 부모가 아이를 왜 때려서는 안 되는지 치열하게 공부해야 합니다. 자식을 학대하거나 난폭하게 대하는 것은 대물림되기 쉬워요. 자식을 학대하거나 난폭하게 다루는 부모 밑에서 자란 사람은 자식을 학대하지 않고 편안하게 대하는 법을 배우는 것이 쉽지 않습니다. 자신의 아픔을 들여다보며 치열하게 깨우쳐야 합니다. 아이가 잘못할 때마다 때리는 것으로 해결했던 부모의 문제 해결 방식을 보고 자랐기 때문이에요. 그래서 아이를 폭력적으로 대하거나 때리면 안 된다는 것을 머리로는 알아도, 자신이 부모가 된 다음에 자기 자식을 학대나 폭력 없이 다루기가 어렵습니다.

학대하고서는 훈육했을 뿐이라고 말하는 사람도 많아요. 그리고 평범한 부모도 훈육이라고 하면서 그 과정에서 잘못된 방식을 쓰는 경우를 굉장히 많이 목격합니다. 흔히 훈육과 학대를 헷갈려 하세요. 설령 잘 가르치고자 하는 훈육의 의도라 해도 때리는 행위는 절대 안 됩니다. 소리를 지르거나 욕(이 새끼가! 이놈이!)을 해서도 절대 안 됩니다. 그 출발은 어떤 누구도 다른 사람을 때릴 권리는 없다는 데서 시작합니다. 그게 설사 부모 자식 간이라고 해도 타인을 모욕하고 때릴 권리는 없습니다. 아이가 나를 짜증나게 해도, 하지 말라는 짓을 또 해도, 나쁜 짓을 해도, 때리는 건 절대 안 됩니다.

아마 학대라는 말에 반감이 생길 수도 있습니다. '내가 아이를 이렇게 사랑하는데, 잘못을 하니 따끔하게 가르치려고 때린 것인데 이게 학대라고?' 당신은 아이를 때려서라도 바로 잡고 싶은 마음이 크기 때문에 하는 말일 겁니다. 저는 당신이 그렇게 해서라도 아이를 바로잡고 싶은 그 사랑의 마음을 이해하지 못하는 것은 아니에요. 그 마음은 잘 알지만 그래도 때리지 말라고 말하는 겁니다. 넓은 관점에서 보면 그 행동도 학대예요. 하지 말아야 합니다. 이유 불문입니다.

제가 이렇게 말하는 것은 "아이를 몇 번 때렸습니까? 한 번 때렸으니 한 번 학대하셨군요"라고 당신을 비난하려는 것이 아니에요. 이 문제에 대해서 굉장히 논란이 많은 것을 저도 알고 있습니다. 그러나 이 책에서 이 이야기를 해야만 하는 것은, 부모에게 상처를 받은 사람들의 어린 시절에는 자식의 잘못된 행동을 바로잡아 주기 위해 아이를 때렸다고 항변하는 부모들이 등장하기 때문이에요. 따끔하게 가르쳐 주려고 했던 부모의 의도와는 달리 평생을 상처 속에서 고통스러워하는, 어른이 되지 못한 사람들이 제 주변에 여전히 너무 많기 때문입니다. 저는 아이의 잘못을 때리는 것으로 가르치는 것은 교육적 의미가 없다고 봐요. 그들이 그 증거입니다. 때리는 것은 상처만 줄 뿐이에요. 그렇다고 아이를 떠받들면서 비위를 맞춰 주라는 것이 아닙니다. 이제는 때리는 것으로 아이를 가르치려고 하는 그 방법은 그만 쓰자는 거예요. 더 좋은 방법을 한번 생각해 보자는 겁니다.

때리지 않고는 양육이 불가능하다고 주장하는 사람들이 있어요. 그러나 저는 개인적으로 '사랑의 매'라는 표현이 굉장히 불편합니다. 때리는 것이 사랑의 매가 되려면, 모든 단계에서 부모의 감정이 철

저하게 조절되고 통제돼야 합니다. 그런데 이렇게 철저히 자신을 통제할 수 있는 사람이라면, 때리지 않고 말로 훈육하는 것도 충분히 가능해요. 그렇다면 말로 하라는 겁니다. 많은 부모가 자신을 통제하는 문제에 있어서 스스로를 너무 믿어 버려요. 자기감정을 조절할 수 있다고 착각하는 거죠. 제가 이들에게 해 줄 수 있는 말은 아이의 몸에 손을 댈 때 뒤따라오는 나의 감정을 철저하게 조절할 수 있다고 지나치게 자신만만해하지 말라는 것뿐입니다. 그렇게 스스로를 믿는다면 매를 찾고, 매의 개수를 정하고, 매로 때리는 데 그 에너지를 쓰지 말고, 아이의 고쳐야 할 행동에 대해서 차분하지만 분명하고 단호하게 말하는 데 쓰세요.

어떤 사람은 인간이 맞았을 때 느끼는 충격이 반성이나 각성을 일으킨다고 주장하기도 합니다. 그러나 그보다 더 많은 사람이 맞으면서 모멸감을 느끼고 공포감에 떨어요. 어린 시절 그런 모멸감과 공포감을 경험한 사람은, 그것이 어른이 되어서도 공포와 불안으로 남게 되기도 합니다. 그 공포와 불안은 어디서 왔을까요? 그건 '내가 무슨 잘못을 하면 우리 부모님은 나를 잘 가르쳐 줄 거야. 가르쳐 주는 과정에서 나를 감정적으로 공격하지 않을 거야. 그 과정으로 나는 무엇이 옳은지 제대로 알게 될 거야'라는 믿음이 없기 때문에 생깁니다. 인생을 30~40년 이상 살아온 사람이 그 상황에서 판단하는 생각과 느끼는 감정은, 이제 몇 년밖에 채 살지 않은 아이가 느끼는 그것과는 완전히 다릅니다. 부모는 훈육의 시간이라고 생각하지만,

아이는 그저 너무너무 무서워서 벌벌 떠는 공포의 시간일 수 있어요.

　아이를 때린 적이 있다면 때린 것에 대해 솔직하게 사과하세요. "네가 동생 때렸을 때 엄마가 너를 때렸잖아. 그때 많이 속상했니?"라고 물으세요. 아이가 그렇다고 하면 "엄마가 때린 것은 잘못된 방법이었어. 네가 잘못할 때 엄마가 분명하게 가르쳐 줘야 하지만, 때린 것은 잘못이야"라고 말해 주세요. 혹시 아이가 그때 맞은 것 때문에 "엄마, 나 미워해요? 나 싫어해요?"라고 물을 수도 있어요. 그때는 "엄마가 그때 너한테 화가 났어. 화가 났다고 해서 네가 싫은 것은 아니야. 엄마는 너를 절대 싫어하지 않아"라고 대답해 주세요. "그러면 안 된다고 여러 번 가르쳐 줘야 했는데, 아무리 너를 사랑한다고 해도 너를 때린 것은 엄마가 정말 잘못한 일이야. 굉장히 후회해. 미안해." 이렇게 진심으로 말해 주세요. "엄마는 지금까지 그것이 좋은 교육 방법인 줄 알았는데, 이제 그 방법이 정말 잘못된 것이라는 것을 배웠어. 그 부분에 대해서 엄마가 잘 몰랐는데, 미안하다." 이렇게 말해 줄 수도 있어요.

　"엄마는 만날 미안하다고 하고 또 때리잖아"라고 아이가 따질 수 있어요. 그럴 때 "야, 네가 잘하면 엄마가 때리니?"라고 하지 마세요. "맞아, 엄마가 그런 면이 있지." 그냥 인정하세요. 부모가 부당했다는 것을 인정해야 아이가 상처를 극복할 수 있습니다. "맞아, 어른이지만 엄마도 굉장히 노력해야 하는 부분이야. 그런데 어떨 때는 잘 안 될 때가 있어. 더 노력할게." 이렇게 진심으로 말하세요.

아이를 때리는 것은 아이 입장에서는 일종의 공격을 받은 것입니다. 위계에 의해서 훨씬 더 힘을 가진 사람이 힘이 없는 사람을 때린 겁니다. 아무리 의도가 좋았어도 때리는 것은 부모가 아이를 공격한 것이 맞아요. 그것에 대해서 아이가 마음의 상처를 받았다면, 그 마음의 상처를 회복하게 해 주고 싶다면, 부모의 행위가 부당했다는 것을 인정하세요. 그래서 아이가 '아, 엄마도 잘못된 방법이었다고 생각하고 있구나'라고 느끼게 하는 것이 중요합니다.

때리지 않으려고 하는데도 자꾸 아이를 때리게 된다면서 눈물을 흘리는 분들, 너무나 많아요. '안 해야지' 하면서도 그런 상황이 벌어질 때마다 순간 아이 탓을 하면서 또 때리게 됩니다. 때려서 굴복시키는 것은 이 땅에서 오랫동안 아랫사람을 통제하는 수단으로 써 왔던 방법이어서 그래요. 우리 몸에 너무나 익숙해져 있기 때문에 그렇습니다.

아이를 때리게 되는 것은, 사실 절대 아이 탓이 아니에요. 부모는 정말 때릴 생각이 없는데 아이가 너무 말을 안 들어서, 아이의 문제 행동이 너무 심해서 때리게 되는 것이 아닙니다. 아이를 때리는 것은 아이의 상태나 상황에 따라 결정하는 것이 아니에요. 때려도 되는 상황이란 없습니다. 원래 안 되는 겁니다. '아이를 때려서는 안 된다'는 '절대정의'입니다. 그것을 가슴 깊이, 뼈저리게 이해해야 해요. 그래야 안 할 수 있습니다. 자꾸 다시 하게 된다면, 적극적으로 도움을 받아서 안 하도록 해야 합니다.

아이의 발달에 대해 폭넓게 이해할 수 있는 공부도 해야 합니다. 살아 있는 모든 생명체는 성장하면서 끊임없이 문제를 일으켜요. 누워 있으면 넘어질 일도 없지만 걷기 시작한 이상 부딪치고 넘어집니다. 그것은 혼낼 일이 아니에요. 가르쳐야 할 일입니다. 부모는 아이가 일으킬 문제를 예측하고, 문제를 완화하기 위한 환경을 조성하고, 아이를 가르치고 지도해야 해요. 따라서 어떤 문제를 예측하고 준비해야 하는지에 대한 공부가 필요합니다.

회사 사람들이 따돌립니다,
회사에서 눈치만 봐요

인간은 타인과의 관계를 통해 즐거움을 느끼기도 하고 불행함을 느끼기도 해요. 매일 마주치는 사람들이 어려워 위축되고, 사람들 사이에서 어색함과 이질감을 느낀다면 눈을 뜬 순간부터 잠들 때까지 정말 너무 괴로울 겁니다. 자주 보는 주변의 사람들, 가까운 사람들과 그럭저럭 잘 지낼 때 우리 마음이 안정될 수 있어요.

부모님은 좋은 분들이셨어요. 특히 아버지가 친절하고 자상하셨습니다. 시험을 봤을 때도 점수보다는 과정의 잘못된 점에 대해서 이야기해 주셨고, 앞으로 어떻게 하면 좋을지를 함께 의논하셨어요. 아버지의 생각을 말씀하실 때도 강요는 아니라는 말을 항상 덧붙이셨습니다. 저는 어릴 때부터 문제가 생기면 아버지께 의견을 묻고 고민하다가 결국은 아버지의 결정을 따랐던 것 같습니다. 그런데 저도 그렇게 하는 것이 좋다고 생각했기 때문이에요. 이렇게 좋은 부모님을 가졌는데, 저는 왜 대인관계가 어려운 걸까요? 고등학교 때도 대학교 때도 사람을 피했던 기억이 있습니다. 입사 1년차인 지금 대인관계가 힘들어요. 회사 식당에서 밥 먹는 걸 포기했어요. 입사 직후에 친하게 지냈던 동료가 있었습니다. 그런데 어느 날 저에게 말도 없이 먼저 나가서 다른 직원과 밥 먹는 것을 발견했어요. 그 동료는 저를 보고 당황한 눈치였어요. 그 이후부터 저를 끼워 주지 않으려는 것 같았습니다. 선배들과 점심을 먹기도 했는데, 그들도 저와 눈을 잘 마주치지 않고 제 말에는 대충 대답하는 것 같아요. 이제는 점심시간이면 혼자 편의점에서 간단하게 식사를 합니다.

사람은 한 번 대인관계 방식을 습득하고 나면, 엄청난 사건에 휘말리지 않는 한 외부 상황에 영향을 쉽게 받지 않아요. 습득된 대인관계 방식의 범주 내에서 갈등과 문제를 처리합니다. 자신이 습득한 나름대로의 방식을 비교적 일관되게 적용해 나가기 때문이에요. 그런데 '나'의 대인관계 방식은 일관되기보다 극과 극을 달리고 있습니다. 주위 사람들과 잘 지내기도 하다가 어느 순간에는 스스로를 아웃사이더로 만들어 완전히 폐쇄적으로 지냅니다.

'나'를 힘들게 하는 건 외부 상황이 아니라 본인의 내면이라는 생각이 들어요. 외부 상황은 좀 모호합니다. 모든 걸 스스로 '그렇게 느꼈다'라고 이야기하고 있거든요. '내'가 외톨이가 되기까지 악의적인 소문을 퍼뜨리거나, 드러내 놓고 업무상 불이익을 준 사람은 없습니다. 구체적인 사건으로 문제가 된 것이 아니에요. 상대방에게 나한테 왜 그러냐고 따질 수도 없는 아주 미묘한 문제예요. 미묘하다고 작은 문제는 아닙니다. 이런 미묘한 문제에 우리는 더 괴로울 수 있습니다. 그런데 이런 문제일수록 나의 내면의 문제를 명료화시키지 않으면 안 돼요. 그렇지 않으면 어디를 가든 비슷한 문제가 일어날 수 있습니다.

'나'는 거절당하는 것을 특히나 힘들어하는 것 같아요. 친하게 지내던 회사 동료가 말도 없이 다른 사람과 밥을 먹으러 먼저 나간 것을 거절이라고 느꼈어요. 직장 동료가 실제로 거절한 것이든, 느낌상 거절로 받아들인 것이든, 그 이후 생각의 모든 회로가 그 방향으로 빠르게 움직였습니다. 직장 동료가 자신을 따돌렸고, 직장 선배도 자신을 좋아하지 않는다고 결론을 내렸습니다. 이 과정에서 안타까운 것은 이렇게 되기까지 한 번도 상대방에게 직접 사실을 확인해 보지 않았다는 거예요. '내'가 느낀 거절이 실제 거절이었을까요? '나'는 그렇게 느껴졌다고 했지만 사실은 그렇지 않았을 수도 있어요. 혹시 그저 덜 친절하거나, 적극적인 호의를 표하지 않는 것을 그렇게 느낀 것은 아닌지 생각해 보게 됩니다.

사람들은 남에게 항상 친절하지 않습니다. 항상 적극적인 호의를 보이지도 않아요. 나도 매번 그러기는 어렵고 상대도 마찬가지입니다. 가끔은 나를 정말 불편하게 하는 행동을 할 수도 있습니다. 열 번 중에 네 번은 나의 기분을 나쁘게 할 수도 있어요. 그럭저럭 잘 대해 주는 여섯 번보다 잘 못 하는 네 번에 더 방점을 찍는다면 인간관계가 불편할 수밖에 없습니다.

만 1~3세 사이의 아이들은 "내가 할 거야"라는 의사표현을 하기 시작합니다. 정신분석학자 프로이트는 이 시기에 위험한 일이 아니라면 아이 스스로 해 보도록 두어야 자율성이 제대로 발달할 수 있다고 강조했습니다. 인간은 이 시기부터 자율성을 제대로 발달시키지 못하면 수치심과 의심이 생깁니다. 그래서 어린 시절 내내 자신의 뜻대로 행동해 본 경험이 적은 사람은 자기 신뢰감과 자기 확신이 떨어지게 돼요.

'나'는 비교적 화목한 가정에서 잘 자랐다고 했어요. 특히 아버지를 '한없이 자상하고 친절한 분'이라고 했습니다. 하지만 이 부분에 문제가 있어 보입니다. 제 말이 당황스러울 수도 있어요. 아버지는 '친절하지만 과도한 통제자'였다고 생각됩니다. 이 책에서 언급한 이야기 외에 저에게 전한 몇 가지 일화를 보면 아버지를 친절하고 자상하다고 표현하지만, 사실은 자식을 꼼짝 못 하게 통제하는 분이었어요. 차라리 자식이 '아버지가 싫다'고 표현할 수 있을 만큼, 아버지가 드러내 놓고 통제하는 사람이었다면 '나'의 감정은 혼란스럽지 않았을 거예요. 화라도 내고 불평도 하면서 감정을 해소하고 공감대를 찾을 수도 있었을지 모릅니다. 아버지는 겉으로는 강압적이지 않았어요. 그러나 그의 제안을 받아들일 수밖에 없을 정도로 '친절하지만 과도한 통제'를 한 거예요. 지금 '나'의 대인관계에 뿌리 깊은 영향을 주는 것은 바로 그것입니다.

사람은 시행착오를 겪으며 만들어 낸 자신만의 건강한 기준이 있어야 해요. 누군가 자신을 싫어하는 것 같아도 '날 싫어할 이유가 있나?' 되물을 정도의 당당함과 자기 확신이 있어야 합니다. 지금 '나'에게는 그게 없어요. 여러 기준으로 볼 때 좋은 부모라고 여겨지는 부모라 해도 자녀에게 부정적인 영향을 끼칠 때가 있어요. 자식에게 부모의 영향력은 절대적으로 크기에 긍정적인 면뿐 아니라 부정적인 면에서도 영향을 받습니다. 따라서 부모가 선의로 한 행동이었지만 그것이 잘못된 행동이었다면 부정적인 영향을 받게 됩니다.

대인관계에는 언제나 상대방이 존재합니다. 상대방은 좋은 사람일 수도 있고 아닐 수도 있습니다. 이해심이 많은 사람일 수도 있고 아닐 수도 있어요. 이성적이고 합리적인 사람일 수도 있고 그렇지 않을 수도 있습니다. 상대방은 때로 내가 선택할 수 없을 때도 있고, 나의 의지로 어떻게 할 수 없는 때도 있어요. 너무 힘들어서 피하고 싶지만 피할 수 없을 때도 있습니다. 그래서 우리는 대인관계에서 일어나는 다양한 갈등을 그럭저럭 잘 처리하고 극복하는 법을 배워야 합니다. 나를 보호하면서, 나에게 상처가 되지 않도록 말이죠.

　이런 일이 생길 때마다 직장을 그만두는 것은 좋은 방법이 아닙니다. 이직을 해도 같은 문제가 반복될 가능성이 크니까요. 운이 좋아서 무난하게 지낼 수도 있지만 그건 정말 운이 좋기 때문일 겁니다. 물론 직장보다 사람이 우선이기 때문에, 견딜 수 없을 만큼 힘들다면 그만두는 게 맞아요. 하지만 이 이야기 속 '나'와 같은 경우는 이곳에서 자율성을 키우고 수치심을 극복해 보는 연습을 하는 것이 어떨까 합니다.

　어린 시절 발달 단계의 한 계단이 빠졌다고 인생 전체가 흔들리지는 않습니다. 성인이 되어서도 다시 채워 넣을 수 있어요. 한 시기의 빠진 계단을 채워 넣고 다음 계단에 발을 디디면 됩니다. 자율성을 키우고 수치심을 극복하려면, 다른 사람이 나를 어떻게 보느냐가 아니라 내가 나를 어떻게 보는지부터 살피는 훈련을 해야 합니다. 우리 대부분은 가치관이 삐뚤어진 사람도 아니고, 사회에 해악을 끼치는 행동을 하는 사람도 아니에요. 그러니 원하는 대로 해도 그렇게 틀리지 않습니다. 어떤 결정을 내려도 크게 문제될 게 없을 겁니다.

　다른 사람이 반겨 주든 말든 회사 식당에서 밥을 먹고 싶으면 먹으면 됩니다. 누가 뭐라 하든 하고 싶은 대로 하기, 거기서부터 시작해야 합니다. 그냥 해 보세요. 그 자체가 불편할 수도 있어요. 하지만 나의 결정은 절대 이상할 리가 없어요. 용기를 내 보세요. 매일 자신의 결정에 확신을 심어 주는 연습이 필요합니다. 만약 식당에서 누군가 나를 민망하게 하더라도, '오지 말 걸' 후회하지 말고, '그래, 오늘은 내가 식당에 오고 싶어서 온 거야, 잘했어'라고 자신에게 확신을 주세요. 의식적으로라도 이렇게 연습해야 합니다.

사회성은 후천적으로 배우는 겁니다. 아무리 인성이 좋고 선량한 사람이라 할지라도 부모가 사회성을 길러 주지 않으면 잘 해내기 어려운 경우가 많아요. 지금부터라도 배우면 됩니다. 배우는 데에 시간과 노력이 필요할 뿐이지 불가능한 일이 아니에요. 배우는 과정이 생각만큼 순탄하지 않겠지만, 그 과정을 피하지 않고 끝까지 겪어 나가며 배우면 됩니다.

성적 결벽증이 있어요,
아이의 성교육이 고민입니다

사람은 일정한 나이가 되면 자신의 성을 편안하게 받아들이는 과정을 겪습니다. 상대방의 성에 대해서도 수용하게 되죠. 이 발달이 제대로 이루어지지 않으면 인간관계를 남녀가 아니라 그냥 사람 대 사람의 관계로 보지 못합니다. 남녀관계는 늘 서로 좋아하거나 성적인 관계로만 이루어져 있지 않습니다. 이 세상에는 남자와 여자가 적절히 섞여 살아가고 있어요. 우리는 서로 끊임없이 화합하고 갈등해요. 물건을 사고팔고, 호의를 베풀고, 전혀 모르는 사람을 위해 신장을 이식하는 등 정말 다양한 상호작용 안에서 살아갑니다.

한 엄마는 인간관계에 있는 이런 수많은 상호작

용을 오직 성적인 것으로만 이해했어요. 그녀는 중학생 때부터 남녀가 함께 있는 자리에 끼지 못했습니다. "너 재 좋아하지?"라는 말을 들을까 봐 두려웠어요. 친구 사이는 물론이고, 직장 동료, 교사와 학부모 관계에서도 그런 생각을 했어요. 그로 인해 연애도 힘들었고 지금의 남편도 만나자마자 결혼해 버렸습니다. 그런데 이제 초등학교에 들어가는 딸이 성에 관심을 가지기 시작했어요. 어른들의 성기를 궁금해했지요. 지극히 정상적인 발달임에도 그녀는 속이 상했습니다. 유치원에서 좋아하는 남자아이를 안아 줬다는 말을 듣고는 청소년 임신, 낙태에 대한 연상까지 하면서 아이가 성에 일찍 눈을 뜨는 게 아닐까 두려웠습니다.

그녀의 어린 시절에는 어머니를 때리는 아버지, 그 아버지와 이혼하고 바로 재혼한 어머니가 있었습니다. 어머니가 재혼한 것은 그녀가 사춘기 때였어요. 의붓아버지는 친아버지가 떠나고 얼마 되지 않아 집으로 들어왔습니다. 저녁 식사를 마치고 나면 어머니는 의붓아버지와 다정하게 손을 잡고 침실로 들어갔어요. 어머니는 의붓아버지에 대해 별다른 설명을 해 주지 않았어요. 그녀는 그 상황이 싫었습니다. 폭력 아버지도 싫었지만 어머니가 다른 남자와 부부가 되었다는 것에 분노를 느꼈어요.

어머니가 재혼한 것이 잘못은 아닙니다. 하지만 몹시 안타까운 것은 의붓아버지가 상처받은 어머니를 어떻게 도와줬는지 아이들에게 잘 이야기해 주었다거나, 재혼 전에 아이들과 의붓아버지가 친해지는 과정을 만들었더라면 그녀가 의붓아버지를 남자가 아닌 인간으로 받아들였을지도 모른다는 생각이 듭니다. 그런 과정이 없었기 때문에 여자와 남자가 만나는 것을 성적인 관계로만 볼 수밖에 없었을 것 같아요. 아버지의 배우자 폭행, 부모의 이혼, 바로 이어진 어머니의 재혼을 견뎌 내기에 그녀는 너무 어렸고, 설명해 주는 사람도, 도와주는 사람도 없었어요. 여기에 사춘기 시절의 열등감, 누군가에게 인간적인 면이 아닌 성적으로 매력 있게 보였으면 하는 무의식적 마음이 복잡하게 얽혀서 왜곡되었고, 이것이 해결되지 않아 성에 대해 부정적이고 증오하는 감정이 생겨 버렸습니다.

사실 성적 관계에 대한 그녀의 생각은 매우 피해의식적이에요. 피해의식 밑면에는 자신이 중요한 사람이기를 원하고 주목받고 싶은 과대적 생각이 동반되는 경우가 많습니다. 예를 들면 어떤 사람은 국정원이 자신을 쫓아다니며 감시한다고 불안해하기도 해요. 그런데 국정원이 감시하는 사람이라면 매우 중요한 사람입니다. 피해의식 밑에 과도한 자의식이 깔려 있는 겁니다. '실은 내가 이성에게 매우 주목받고 싶었던 것 아닐까?'라고 깊게 생각해 볼 필요가 있어요. 이성에게 매력적이고 좋은 사람으로 보이고 싶은 것은 당연하고 자연스러운 것입니다. 그러나 그녀는 성 정체성을 형성하는 과정에서 많은 열등감을 느꼈어요. 사람과의 관계가 발생할 때 늘 이성 간의 관계에서 먼저 생각하고 피해의식적인 사고를 하지만, 그 아래에는 누군가에게 매력적으로 보이고 싶은 바람이 있었던 것 같습니다. 이

것은 의식적으로 떠오르는 생각이 아니라 어린 시절부터 해결되지 못한 갈등에서부터 무의식적으로 시작된 것이죠.

아버지가 어머니를 때릴 때, 그녀의 눈에 아버지는 어떻게 보였을 까요? 야수와 같은 공격자로 느껴졌을 겁니다. 그런데 어머니는 그 야수와 결혼해서 자식을 낳았어요. 성관계를 했다는 의미예요. 물론 결혼이라는 제도를 통해 성인 남녀가 사랑을 하고 아이를 낳아서 키 우는 것은 자연스러운 일입니다. 그러나 그녀는 친부가 야수이자 공 격자로 느껴졌기 때문에 성관계와 자녀 출산이 자연스럽게 받아들 여지지 않았어요.

그리고 어머니는 이혼한 뒤 그리 오래지 않아 새 남편을 얻었습 니다. 그녀는 그 사람이 누군지, 어머니와 어떤 관계였는지 몰라요. 다만 어머니의 새 남자일 뿐입니다. 그녀의 눈에는 이런 어머니가 남자에 목맨 사람으로 보였을 수도 있어요. '그렇게 심한 폭력을 당 하고도 남자가 또 좋을까'라고 생각했을 수도 있습니다. 어머니가 새 남자를 데려왔을 때 무척 당황스러웠을 거예요. 갑자기 낯선 남자와 한 집에서 지내는 것도 말할 수 없이 불편했을 겁니다. 어머니와 재 혼한 낯선 남자가 한 방으로 들어가는 것을 보고 많이 혼란스러웠을 겁니다. 어머니가 굉장히 미웠을 수도 있어요.

성적 욕구는 인간이라면 지극히 자연스럽고 정상적인 반응입 니다. 그럼에도 그녀는 자신에게 성적인 욕망이 있다는 것, 이성적으 로 보이길 바라는 면이 있다는 것을 인정하는 순간 어머니와 비슷한 사람처럼 느껴지고 이것이 오래도록 해결되지 않은 내면의 깊은 갈등을 건드려서 엄청나게 고통스러웠어요. 이 깊은 고통을 의식 수준에서 감당할 수 없기 때문에 성과 관련된 모든 문제에 두려움과 적개심으로 철벽을 치는 방어기제를 동원한 겁니다. 그래서 남녀관계에 지나친 결벽증을 가지게 된 것이지요.

어릴 때부터 폭력적인 가정에서 자라면 인간관계를 협조하고 화합하는 관계로 보기가 어렵습니다. 그녀의 이 어려움이 어머니의 재혼과 의붓아버지의 등장으로 곪은 곳이 터지듯이 그쪽으로 터진 겁니다. 근본적인 문제는 인간에 대한 엄청난 불신과 피해의식이에요. 스스로 여성으로서 열등하다고 생각하지만, 실은 그냥 인간으로서도 존중받을 가치가 있다고 여겨 본 적도, 경험한 적도 없었던 겁니다. 결혼을 하고 아이가 생기면 지금까지 누렸던 관계가 확장되면서 더 다양한 관계 속으로 들어갑니다. 그런데 그녀는 이 나이가 될 때까지 여전히 모든 인간관계를 성적인 것으로만 보고 두려움과 증오에 붙들려 있어요. 인생에서 누릴 수 있는 풍성한 관계와 수많은 감동을 지금까지 거의 누리지 못하고 살았을 겁니다.

지금은 아이의 성교육이 문제가 아닙니다. 전문가의 도움을 받아서라도 자신의 오래된 깊은 고통부터 해결해야 해요. 아이는 결국 부모의 교육으로 자랄 수밖에 없습니다. 사랑하는 딸을 위해 스스로를 들여다보고 인정하고 받아들이는 과정을 꼭 밟아야 합니다.

아이가 대학 나오지 못한
부모를 무시해요

어린 시절 많이 배우지 못한 부
모님이 부끄러웠어요. 친구 부모님들에 비해 저희 부
모님은 학력이 낮았습니다. 특히 어머니가 더 못 배
우셨어요. 어머니는 아버지가 그것 때문에 자신을 창
피해하고 무시한다며 악다구니를 쓰며 싸웠습니다.
아버지는 외도도 하셨죠. 어머니는 자살 시도까지 했
어요. 저는 무식한 어머니가 참 싫었습니다. 자신감
도 없고 말도 함부로 하고 무책임하고 툭하면 싸우는
어머니가 싫었어요. 그런데 제 아이가 제가 대학을
나오지 않았다며 무시합니다. 사실 아이 친구 엄마들
중에 대학을 안 나온 사람이 거의 없어서 아이가 어
렸을 때에는 대학을 나왔다고 거짓말을 했어요. 아이

가 중학생이 되어서는 아무래도 솔직하게 말해야 할 것 같아서 털어놨는데, 그때부터 말끝마다 "엄마는 대학도 안 나왔으면서 뭘 알아?" 합니다. "엄마는 공부도 안 했으면서 왜 나한테는 공부하라고 해!" 따집니다. 사실대로 말한 것이 후회가 돼요. 한편으로는 제가 대학도 못 나오고 똑똑하지 못해서 아이를 잘 키우지 못할까 봐 걱정됩니다.

이 모든 문제가 '내'가 대학을 나오지 못해서 일어난 것일까요? 아니면 아이가 철딱서니가 없어서 엄마에게 상처를 주는 것일까요? 둘 다 아니에요. 지금 '나'를 괴롭히는 것은 '내' 안에 있는 열등감입니다. 아이가 자신을 무시해서 괴로운 것이 아니에요. '대학을 가지 못했다는 것'은 '나'의 해결되지 못한 갈등덩어리이자 건드려지면 아픈, 낮은 자존감과 열등감의 상징입니다.

모든 사람에게는 만지면 뜨겁고 손대면 고통스러운 '핵심 갈등'이 있어요. 사람들은 타인의 핵심 갈등을 잘 발견하지 못합니다. 발견한다고 해도 모른 척하고 넘어가지요. 유독 아이들은 부모의 핵심 갈등을 잘 찾아내고 또 자주 건드립니다. 아이가 부모의 핵심 갈등을 찌르고 상처를 주는 것은 사실 부모와 자식 관계에서 자연스러운 일이에요. 오해는 하지 마세요. 아이는 목적을 가지고 부모의 핵심 갈등을 찌르는 것이 아닙니다. 누군가에게 온전히 수용받기를 원하는 것은 자식밖에 없습니다. 자식은 자기의 부정적 감정이나 긍정적 감정 모두를 수용받고자 하는데, 그 과정에서 의도치 않게 부모의 핵심 갈등을 건드리게 된 거예요.

그런데 자식은 부모가 좀 편안하다고 느껴야 그런 표현마저도 할 수 있는 겁니다. 부모를 극도로 어려워하고 두려워하기만 하는 아이는 그렇게 하지 못합니다. 아이가 부정적인 마음을 엄마에게 있는 그대로 표현하는 건, 그래도 부모가 아이를 잘 키우고 있다는 증거예요. 아이가 부모에게 빈정대고 대드는 것은 아이들이 성장하면서 겪는 자연스러운 진통들입니다.

지금 필요한 것은 대학 교육이나 학위가 아닙니다. '아이의 부정적인 감정을 다루는 법'이에요. 이것은 어느 대학에서도 가르쳐 주지 않아요. '대학을 못 나와서 사람들이 나를 무시하고 내 삶이 이렇게 힘들다'라고 말하는 것은 방어기제에 불과합니다. 대학이라는 쉬운 핑계를 대고 불안을 달래려는 심리예요. 대학을 나왔다고 해도 지금 하는 그 걱정은 아마도 크게 달라지지 않았을 겁니다. '나'는 어린 시절에 자신의 감정을 부모에게 안전하게 수용받아 본 적이 거의 없어요. 그래서 부정적 감정을 어떻게 처리해야 하는지 모릅니다. 때문에 '나'는 아이가 부정적인 감정을 표현할 때 괴롭고, 자신이 아이를 잘 키우지 못하는 것 같아 불안합니다. 그것이 혹, 자신이 학력이 낮아서가 아닐까 생각하는 거지요.

감정을 다루는 법은 지금부터라도 다시 배우면 됩니다. 일단 아이나 남편이 표현하는 감정을 수긍하는 연습부터 해 보세요. 그 감정이 옳든 그르든, 납득이 되든 안 되든 맞서지 말고 수긍하는 겁니다. "엄마는 대학을 안 나와서 몰라. 그런 엄마가 싫어!"라고 아이가 말하면, "그렇구나. 네가 그렇게 생각하는구나"라고 일단 대답해 보세요. 아이가 엄마에게 그런 말을 할 수도 있는 존재라는 점을 받아들여 보는 겁니다. 인간이 가지고 있는 부정적 감정을 없앨 수는 없습니다. 그 또한 가치가 있고요. 부모가 아이의 부정적 감정에 너무 강하게 반응하면, 아이는 다음부터 그런 감정을 편안하고 안전하게 표현하지 못합니다. 그 감정은 아이 안에 하나둘 쌓였다가 언젠가 도저히 감당이 안 될 때 한꺼번에 터져 나오기도 해요. 그나마 표현하고 폭발하는 것이 나은 겁니다. 표현하지 않은 부정적 감정은 스트레스가 되어 엉뚱한 감정으로 표현되거나 '스트레스성'이라고 불리는 많은 질환의 원인이 되기도 하거든요. 더 심각한 것은, 아이는 단지 부모에게만 부정적 감정을 표출하지 않는 것이 아니라, 그 누구에게도 불편한 감정을 표출하는 것이 어색해진다는 거예요.

아이의 감정을 다룰 때는 아이의 감정을 나무라지만 않아도 잘하는 겁니다. 아이가 화가 나서 소리를 지른다면 "왜 화가 났는지는 모르겠는데, 네가 지금 굉장히 불편하다는 것은 엄마가 알겠어"라고만 해 주어도 됩니다. 원인을 찾으려고 하지 말고 아이가 지금 표현하는 감정 상태를 있는 그대로 읽어 주는 것이죠. 아이가 계속 화를 내면 "네가 이렇게 화를 계속 내면 엄마도 힘들고 당황스러워. 조금만 화를 가라앉혀 보자"라고 말하고 기다려 주세요. 아이의 화가 좀 가라앉았을 때, 화난 감정에 대해 이야기를 나누면 됩니다. 이렇게 아이의 감정을 받아 준다고 아이가 하루아침에 바뀌지는 않아요. 부모는 조건 없이, 아이가 느끼는 감정이 불행이든, 슬픔이든, 열등감이든 그 감정에 진솔하게 직면해 주기만 하면 됩니다.

아이의 감정을 잘 다루려면 내가 느끼는 불편한 감정의 본질을 직시하는 것도 중요해요. 아마 어려울 겁니다. 아주 오랫동안 자신의 불편한 감정이 건드려지는 것이 싫어 숨겨 왔으니까요. 이때 나의 1차 감정을 놓치지 않는 것이 중요합니다. 1차 감정은 특정 상황에서 제일 먼저 직관적으로 느끼는 감정이에요. 예를 들면 아이가 소중한 인형을 유치원에 두고 왔어요. 당장 유치원에 가서 인형을 찾아오자고 합니다. 지금은 밤 9시, 유치원 문이 닫혀서 찾으러 갈 수 없다고 했어요. 아이는 울음을 터뜨립니다. 엄마는 안쓰러운 마음에 열심히 달랬어요. 그런데 30분을 달래도 소용이 없습니다. 갑자기 화가 치밀어요. "누가 가져가라고 했어? 소중한 것이면 네가 잘 챙겼어야지!" 엄마는 꽥 소리를 지르고 말았습니다. 분명 엄마는 아이가 안쓰러웠어요. 그런데 고작 30분 만에 반응이 달라졌어요. 아이가 계속 울자, 엄마 안에는 '안타까움' 이외에 많은 감정이 일어났습니다. 감정이 많아지자 엄마는 그 감정들을 다 감당해 낼 수 없어 마음이 불편해집니다. 그러다 자신의 1차 감정이 무엇인지 잊은 거예요. 결국 감정은 제 길을 잃고, 첫 마음과는 다른 반응이 나오게 됩니다.

우리 감정은 자주 길을 잃어요. '걱정'으로 시작해서 '화'로 끝나는 경우가 많습니다. 우리는 유난히 '불편한 감정'에 취약해요. 아이의 불편한 감정도, 나의 불편한 감정도 너무 부담스러워합니다. 그래서 불편한 감정이 생기면, 이 감정의 본질을 직시하고 놓치지 않으려는 노력을 애써서 해야 해요. 그리고 1차 감정에 맞는 감정을 표현하도록 노력해야 합니다. 감정마다 표현되는 길이 있어요. 기분이 좋으면 우리는 웃습니다. 슬플 때는 울어요. 안타까울 때는 위로합니다. 걱정이 되면 더 세심하게 돌보지요. 감정을 그 길대로 표현하려면 지금 이 감정의 본질을 직시하고 있어야 합니다. 그렇지 않으면 감정이 길을 잃어 반응이 얼토당토않게 나와요. 감정은 어떤 식으로든 반드시 표현하게 되어 있거든요. 별것 아닌 일에 통곡하게 되고, 소리를 지르거나 화를 내기도 하고, 물건을 던지기도 하고, 아이를 때리기도 해요. 심지어 악성 댓글을 달거나 자기 몸이 고통스러운 지경이 되어도 표현을 합니다. 1차 감정과 다르게 버럭 화부터 내는 사람이 요즘 너무 많아요. 그런데 아이 눈에는 그런 부모가 가장 교양 없어 보입니다. 공격적인 모습에 크게 실망합니다.

어린 시절 우리는 엄마의 어떤 점이 제일 싫었을까요? 어떤 엄마를 원했을까요? 마음 깊은 곳에서 그 답을 찾아보세요. 그리고 아이가 나에게 기대하는 것이 무엇일지도 곰곰이 생각해 보세요. 고학력자 엄마, 영어를 원어민처럼 유창하게 하는 엄마, 어려운 과목을 척척 잘 가르쳐 주는 엄마…. 아이는 그런 엄마를 원할까요? 아이에게 엄마의 학벌은 그다지 중요하지 않습니다. 직업, 재산, 외모, 옷차림 같은 조건도 마찬가지예요. 감정을 거칠게 드러내기보다 감정을 잘 다스리는 편안한 엄마, 아이를 따뜻하게 품어 주고 위로하는 엄마, 아이를 훈계할 때도 교양과 품위를 지키는 엄마, 어떠한 상황에서도 아이를 이해하려고 노력하는 엄마이길 원합니다. 우리가 그런 엄마를 갖기를 원했던 것처럼 말이죠.

키가 작아서, 뚱뚱해서, 못생겨서, 돈이 없어서, 학력이 낮아서 등 열등감은 누구나 가질 수 있어요. 그런데 내게 열등감을 갖게 한 원인이 지금 내 삶을 힘들게 하는 원인은 아닐 수 있습니다. 내 삶이 힘들지 않으려면 열등감을 만드는 그 원인이 사라져야 하는 것이 아닙니다. 사실 나는 나에게 열등감을 주는 그 원인으로 괴로운 것이 아니라 지금 가진 문제를 어떻게 해결해야 할지 몰라서 불안한 것일 수도 있어요. 문제를 해결하기가 너무 버거워서 '열등감'을 만든 그 원인 탓을 하는 겁니다. 키가 작아서 연애를 못 한다, 학력이 낮아서 사람들이 무시한다, 못생겨서 취업이 안 된다 등은 나의 불안이 만들어 낸 잘못된 원인일 수 있습니다. 열등감이 있을 수 있어요. 하지만 그 열등감에게 너무 높은 대우를 해 주지 마세요. 키가 커도 연애를 못 할 수 있고, 학력이 높아도 성품이 형편없으면 사람들이 무시할 수 있어요. 진짜 원인은 그게 아니에요. 원인을 제대로 알아야 해결 방법도 제대로 찾아갈 수 있습니다.

너무 힘들면
'그냥 죽었으면 좋겠다'는
생각을 해요

　　　　　이혼한 분들이 많이 물으세요. "아
이가 아직 어린데 이혼한 사실을 말해 주어야 할까
요?" 이혼 등 여러 이유로 아이를 혼자 키우고 있을
때, 흔히 함께 살고 있지 않은 부모의 존재를 아이
에게 숨깁니다. 하지만 이런 상황에서도 언제나 솔
직한 것이 좋습니다. 모든 사실을 구체적으로 말해
주라는 것은 아니에요. 아이의 연령 수준에 맞게 어
느 정도 진실을 말하는 것이 중요합니다. 존재를 감
추려고 하면 그 과정에서 너무 많은 문제가 생겨요.
과장된 다른 이유를 붙이게 되고 그 과정에서 아이
는 오해합니다. 결국 거짓말이 드러나면 함께 사는
부모에게 배신감을 느끼고, 보이지 않는 부모를 무

조건 피해자로 생각하기도 해요. 그리움을 숨기다가 문제 행동도 합니다. 의붓부모 아래서 자랐다는 사실을 어른이 된 후에 안 사람들 중에는 이렇게 말하는 사람들이 많아요. "차라리 일찍 알았다면 나한테 왜 그랬는지 이해할 수 있었을 텐데…." 가족의 비밀은, 그 비밀을 알지 못하는 사람에게 너무나 큰 상처를 안깁니다.

결혼한 지 얼마 되지 않은 여자가 있었습니다. 여자는 일이 어려워지면 '이게 다 무슨 의미가 있나' 싶고, 심할 때는 '그냥 죽었으면 좋겠다' 싶었어요. 그리고 별일 아닌데도 잘 놀라고, 늘 긴장하고, 잠을 잘 못 잔다고 했습니다. 무엇보다 집에 있을 때도 '집에 가고 싶다'는 생각을 자주 한다고 했어요. 여자는 재혼 가정에서 자랐습니다. 위로 나이 차이가 많이 나는 언니, 오빠가 있었지요. 이들은 이복형제였습니다. 여자는 그 사실을 성인이 되어서야 알았습니다. 자라는 내내 언니, 오빠한테 맞았는데 어머니는 계모라고 손가락질 받을까 봐 그랬는지 언니, 오빠 눈치만 보았어요. 오빠한테 딸이 맞아도 오히려 딸을 혼냈습니다. 어머니는 굉장히 부정적이기도 해서 여자가 학교 대표로 대회에 나가게 되었다고 자랑해도 칭찬 대신 "실수하면 어쩌니?"라며 걱정했어요. 아버지는 늘 언니, 오빠와 통하는 비밀이 있었습니다. 언니, 오빠에게는 용돈도 많이 주었어요. 여자는 어린 시절을 생각하면 눈치보고 미움받은 기억밖에 없었습니다. 여자는 아이를 낳을지 말지 고민입니다. 사는 게 이렇게 힘든데 아이에게 이 힘든 삶을 굳이 살게 해야 하나 하는 생각이 들어요.

여자의 어린 시절은 '왜'가 해결되지 않은 모호함의 연속이었습니다. '도대체 언니랑 오빠가 나한테 왜 이럴까?' '아빠와 언니, 오빠는 왜 늘 뭔가를 비밀로 할까?' '엄마는 왜 오빠를 혼내지 않고 나를 혼낼까?' 성장 과정에서 아이는 딱히 누가 가르쳐 주지 않아도 부모가 이렇게 해 줄 것이라고 기대하고 예측하는 것이 있어요. 뭔가를 잘하면 부모가 칭찬해 줄 것이다, 큰아이와 어린아이가 싸우면 주로 큰아이가 혼이 난다 등과 같은 것이지요. 여자는 살면서 그 예측이 계속 어긋나는 경험을 했습니다. 이런 상황에 오래 노출된 사람은 사람이 두려워져요. 아무것도 예측할 수 없기 때문입니다. 어두운 밤은 물론이고 누구나 안전하다고 생각하는 대낮의 길거리에서도 과도하게 불안하고 긴장이 높아집니다.

여자는 어린 시절 어떤 상황에서 어떤 감정을 가지는 게 옳은지 판단할 수 없었어요. '누가 너를 이렇게 대하는 건 옳지 않아, 이럴 땐 네가 화를 내는 게 당연해', '너는 혼날 만한 일을 하지 않았어, 네가 잘못한 건 없어'와 같은 판단을 가능하게 하는 피드백을 받아 본 적이 없었으니까요. 자신이 잘못한 게 없는데도 부당한 대우를, 그것도 남이 아닌 가족에게, 다른 곳도 아닌 자기 집에서 받았습니다. 여자에게 집은 모호함과 두려움의 공간이 되었어요. 그래서 여자는 모든 것을 예측할 수 있는 곳, 즉 긴장을 이완하고 편안하고 안전하게 쉴 수 있는, 자기가 원하는 집에 가고 싶은 거예요.

저는 여자의 가족 중 아버지가 가장 비겁했다고 생각합니다. 아버

지는 문제를 회피해 버렸어요. 가장 주도적으로 가정 내 갈등을 해결했어야 할 사람이 숨는 바람에 가족 간의 갈등이 깊어진 면이 있어요. 어머니도 잘못했습니다. 아마 어머니는 이미 나이가 있는 전처의 자식들, 그것도 적개심과 미움으로 꽉 찬 아이들 앞에서 안절부절못했을 겁니다. 그러다 보니 자신이 가장 편안하게 느끼는 가장 안전한 약자인 자신의 딸에게 회한과 아픔을 다 쏟아 냈던 거예요. 부정적인 성향의 어머니는 결혼 생활마저 불안정했습니다. 그래서 아이에게 "완벽하게 잘할 수 없으면 시작하지도 마"라는 식으로 말한 겁니다. 결국 이런 아버지와 어머니 때문에 여자에게 삶은 두려움으로 가득 차 버렸지요.

자신의 감정과 판단이 옳고 그른지 확신하지 못하는 상태로 자라면, 삶에 임하는 방식도 100퍼센트 아니면 0퍼센트로 나뉘게 됩니다. 과정과 결과를 예측할 수 있는 일에 대해서는 100퍼센트만큼 해내지만, 어떻게 흘러갈지 알 수 없는 상황이 되면 아예 0퍼센트로 놔 버리는 거죠. 예측 불가능함을 뚫고 나갈 힘이 없는 겁니다. 최악의 상황을 담보해 놓지 않으면 어떤 일을 하더라도 극도의 두려움에 휩싸입니다. 그래서 여자는 아마 살면서 많은 것을 포기했을 거예요. 시도도 못 하고 놔 버린 것이 많았을 겁니다.

우리는 자주 인생이 두렵습니다. 누구나 인생을 100퍼센트 장담할 수 없어요. 어린 시절 이런 모호함과 두려움을 경험했다면 남들보다 삶이 더욱 힘들 거예요. 인생은 언제나 최선을 다하되, 문제가 생기면 극복해 나가면 됩니다. 극복한다는 것은 성공을 말하는 것이 아니에요. 피하지 않고 끝까지 겪어 내는 것을 말합니다. 누구나 그렇게 겪어 내고 있습니다. 그러니 두려워할 필요가 없어요. 장담할 수 없는 너무 먼 미래는 생각할 필요도 없습니다. 그냥 오늘을 살면 됩니다. 예상할 수 있는 오늘을 살고, 또 오늘을 살고, 또 오늘을 살면 그게 인생을 잘 겪어 내고 있는 거예요.

우리는 자주 사람도 두렵습니다. 뉴스를 보면 이상한 사람들이 정말 많죠. 그런데 세상에는 뉴스에 나오지 않는 평범한 사람이 훨씬 많아요. 그들은 예측할 수 있는 말을 하고 행동을 해요. 어린 시절 나의 형제, 나의 아버지, 나의 어머니는 보편적인 사람이 아니었을 수 있습니다. 하지만 그들이 이 세상의 전부는 아니에요. 어린아이였을 그때는 그렇게 느꼈을 수도 있지만 지금은 아니에요. 그들에게 내 세상의 전부를 주지 마세요.

평범한 사람들은 누군가 실패하면 손가락질보다는 격려와 위로를 건네요. 그런 사람들이 훨씬 많다는 것을 우리는 자주 새삼스럽게 깨달아야 합니다.

사소한 일상에서
자꾸 후회를 하게 돼요

　　　　　　사람은 어떨 때 후회를 할까요? 결과가 나쁘거나 마음에 안 들 때 후회합니다. 결과가 나쁘면 '그렇게 하지 말았어야 했는데…' 하면서 후회하겠지요. 결과가 나쁘든 좋든 내 마음에 들지 않아요, 내가 기대한 만큼이 아닐 때도 후회하지요. 사람은 뭔가 진짜 잘못했을 때도 '내가 왜 그랬지?' 하면서 후회합니다. 그리고 사람은 그냥 마음이 너무 아파도 후회합니다. 가까운 가족을 떠나보냈을 때가 바로 그때지요. '더 잘해 줄 걸' 하면서 후회합니다.

　　그런데 이 중 어떤 것에도 해당되지 않는 이유로, 한 젊은 엄마는 자신의 모든 일이 후회스럽다고 했습니다. 후회스러워서 시간이 갈수록 무기력해지고 우울해진다고 했습니다. 젊은 엄마의 아이는 이제 만 4세예요. 그녀는 지금 공무원 시험을 준비 중이에요. 1년 전까지는 맞벌이를 했는데 자꾸 퇴근이 늦어져서 몇 번 회사를 옮긴 끝에 결국 퇴사했지요. 어린이집에 아이를 맡기는 시간이 너무 길어서 내린 결정이었어요. 시험 준비를 하는 지금은 아이가 어린이집에 있다가 하원 후에는 친정아버지가 놀아 주십니다. 하지만 그녀는 여전히 아이한테 잘해 주지 못한다는 생각에 '지금 내가 뭘 하고 있는 건가' 싶습니다. 시험에 합격하지 못하면 어쩌나 하는 걱정도 합니다. '시험공부를 그만두고 다시 직장에 들어가야 하나' 하는 고민도 합니다. 한편으로는 '왜 그 좋은 직장을 박차고 나왔나' 하는 후회도 합니다. 그러다 '왜 성급하게 아이를 낳았나', '결혼을 왜 했을까' 하는 생각까지 하게 됩니다. 이런 자신의 모습이 평생 어머니만 원망하며 사는 아버지를 닮은 것 같아 슬퍼지기도 합니다.

그녀는 중학교 1학년 이후부터 아버지와 살았습니다. 그때 부모님이 이혼하셨거든요. 아버지는 젊은 시절 많은 실패를 겪고 지금도 경제적으로 힘들게 사십니다. 아버지는 자신이 이렇게 된 것이 모두 아내 탓이라고 하세요. 어머니는 생활력이 강한 분이셨어요. 돈을 열심히 벌어서 자식에게 베푸는 것이 부모의 사랑이라고 생각하셨습니다. 이혼한 후에도 어머니는 금전적으로는 최선을 다해 주셨어요. 하지만 감정적으로는 아니었어요. 그녀는 처음에는 아버지가 안쓰러웠지만 뭐든 어머니 탓만 하시니 시간이 지날수록 지쳐 갔습니다. 그 즈음 남편을 만났어요. 남편은 조건은 안 좋지만 마음이 따뜻한 사람이었어요.

그녀는 매사 후회를 해요. 그런데 그녀의 삶을 보면 순간순간 내린 결정이 그리 잘못된 것이 없습니다. 결혼을 후회한다고 했어요. 남편은 따뜻한 남자라고 했습니다. 그러니 그 남자와 결혼한 것은 최선의 선택이었어요. 아이 낳은 것을 후회한다고 했어요. 그러나 자식을 낳은 것은 일반적인 시각에서는 매우 잘한 결정입니다. 인간은 태어나서 부모의 사랑을 받으며 성장하고 사랑하는 사람하고 결혼하고 자녀를 낳아 부모가 됩니다. 그 과정을 통해 매일이 행복하지는 않지만 다른 것에 비할 수 없는 기쁨과 행복을 느껴요. 그러니 잘한 결정입니다.

회사를 그만둔 것을 후회한다고 했습니다. 아이는 더할 수 없이 큰 기쁨을 주지만 그래도 육아는 버거울 수 있어요. 그녀는 육아에 좀 더 몰두하고 싶어 야근이 적은 곳으로 회사를 몇 번 옮겼습니다. 그러다 그만두게 되었지요. 그때의 행동도 잘한 것입니다. 아이가 만 4세가 되었고 아이는 친정아버지와도 잘 놀기에 '다시 일을 해 볼까'라는 생각이 들어 '공무원을 하면 생활이 안정되겠구나' 싶었어요. 그래서 공부를 선택했습니다. 이 결정도 그 시기에 맞게 생각하고 고민했으니 잘한 것이죠.

저녁 늦게까지 공부하고 집으로 돌아왔어요. 그녀는 아이의 뒷모습을 보면서 후회가 됩니다. '내가 지금 시험공부하는 것이 맞나? 붙는다는 확신도 없는데, 내가 이런 짓을 언제까지 해야 되지? 나는 왜 처음에 그 좋은 직장을 그만두었을까? 그 다음에 간 직장에서 잘 좀 버틸 걸. 왜 그랬을까?' 그런데 열심히 공부하고 들어왔으면 뿌듯할 수도 있는 상황입니다. 아이가 안쓰럽기는 하지만 어린이집에서도 잘 지내고 할아버지와도 잘 지내니까요. 들어와서 아이를 안아 주면서 "오늘 잘 놀았니? 엄마 도와줘서 참 고마워. 엄마는 네 덕분에 오늘도 공부 많이 했어" 할 수도 있는 거예요. 그런데 그녀는 그 많은 사소한 일상에서 모두 후회가 유발됩니다. 이 후회 때문에 너무나 고통스러워요. 이 후회의 근원은 무엇일까요?

대한민국의 부모들이 자식을 뒷바라지하는 방식에는 여러 가지가 있습니다. 어떤 부모에게는 아이를 예쁘게 키우는 것이 중요합니다. 그래서 연예인 매니저 하듯 키워요. 라면 먹으면 얼굴 붓는다고 못 먹게 하고, 아침 일찍 깨워서 곡식을 갈아서 먹입니다. 미용실에 데리고 가서 머리를 이렇게 해 달라 저렇게 해 달라고 요구하며 스타일링 하는 것을 중요하게 생각합니다. 어떤 부모에게는 아이가 좋은 대학에 가는 것이 가장 중요합니다. 이 부모들은 아침부터 저녁까지 아이의 스케줄을 빽빽하게 짜 놓아요. 각종 학원에 데려다 주고 데려오고 숙제를 챙기고 중간중간 아이가 지치지 않게 먹을 것도 챙깁니다. 어떤 부모는 돈을 많이 벌어서 아이한테 집 한 채 물려 주는 것이 가장 중요하다고 생각해요. 그래서 허리띠 졸라매고 잘 먹이고,

잘 입히고, 남 못지않게 공부시키면서 열심히 삽니다.

그녀의 어머니는 마지막 세 번째 유형이었습니다. 그런데 자식을 키울 때는 물질적인 뒷바라지만 중요한 게 아니에요. 어떤 때는 감정적 뒷바라지가 더 중요하기도 합니다. 그녀는 어린 시절 어머니가 주는 '정서적 밥'에 배가 고팠습니다. 정서적으로 항상 허기져 있었어요.

그녀의 아버지에 대한 이야기를 들으면 '무기력감'이 강하게 느껴집니다. 우리는 결과가 안 좋으면 후회해요. 아버지는 후회라기보다는 결과가 안 좋을 때 남에게 불평을 했습니다. 그 모든 안 좋은 결과가 다 아내 탓이었어요. 후회는 내가 하는 것이므로 그 과정의 주체는 바로 '나'입니다. '내가 왜 그랬을까, 내가 그 사람을 왜 만났을까'라고 하듯이 내가 주체가 되어서 후회하는 것이지요. 버겁고 고통스럽고 힘든 인생의 행로지만, 그래도 주체를 자기로 두는 것입니다. 그런데 아버지는 남에 의해서 내가 이렇게 되었다고 누구를 '탓'합니다. 책임을 돌리는 것입니다. 아버지 인생의 행로에서 자기라는 주체가 차지하는 비중이 적다는 거예요.

평생 그런 마음으로 살아온 아버지도 굉장히 힘들었을 거예요. 그녀는 자신이 아버지를 닮은 것 같아 슬프다고 했어요. 삶에서 어떤 결정을 내리고 그 결과와 맞닥뜨려야 할 때 늘 후회가 되는 그 마음, 정서적 흐름이 아버지를 닮았다고 느끼는 거지요. 하지만 아버지의 '남 탓'과 그녀의 '후회'는 주체가 다릅니다. 여자는 어머니에게서 받고 싶었던 '정서적 밥'을 받지 못해, 자기 신뢰나 확신감이 부족해졌고 이로 인해 습관적으로 후회하는 마음이 생겼죠.

그녀는 자신이 아버지를 닮았다고 하지만, 또 다른 측면에서는 어머니의 강한 생활력도 닮아서 후회해요. 그러나 그런 모습을 닮았기에 계속해서 다시 도전할 수 있는 힘을 갖게 되었다고 생각합니다. 결국 그녀는 아버지보다 훨씬 나은 거지요. 그런데 아버지는 무기력하기는 하지만 마음이 순한 사람인 것 같아요. 연세가 드셨어도 손자를 돌봐 주세요. 그녀 또한 마음이 여리고 따뜻합니다. 그러니 아이를 보면 안쓰럽고 아버지를 봐도 안쓰러운 마음이 들지요. 결론적으로 그녀는 아버지처럼 무기력하게 뒤로 나자빠지는 사람이 아니에요. 비록 후회하지만 다시 재도전하는 면에서 아버지와 달라요.

그녀는 사는 내내 마음이 고통스럽고 힘들었습니다. 같이 살았던 아버지가 이것을 채워 줄 수 없었을까요? 그럴 수가 없었어요. 아버지는 자기 코가 석 자입니다. 자기 감정도 감당할 수 없었고 결과에 대해서는 늘 남 탓을 했어요. 아버지에게는 마음을 터놓고 위로를 받기는커녕, 매번 그녀가 아버지를 위로해야 하는 상황이 벌어졌을 겁니다. 그래서 그녀는 남편을 잘 만났다고 봐요. 마음이 따뜻한, '정서적 밥'을 채워 줄 수 있는 사람을 만났으니까요. 결혼하기로 한 것도 잘한 결정이었어요.

어린 시절 부모에게 안 좋은 영향을 너무 많이 받았더라도 사람이 변할 수 있는 방법이 몇 가지 있어요. 죽음을 눈앞에 둔 것처럼 인생에서 큰일을 겪고 나면 사람이 바뀝니다. 아주 대단한 종교적 경험으로 사람이 바뀌기도 해요. 정신과 전문의와 정신분석을 통해 끊임없이 자기를 분석해 나가면서 자기를 알게 되어도 바뀝니다. 그리고 좋은 배우자를 만나 이전 삶에서 해결되지 않았던 갈등의 상당 부분을 재경험하면서도 바뀌지요.

예를 들어 굉장히 압박을 주는 아버지 밑에서 자란 여자가 있었습니다. 뭔가를 찾고 있는데도 아버지는 옆에서 "빨리 찾아. 그걸 왜 빨리 못 찾니?"라고 계속 압력을 주는 분이었어요. 그래서 그녀는 늘 당황하고 안절부절못하는 사람으로 자라게 되었죠. 그런데 그녀의 남편은 달랐어요. 어느 날 집에 들어가려는데 열쇠가 보이질 않았습니다. 그녀는 당황하기 시작했어요. 가방을 헤집으며 "어디 갔지? 어디 갔지?" 하고 식은땀을 흘렸습니다. 그런데 옆에서 남편이 "천천히 찾아. 어딘가 있겠지. 발이 달려서 도망갔겠어? 내가 가방 잡아 줄게" 하네요. 그러면 그녀는 '모든 사람이 아버지처럼 반응하는 것은 아니구나'라는 것을 재경험하게 됩니다. 남편이 "열쇠 하나 못 챙겨 가지고, 매일 두는 곳에 두라고 했잖아!"라고 했다면 그녀는 어린 시절 해결되지 않은 갈등이 더 심화되었겠지요. 하지만 남편이 "뭘 그런 걸 가지고 그래. 그럴 수도 있지. 당신이랑 현관 앞에 더 서 있을 수 있으니 연애하던 때 생각나서 좋네"라고 해 주었다면 새로운 경험을 하게 되는 겁니다. 그러면서 여자는 자신의 해결되지 못한 갈등을 극복하게 됩니다.

그녀가 후회하는 것을 하나하나 짚어 보았습니다. 잘못된 결정이 없어요. 우리 주변에는 그녀처럼 지금까지 그리 잘못 결정한 것이 없음에도 막연한 후회로 괴로워하는 사람이 많아요. 그분들께 말씀드리고 싶습니다. "참 잘하셨습니다." 저는 당신이 한 모든 결정을 잘했다고 생각해요. 아마 당신이 내린 결정 하나하나를 따져 보면 다 그녀와 같을 겁니다. 객관적으로 봤을 때 그럴 겁니다. 모두 당신에게 필요한 결정이었을 겁니다. 그런데 제가 그렇게 생각하는 것은 중요하지 않아요. 당신 자신이 그렇게 느껴야 합니다.

막연한 후회란 후회할 만한 일이 아닌데 습관적으로 하는 후회입니다. 매순간 내가 후회할 만한 일이 아닌데 습관적으로 후회한다는 것을 깨닫는 과정이 필요해요. 막연하게 '내가 그러는 경향이 있지' 해서는 오랫동안 습관화된 것을 고치기가 쉽지 않아요. 후회가 들 때마다 그것이 후회할 일인지 수시로 확인해 나가야 합니다.

매일 밤 잠들기 전, 내가 한 일이 내 인생에서 조금이라도 도움이 되게끔 쓰인 부분이 있다면 그것을 찾아내서 구체적으로 적어 보세요. 내 인생 안에는 아이도, 배우자도, 부모도 포함됩니다. 일기예보에서 "오늘 날씨가 추워요"라고 할 때의 느낌과 막상 밖에 나가서 찬바람을 맞으면서 받는 느낌은 달라요. 후회가 든다면 과연 '이 결과가 정말 나쁜가?'를 반드시 확인해 보세요. 내 마음이 아프다면, '오늘 내가 무엇 때문에 마음이 아프지? 아이가 울었다는 이야기를 듣고 마음이 아팠구나'라고 확인하세요. 그러면 아이를 한 번 더 꼭 안 아 주면 됩니다. 아이가 자다가 엄마 손을 잡아요, '낮에 얼마나 엄마가 보고 싶었을까' 싶어 마음이 아픕니다. 그러면 '내가 왜 마음이 아플까? 아이가 안쓰럽구나' 하는 내 마음을 확인하고 "엄마도 너를 사랑해" 하면서 아이 손을 한 번 더 꼬옥 잡아 주세요. 이런 행동으로 나의 막연한 후회를 분별해 나가야 합니다.

내가 후회하는 일은, 정말 후회할 만한 일이 아닐 때가 많아요. 나의 후회가 또 다른 후회를 낳지 않도록 지금의 후회를 잘 들여다보세요.

조금만 이해받지 못해도
버려졌다는 느낌이 들어요

그럴 때 있으신가요? '나는 왜 이런
사소한 일에도 화가 나지?' 아주 사소한 일인 걸 너
무나 잘 아는데 그래도 크게 낙심되고 다 포기해 버
리고 싶을 때가 있었나요? 그런 사람이 있었어요.
좋은 남편을 만나고 안정적인 직장도 가진 사람이
었습니다. 그런데 여자는 종종 남편이 자신을 방치
한다고 느껴서 주체하기 어려울 만큼 화가 났어요.
방치한다고 느끼는 일은 그리 대단한 일은 아니에
요. 깨웠는데 계속 잔다든지, 자신이 만든 음식을
맛있게 먹지 않는다든지 하는 아주 사소한 것이었
습니다. 그녀는 스스로도 그렇게 생각하는 자신이
싫었습니다. 남편과 멀어질까 봐 걱정도 되었어요.

아무리 성숙한 사람도, 아무리 착한 사람도 일상의 사소한 갈등을 겪습니다. 사람은 완벽하지 않으니까요. 사람은 누구나 조금씩 다르기도 합니다. 아침잠이 나보다 많을 수도 있고, 내가 좋아하는 음식 재료를 싫어할 수도 있습니다. 그래서 내가 정성스럽게 한 음식에 충분히 만족하지 않을 수 있습니다. 그런데 그녀는 여기에 '방치'라는 표현을 사용했어요. 왜 그런 말을 썼을까요? 방치는 열이 펄펄 끓는 사람 앞에서 신경도 안 쓰고 게임을 한다거나, 배우자가 병원에 입원했는데 별로 중요하지도 않은 술자리에 꼬박꼬박 나가는 배우자의 태도를 이를 때 쓰는 말이죠. 그런데 그녀는 남편이 깨워도 일어나지 않는 상황에서 방치된 듯한 심정을 느꼈습니다.

그녀는 자신의 감정이 어떤 것이든, 상대방에게 완전히 받아들여지지 않을 때 방치당했다고 느끼는 듯했어요. 예를 들어 뭔가를 싫어하는 감정을 토로했을 때 상대방이 동의하지 않고 "그게 왜 싫어?"라는 대답을 들으면 정서적으로 방치됐다고 생각하는 겁니다. 그냥 서운한 감정 정도가 아니라 거의 버려지는 느낌을 받아요. 방치라는 건 누구에게도 돌봄 받지 못하는 상태를 말합니다. 그런데 사소한 일상에서도 방치된 듯한 고통을 느낀다면 누군가와 가까워지는 게 매우 두려울 수 있어요.

일단 가까운 사이가 되고 나면 거의 혼연일체가 되지 않는 한 사소한 일에도 방치되었다는 고통을 자주 느끼겠지요. 이런 사람은 인간관계에서도 언제나 수용되어지고, 무조건 자기편이 되어 주고, 언제나 자기가 원하는 방식으로 대해 주는 그런 가까운 관계를 맺기를 절절히 원합니다. 그러나 그것은 현실적으로 불가능하기 때문에 누 군가와 가까워지면 이것이 채워지지 않아 뭔가 버려지고 방치된 것 같은 느낌이 드는 거예요. 얼마나 두렵고 고통스러울까요? 그래서 그녀는 절실하게 가까워지고 싶지만 언제나 이렇게 한발 물러서 있 게 됩니다.

그녀가 이렇게 극단적인 감정을 갖게 된 데에는 어린 시절의 성장 환경도 원인이 될 수 있습니다. 그녀의 아버지는 예측불허의 인간이 었습니다. 화를 냈다가 비굴하게 사과하기도 했어요. 차라리 늘 무 서운 얼굴이었다면 어린 그녀가 자신을 방어할 방법을 찾아냈을 겁 니다. 하지만 폭발적으로 화를 내다가 별안간 비굴할 정도로 사과하 는 사람에게서는 대처법을 찾기가 어려워요.

이런 아버지는 자식들로 하여금 두려움과 동시에 경멸감을 일으 킵니다. 자식의 입장에서 이런 아버지는 화를 낼 땐 공포를, 비난할 땐 억울함을, 사과할 땐 경멸감을 불러일으키는 존재예요. 자신이 별 것 아니라고 생각하는 존재가 자신을 두렵게 할 때 사람의 자존감은 땅바닥으로 떨어집니다. '이렇게 하찮은 인간으로 인해 두려워하는 나는 또 얼마나 하찮은가'라는 생각이 드는 겁니다. 게다가 그녀는 아버지에게 당하는 어머니를 매번 위로하며 자랐습니다. 아이로 살 았던 시기가 과연 있었나 싶어요. 한 인간으로서 느끼는 희로애락에 대해 한 번이라도 충분히 이해받아 본 적이 있나 싶습니다. 이런 이해를 받아 보지 못한 사람은 자신의 감정에 대해 확신을 갖지 못합니다. 그러니 조금만 이해받지 못해도 거의 버려졌다는 느낌으로 치닫는 거예요.

예전에 만났던 서른 살의 여자는 주변 사람을 지나치게 이상화해서 가까운 사람과의 관계에 어려움을 겪었습니다. 갓난아이 때 부모에게 버려져서 어떤 집으로 입양이 되었는데, 그 집에서는 이 여자를 자식이 아니라 식모로 대했습니다. 노동력의 일부였을 뿐, 이 여자를 사랑으로 보살피지 않았어요. 많이 맞기도 했고 양아버지에게 성폭행을 당하기도 했습니다. 다행히 여자는 좋은 남자를 만나서 결혼을 했습니다. 그런데 이 여자는 밤 12시만 되면 자는 남편을 깨워서 먹을 것을 만들어 달라고 했어요. 남편이 요리를 해 주면 그것을 먹고 다시 잠이 들었습니다. 이유를 물으니, 12시만 되면 "먹을 것을 만들어 달라고 해"라는 환청이 들린다고 했지요. 이 여자는 자주 환시를 보기도 했어요. 환시 속에는 아주 조그만 어린 여자아이가 칼을 들고 서 있었답니다. 한 번도 사랑받지 못한 자신인 듯 싶었어요. 생존을 위한 기본적인 보살핌을 받지 못한 상처가 여자에게 이렇게 남아 있었습니다.

기본적인 보살핌을 받지 못한 사람 중 일부는 주변 사람에 대한 '이상화'가 심해지기도 해요. 이 여자가 그랬습니다. 좋은 엄마가 되어야겠다는 생각에 지나치게 완벽하게 행동하려 했고, 남편과 시어머니도 드라마에 나오는 것 같은 이상적인 사람들이길 바랐어요. 당연히 육아는 너무 힘겹고, 남편과 시어머니도 완벽하지 않으니 실망을 밥 먹듯 했지요. 이럴 경우 주변 사람들과 원만한 관계를 유지하기가 힘들어요. 인간은 누구나 부족한 면과 허점이 있기 마련이에요. 이 여자는 자신은 물론 남편이나 아이, 시댁 식구들이 보이는 아주 작은 허점에도 자신과 상대방을 평가절하하고 괴로워하며 절망했습니다.

당신이 종종 이런 기분을 느낀다면, 솔직하게 자신의 상태를 이야기하는 연습을 해 보세요. 나를 존중하고 사랑해 주는 사람이 옆에 있다면 그 사람에게 하세요. 친구도 좋고, 선배도 좋고, 남편도 좋아요. 그런 사람이 옆에 없다면 일기장도 좋습니다. 그 상대를 믿고 자신이 느끼는 실망감, 공허감, 버려진 듯한 감정에 대해 말해 보세요. "여보, 당신이 이런 말을 할 때 나는 방치된 것 같다는 생각이 들어. 이상하게 당신이 나를 버린 것처럼 느껴져"라고 솔직하게 말하세요. 그럼 상대가 "그럴 리가 있나, 내가 당신을 왜 버려. 나는 당신을 놓지 않아. 다른 의도 없이 한 말이야"라고 대답해 줄 거예요. 일기장에 연습을 한다면 그 대답을 적고 스스로에게 반복해서 말해 주세요. 이런 말을 듣는 경험이 수없이 필요합니다. 그 상대는 나의 나쁜 부모처럼 나를 짓밟지 않을 것이라는 사실을 믿으세요. 그들은 내 부모와 다른 사람이에요. 내 부모는 이제 나에게 영향을 끼칠 수 있는 위치에 있지 않아요.

나의 내면의 고통, 그 처절함과
화해할 수 있을까요?

저에게 꽤 오랫동안 진료를 받던 아이가 있었습니다. 그 아이는 늘 "왜 나만 이렇게 재수가 없어요?"라는 말을 했어요. 머리도 좋고 공부도 굉장히 잘했던 아이였는데 학교에서 억울한 일을 몇 차례 겪더니 세상에 대해서 뭐든 부정적으로 생각하는 회로가 생겨 버렸습니다. 아무리 잘 설명해 주어도 아이는 늘 "그래서요? 결국은 못 하는 거잖아요", "그런다고 내 인생이 여기서 변하겠어요?"라고 따지면서 부정적인 결론을 내렸지요. 아이는 재주도 참 많았습니다. 그림도 잘 그렸어요. 요새는 컴퓨터로 게임 캐릭터를 그리는 일에 푹 빠져 있다고 했습니다. 그러던 어느 날, 2시간이나 걸려서 그린 게임 캐릭터 파일을 올리려다가 삭제되는 일이 발생했어요. 제가 아이를 만난 날이 딱 그날이었어요. 아이는 그 일에 엄청나게 분노했습니다. 자기는 열심히 해도 매번 이런 일이 생긴다고 했어요. 그러면서 자기는 재수없는 아이인 것 같다고도 했어요.

아이 이야기를 가만히 듣다가 제가 말했습니다. "억울하겠지만, 그냥 다시 그려." 아이는 이전에 자신에게 일어났던 나쁜 일까지 쏟아내며 억울해서 미칠 것 같다고 난리를 쳤지요. 제가 다시 말했습니다. "그런데 예전에 일어났던 일과 이 일은 달라." 아이는 잠시 말을 잃은 듯 가만히 있었어요. 눈이 동그래졌습니다. "이전에 학교에서 있었던 대부분의 일은 그 일의 통제권과 그것을 결정하는 주체가 누구였어?" 아이는 답했습니다. "선생님들이요." "네가 오해를 받아도 네가 할 수 있는 일이 별로 없었지?" 아이는 그렇다고 대답했어요. "그런데 이번은 누가 주체야?" 아이는 "저요"라고 답했습니다. "그럼, 일이 꼬였을 때 해결할 수 있는 사람이 누구야?" 아이는 "저요"라고 답했습니다. "해결할 수 있어? 없어?" 아이는 조금 차분해져서 "있긴 있죠"라고 대답했어요. 저는 마지막 말을 이어갔습니다. "그럼 해결. 시간이 더 들 뿐이야. 약간 억울하긴 해. 하지만 두 번째 그림은 더 퀄리티 있게 그릴 거야. 예전에 있었던 일은 네 일인데도 네가 영향력을 끼칠 수가 없었기 때문에 네가 무기력해질 수밖에 없었어. 하지만 지금은 억울해도 네가 영향력을 끼칠 수 있어." 아이는 이날 이후 놀랄 만큼 많이 안정되었습니다.

어릴 때는 어떤 일의 주체가 내가 아닌 경우가 많습니다. 어떻게 보면 당할 수밖에 없어 억울한 것이 많을 수도 있습니다. 하지만 어른이 된 지금은 주체가 달라요. 잘 생각해 보면 나를 둘러싼 대부분의 일의 주체는 결국 '나'입니다. 내가 선택할 수 있고, 진행할 수 있고, 결과도 다르게 만들 수 있다는 것을 잊지 마세요. 누군가의 영향을 받고 괴롭다는 것은 자신이 굉장히 수동적인 입장인 겁니다. 어릴 때는 그랬어요. 부모가 주는 영향을 받을 수밖에 없는 존재였으니까요. 이제는 내가 좀 더 주체적으로 그 영향으로부터 벗어나서 아픈 부분을 좀 더 메우기 위해서 나를 알아차려 보세요. 사실 이 모든 괴로움에서 벗어나기 위해 내가 진정 화해해야 하는 대상은 어머니가 아니에요. 아버지가 아니에요. 나 자신입니다. 미워할 수 없는 대상을 미워해서 받는 고통, 나의 내면의 고통, '어떻게 자기가 낳은 자식에게 그랬을까?' 하는 나의 처절함, 자신의 현재 마음 상태와 화해해야 하는 겁니다.

어떤 여자가 성폭행을 당했어요. 그 여자가 재판을 치르는 과정은 너무나 힘이 듭니다. 잔인할 정도예요. 나중에는 가해자가 피해자를 자처하는 상황이 벌어지기도 합니다. '꽃뱀'이 아니냐고 추궁받기도 했습니다. 얼마나 세상이 싫을까요? 얼마나 마음이 아플까요? 얼마나 이 모든 것을 그만두고 싶을까요? 사실 여자는 그때 그 상황에서 살아나온 것만으로 자신이 할 수 있는 역할을 충분히 한 것입니다.

누구라도 그 당시에는 저항하기 어려웠을 거예요. 그러나 세상은 잔인하리만큼 여자에게 친절하지 않습니다. 제가 그 여자의 어려운 마음을 이해 못 하는 것도 아니고, 그 여자가 뭔가 잘못했다는 것도 아니지만, 저는 그 여자가 제 앞에 있다면 "지금은 그 힘들었던 상황이 아니니 당신을 보호하는 쪽으로 조금 빠져나와 힘을 내어 봅시다"라고 말해 줄 수밖에 없습니다. 여자가 느끼는 공포는 충분히 이해하지만 그 공포에서 조금이라도 벗어나야 자기 자신을 보호할 수 있는 힘이 생기기 때문입니다.

자녀가 맞고 왔을 때도 그렇게 말씀드립니다. 속상하지요. 가해자 쪽에서 진심어린 사과를 하지 않으면 화가 나 미칠 것 같습니다. 그런데 섭섭하게 들릴 수도 있지만, 저는 그래도 사과하면 받아 주라고 조언합니다. 표현하는 방식은 사람마다 다를 수 있어요. 무릎을 꿇고, 석고대죄를 해야 사과가 아닙니다. 미안하다는 내용이 들어가 있으면 그것대로 인정해 주라고 해요. 부모라고 내 자식을 마음대로 할 수 없습니다. 자꾸 따지면 상대의 부모도 속수무책이니까요.

"사과만 하면 다냐?"라는 말도 자주 하지요. 분쟁이 생겼을 때 상대가 내 마음을 다 풀어 주기란 절대 불가능합니다. 사과의 기준이 '내 마음이 많이 상했으니, 충분히 만족스럽게 해 줘'라면 문제는 해결될 수 없어요. 사회적인 보편성, 일반성에 기준하여 상대가 사과한 것이면 억울함이 남아도 좀 받아 주어야 해요. 마음에 완벽하게 들지 않더라도 사회적으로 받아들여질 수 있는 선이면, 이 일은 마무리를 지어야 합니다. 나에게 남는 불편함은, 안타깝지만 내가 감당해야 하고 내가 풀어야 하는 내 몫입니다. 문제는 해결되어야 해요. 매듭지어져야 합니다. 그래야 아이도 나도 살 수 있어요. 씁쓸하고 쓸쓸하지만, 계속 그 일에만 매달려 있으면 다른 생활을 시작하기가 힘들기 때문입니다.

당신에게도 그런 말을 해 주고 싶습니다. 너무 힘든 것 잘 알아요. 충분히 지쳐 있을 겁니다. 하지만 나를 알아차리기 위해서 아주 조금만 힘을 내어 보세요. 지금은 상처받았던 그때가 아닙니다. 지금의 당신은 아무것도 할 수 없어 상처를 고스란히 받을 수밖에 없었던 어린아이가 아니에요. 말할 수 있고 행동할 수 있어요. 모든 것은 그때와 달라요. 내가 마무리하고자 하면 마무리할 수 있습니다. 내 의지대로 선택할 수 있고, 그것에 따라 조금은 달라질 수 있습니다. 그 작은 변화가 시작입니다. 그 점을 알아차리셨으면 해요.

PART ③ 그런데 다시, 부모...

두려워 마세요
당신 아이는
당신과는 달라요

내 엄마 같은 엄마는
되고 싶지 않다는 당신

어린 시절 어머니의 소리치는 모습이 너무 싫었던 사람은, 자신은 아이를 낳으면 절대 아이한테 소리치지 않겠다고 다짐합니다. 아버지의 기분에 따라 매를 맞았던 사람은, 자신은 부모가 되면 절대 아이를 때리지 않겠다고 다짐하지요. 어머니가 아이의 감정에 무심하고 아이의 생활에 무관심해서 상처받았던 사람은 자신의 아이에게 다정한 부모가 되려고 합니다. 또 아버지가 무척 바빠 아버지의 빈자리가 늘 컸던 사람은, 자신의 아이에게는 자상한 아버지가 되려고 합니다.

그런데 어린 시절 싫어했던 부모의 행위만 기억해서 그 행위만은 절대 하지 않겠다고 강박적으로 집착하면, 육아는 또 다른 버거움이 됩니다. 아이에게 존댓말도 쓰고 소리도 지르지 않지만 차분한 목소리로 협박하는 부모가 있습니다. 때리기 직전까지 가지만 결국은 안 때렸다고 스스로 뿌듯해하는데, 매번 때릴 것 같은 분위기를 조성하면 아이는 맞은 것과 진배없는 영향을 받기도 합니다. 다정한 부모가 되겠다고 아이의 모든 것을 사사건건 간섭하면, 아이는 주도성을 잃고 무기력해집니다. 내가 싫어한 부모의 그 모습을 피하려다 또 다른 형태의 잘못된 양육 방식이 나타나는 것이지요. 자신은 깨닫지 못하지만 결국은 내 부모와 비슷하게 아이를 잘못 다루게 되는 경우가 많습니다.

어머니 같은 엄마가 되지 않으려면 어머니에 대한 미움과 싫음을 정확히 들여다보아야 해요. 그 마음이 쉽사리 없어지지 않지만 절대로 어머니 같은 사람이 되지 않겠다는 생각은, 아이를 그 방식대로 키우지 않겠다는 다짐만으로는 해결되지 않습니다. 그때 내 마음이 어땠는지 정확히 알고 있어야 합니다. 내 마음은 어머니가 미웠던 거예요. 어머니의 그런 행동이 싫었어요. 내 마음을 알아채는 것부터 시작해야 해요.

얼마 전 블로그에 글을 하나 올린 적이 있습니다. 아이도 엄마에게 화나고 미울 때가 있다는 글이었습니다. 세상에서 엄마를 가장 사랑하지만 그럴 수 있다는 내용이었어요. "엄마, 미워!", "엄마, 싫어!" 하는 아이에게 너의 마음이 어떠냐고 물으면, 아이들은 의외로

슬프다는 대답을 많이 한다는 이야기도 적었습니다. 한 엄마가 그 글을 보고 마음이 편안해지셨답니다. 그분은 어린 시절 어머니를 미워하셨대요. 어머니를 미워하는 자신이 나쁜 사람 같았다고 해요. 그래서 미워도 밉다는 말을 못 하고 그 마음을 꼭꼭 숨기셨대요. 그런데 글을 읽고 '내가 그럴 수도 있었던 거구나', '그때 내 마음이 슬펐던 거구나' 하는 생각이 들었다고 합니다. 자신의 아이가 "엄마, 미워!"라고 말한다고 생각하면 마음이 철렁 내려앉지만, 그래도 "엄마가 이렇게 하면 밉구나. 엄마가 미울 때 네 마음은 어때?"라고 물어봐 줄 수 있을 것 같다고 하셨습니다. 어머니를 미워했던 '나'의 마음도 사실은 슬펐던 겁니다. 그 마음부터 들여다보세요.

우리 부모는 이제 어떻게 할 수가 없어요. 그 연세에 자식을 대하는 방식을 바꾸기란 솔직히 힘듭니다. 물론 해내는 분도 드물게 있지만, 너무 오랫동안 써 온 방식이라 바꾸기가 어렵습니다. 게다가 평생 동안 그것이 자식에 대한 사랑이라고 생각한 분들입니다. 그렇게 하는 것이 아이를 잘 키우는 것이라고 생각한 분들이세요. 그래서 아무리 말씀드려도 뭐가 문제인지 못 느끼십니다. 그래서 정말 어려운 일이지만 결국 '내'가 해결할 수밖에 없습니다. 마음에 일정 거리를 두든, 내 마음의 안정감을 찾든, 만나는 횟수를 줄이든, 이사를 가든 그건 '내'가 해야 될 몫입니다.

〈오은영의 화해〉에 사연을 보낸 많은 분이 하는 말이 있어요. "좋은 가정을 가져 보지 못했기 때문에 결혼이 두려워요." "좋은 부모를 가져 보지 못해서 아기를 낳는 것이 두려워요." 결국은 나의 어린 시절이 너무 아프고 불행했기 때문에, 내 아이가 나처럼 불행할까 봐 두렵다는 말이겠지요. 이해합니다. 부모와의 관계가 안정적이고 긍정적이지 않았기 때문에 부모가 되어 아이를 키울 자신이 없는 것이지요. 부모와의 좋은 경험이 많지 않은 사람은 아이를 너무나 사랑해도 아이와 안정적이고 긍정적인 관계를 맺을 자신이 없을 수 있습니다. 맞아요. 어려움이 많을 겁니다. 경험하지 않은 일, 게다가 형체가 없는 것들을 잘 구성해 나가기란 쉽지 않아요.

그러나 '내 아이만큼은 나처럼 크지 않았으면 좋겠다'라고 하는 것 자체는 어느 정도 알아차림이 있는 겁니다. 그걸 알아차린 데서부터 '나'는 이미 부모와 다른 사람인 거예요. 아이는 내 뱃속에서 나왔지만 나와는 다른 사람입니다. 아이의 유전자의 반은 완전히 낯선 사람, 남편에게서 왔어요. 그렇기 때문에 '나 같은 아이'가 될 수 없습니다. 그러니 아이가 나와 똑같을 것이라는 지나친 두려움에서 한 발 나와도 됩니다.

몸으로 체득된 것이 없는데, 보고 배운 것이 없는데 잘 키울 수 있을까요? 물론 그렇지 않은 사람보다 꽤 어려울 겁니다. 그런데 양육은 방법이 아니라 마음에 달려 있습니다. 방법은 배우면 되니까요. 결국 문제는 자기 자신에 대한 두려움입니다. 내 마음 안에 있는 두려움입니다. 아이는 나와 완전히 다른 사람이에요. 나도 나의 부모와 다른 사람이지요. 게다가 자신 없고 불확실하고 두려운 것에서 나오려고 조금이라도 노력하는 '나'는 나의 부모와 다른 사람입니다.

출발이 다르니 결과도 당연히 다릅니다. 출발의 방향이 1도만 달라져도 똑같은 길로 가지 않아요. 최종 도착지는 완전히 달라집니다. 결국 '나'는 나의 부모가 나를 키운 방식과는 한참 다른 길로 가게될 거예요. 그것에 대해 확신을 가지고 '나'에 대한 믿음과 안정감을 찾으세요. 안정감을 찾으면 좋은 방법은 의외로 쉽게 찾을 수 있습니다.

아이는 절대 당신처럼
크지 않을 거예요,
두려워 마세요

　　한 엄마는 어린 시절 따돌림을 당했습니다. 초등학교 4학년부터 시작된 따돌림은 고등학교 때까지 이어졌어요. 초등학교 때는 담임 선생님이나 부모님이 나서서 아이들을 혼내기도 하고 친구를 붙여 주기도 했지만 모두 일시적이었습니다. 결혼해서 엄마가 되고 나니, 이제 아이가 걱정입니다. 아이가 학교에 다니면서 겪을 일들이 두려워요. 아이만큼은 엄마와 같은 상처를 갖지 않고 사회성 좋은 아이로 자랐으면 하는데, 여전히 이 엄마는 아이 친구의 엄마들조차 사귀기가 어렵습니다. 새로운 사람을 만날 때마다 옛 상처가 떠올라 많이 힘들다고 했습니다.

따돌림의 트라우마를 가진 사람들이 많습니다. 특히 학창 시절 또래 관계에서 어려움을 겪은 트라우마는 한 개인의 인생에 심각한 영향을 줍니다. 희생자가 되어 보지 않은 사람들은 쉽게 말해요. "아이들이 한때 장난치고 놀릴 수도 있지. 뭘 그런 걸 가지고 그래?" 이런 식으로 문제를 축소하거나 폄하합니다. 하지만 따돌림 당한 경험이 있거나 심각할 만큼의 상황에 처한 희생자를 가까이서 지켜본 사람들은 "아무리 청소년이라고 해도 집단 따돌림은 범죄로 다루어야 한다"라고까지 말합니다. 생각보다 많이 일어나지만 중요하게 다루어지지 않고, 상황이 심각해져야 언론에 보도되면서 이 문제가 표면화되는데, 이를 장기적으로 진지하게 살피고 해결책을 도모하지는 않는 것이 바로 이 문제죠. 우리 모두가 각성해야 하는 문제입니다.

따돌림이 무서운 건 그 이유를 딱히 알기 어렵기 때문입니다. 도드라진 실수나 잘못으로 아이들이 피하고 따돌리는 것이라면 차라리 낫습니다. 고치면 되니까요. 하지만 이유 없이, 혹은 이유가 뭔지도 모른 채 모호하고 막연한 상황에 처했을 때의 불안은 이루 말할 수가 없어요. 사람들이 나를 어떻게 대할지 전혀 예측할 수 없을 때 받는 공포감, 명쾌하게 드러낼 수 없는 두려움, 내가 뭘 잘못했는지 모르겠는 막연함, 세상이 안전하지 않고 위협적이라는 불신감, 내가 아무리 노력하고 잘해 보려고 해도 나를 인정하지 않는 세상이 싫어집니다. 뭘 어떻게 고쳐야 하는지도 모르겠기에 자기 확신, 자기 신뢰도 부재하게 됩니다. 그 트라우마를 남긴 채 어른이 되고 부모가 되어 아이를 키우면 상처가 더욱 고통스럽게 살아납니다. 부모의 주된 책무 중 하나가 아이들에게 사회적 상호작용을 가르치는 일이니까요.

하지만 '내'가 어린 시절 따돌림을 당했다고 '내 아이'에게도 그런 일이 반복되지는 않습니다. 아이는 친구들과 즐겁고 돈독한 우정을 쌓을 수 있습니다. 그 기회를 '나'의 경험 때문에 막아서는 안 됩니다. 걱정이 클 거예요. 하지만 설사 그런 일이 생긴다 해도 나와 똑같은 과정을 밟지 않게 하면 됩니다. 적극적으로 대처하고 극복하고 치유되도록 도와주면 됩니다. 학창 시절의 고통에서 한참 지났음에도 여전히 어두운 그림자의 영향을 받고 있는 건 당신이 무능해서가 아닙니다. 적절한 치유와 도움을 받지 못했기 때문이에요. 집단 괴롭힘으로부터 아이를 보호해 주고 적극적으로 도와줄 수 있는 사람들과 방법이 있습니다. 미리 걱정하지 마세요.

따돌림은 많은 부모의 걱정거리입니다. 어느 날 갑자기 아이가 부모와 눈을 맞추려 하지 않거나, 큰 소리에 깜짝 놀라거나, 대화를 피하거나, 눈물을 보이거나, 식사량이 줄거나, 학교 가기 싫다고 하거나, 수면에 문제를 보인다면 반드시 확인해 보아야 합니다. "요즘 학교 어때? 재밌는 친구가 있어? 지내다 보면 건드리는 애들도 있잖아. 혹시 장난꾸러기 없니?" 이렇게 편안하게 물어보세요. "엄마는 언제나 너를 보호해 줄 거야. 엄마는 네 편이니까 하고 싶은 말이나 속상한 일이 있으면 언제든 얘기해." 이렇게 늘 문을 열어 두세요.

만약 따돌림 당하는 사실을 알게 되었다면 빨리 담임교사를 만나 적극적이고 진지하게 의논해야 합니다. 소극적인 태도는 절대로 도움이 되지 않아요. 사건이 발생하면 부모는 적극적으로 아이와 대화하고 보호해 주어야 합니다. "엄마, 애들이 날 미워하는 것 같아"라고 아이가 말하면 "야야, 어릴 때는 다 그래. 그냥 장난치는 거야"라고 하지 마세요. 아이의 감정을 과소평가하거나 가볍게 넘기면 안 됩니다. 그렇다고 너무 과민하게 반응해도 안 됩니다. "뭐라고? 누구야, 누구?" 하며 흥분하면서 상대 아이의 부모에게 전화해서 따지고 어른들끼리 싸움이 벌어지면, 아이는 '나의 감정을 전달했더니 큰일이 벌어지는구나'라고 생각해서 다음부터는 아예 말을 안 합니다.

아이들 중에는 혼자 끙끙 앓으면서도 부모에게 어려움을 털어놓지 않는 경우가 많아요. 부모가 가장 두려워하는 상황이지요. 평소 따끔하게 혼을 내며 아이들을 엄하게 키우는 부모를 둔 아이들은 혼이 날까 봐 말하지 않습니다. 반대로 부모가 지나치게 "너는 정말 의젓해", "넌 최고야. 잘한다"라는 칭찬만 하는 경우도 부모를 실망시킬까 봐 자기 어려움을 말하지 않을 수 있어요. 적절한 칭찬은 좋지만 아이가 위기와 어려움을 언제든 겪을 수 있다는 메시지를 자주 주어야 해요. "너는 이런 점을 정말 잘하고 그런 면이 참 대견해. 그런데 네 나이로 봤을 때 모든 것을 혼자 해결하기는 어렵지. 어려운 문제는 늘 부모와 의논해야 해. 엄마, 아빠는 조건 없이 늘 네 옆에 있고

도와주는 사람이니까 항상 의논하자." 이런 메시지를 아이들에게 지속적으로 줘야 합니다.

따돌림 문제에서 우리가 잊지 말아야 할 것이 또 하나 있습니다. 이렇게 예쁘고 착한 내 아이가 혹시 학교에서 이유 없이 다른 아이를 따돌리는 것은 아닌지 확인해 봐야 합니다. 내 아이가 피해자가 되는 것만은 아니에요. 사랑스러운 내 아이가 천진난만하게도 학교에서 그런 일을 벌일 수도 있다는 걸 염두에 두고 아이를 지도해야 합니다. 다수의 친구들이 한 친구를 따돌리면 그 분위기에 휩쓸리거나 무엇이 바른 건지 판단이 서지 않아 동참할 수도 있어요. 내 아이가 가해자가 될 수도 있다는 생각을 가지고 아이를 살펴보는 것, 그것이 진정한 어른의 자세입니다.

따돌림에 대한 트라우마를 가진 채로 부모가 되었다면 어떻게 할까요? 치유의 과정이 필요합니다. 그 자체가 아이를 잘 키우는 엄마로서의 유능함을 배우는 길이기도 합니다. 대하기 힘든 사람들을 잘 대하는 방법을 배우고, 갈등을 처리하는 방법을 배워야 합니다. 인간과 인간의 관계에서 가장 중요한 것은 힘의 균형입니다. 주먹을 쓰는 힘이 아니라 내적 힘의 균형이죠. 그걸 잘 유지해 나가는 건 모든 사람에게 매우 중요합니다.

내적 힘의 균형을 위해서는 상대의 반응과 무관하게 내가 옳다고 생각하는 것은 상식 수준에서, 공격적이지 않게 표현할 수 있어야 해요. 여기서 핵심은 '상대의 반응과 무관하게'입니다. 상대는 너무나 다양하기 때문에 내가 예측한 반응과 다른 경우가 많습니다. 내가 과하지도 덜하지도 않은 상식적 수준에서 표현했는데 상대가 그걸로 화를 내는 건 그 사람이 감당할 몫이지 나의 몫이 아니라는 것을 반드시 기억하세요.

지금은 관계에 대해 많이 위축되어 있어서 자연스러운 자기표현을 잘 못 하고 있을 겁니다. 다른 엄마들과만 친하게 지내는 엄마가 있다면, "서운해~", "그때 좀 섭섭했어. 내가 좀 삐쳤었다", "이런 말을 해도 될지 모르겠는데, 오늘 대화가 잘 통하는 것 같아서 참 좋았어요. 또 만나도 될까요?" 이런 말들을 연습해 보세요. 감정과 생각을 상식선에서 말하는 연습을 열심히 하다 보면 그 자체가 치유의 과정이 될 뿐 아니라 '나'의 성장이 아이의 사회성을 키우는 데도 매우 큰 도움을 줄 겁니다.

왜 그렇게 미안해하나요?
죄책감은 모성애가 아닙니다

　　　　우리나라 사람들이 생각하는 모성
애에는 기본적으로 죄책감이 깔려 있습니다. 그래
서 대한민국 엄마들은 스스로 고통을 줍니다. 그 고
통을 참아 내고 헌신하는 게 모성애라고 사회에서
주입하거든요. 우리나라에서 어머니는 '굉장히 긴
인고와 희생의 시간을 견딘 끝에 심신이 건강한 아
이를 낳아 완벽하게 키워야 하는 존재'라고 생각해
요. 그 기준에서 조금이라도 벗어나면 엄마들은 죄
책감을 갖지요. 아이가 잘 안 먹어도, 아이가 감기
에 자주 걸려도, 아이가 키가 작아도, 아이가 뚱뚱
해도, 아이가 문제 행동을 보여도, 아이의 정서가
불안해도, 아이가 공부를 못해도, 심지어 아이가 장

애를 가지고 태어나도 엄마들은 다 내 탓이라고 생각해요. 엄마로서 미안해하는 것은 이해해요. 하지만 그 죄책감이 너무 과한 것은 아닌지 생각해 봐야 합니다.

둘째를 낳으러 가면서 첫째에게 인사를 못 했어요. 갑자기 진통이 와서 병원으로 갔고 산후조리원에 있는 동안에도 첫째를 한 번도 만나지 못했습니다. 어른들이 아이가 엄마 얼굴을 보면 더 힘들어할 거라며 그렇게 하라고 하셨어요. 아이는 그 시간 동안 아빠와 지냈어요. 일주일 만에 만난 첫째는 제가 싫다며 저리 가라고 합니다. 아빠만 찾아요. 첫째는 동생도 무척 싫어해요. 할퀴고 괴롭힙니다. 툭하면 드러눕고 떼를 쓰고 한 시간씩 울어요. 그 일주일이 모든 것을 망친 것 같아요. 인사하고 가야 했는데…, 영상통화라도 해야 했는데…, 아이의 마음을 잘 보듬었어야 했는데…. 아직 두 돌도 안 된 아이에게 너무 큰 상처를 남긴 것 같아요. 매번 아이를 붙들고 애원하며 빕니다. 엄마가 미안해, 엄마가 잘못했어, 제발 엄마 좀 봐줘…. 어떻게 해야 첫째의 상처를 달래 줄 수 있을까요?

엄마는 아이를 낳는 순간부터 사랑한다고 하는데, 아빠는 어떨까요? 아빠도 똑같이 끔찍이 사랑합니다. 모성애가 부성애보다 크다는 생각은 옳지 않아요. 아이가 엄마와 떨어져 있는 동안 아빠와 잘 지냈다면 괜찮아요. 엄마보다 아빠를 더 잘 따르는 것도 나쁜 것이 아닙니다. 아빠가 아이를 잘 돌볼 수 있다면 그걸로 좋은 거예요. 엄마와 아빠 역할이 구분되어 있거나 엄마가 양육에 대한 모든 것을 책임질 필요는 없습니다.

그런데 왜 이렇게 죄책감이 클까요? 감기에 빗대어 이야기해 볼게요. 아이는 자라면서 감기에 걸릴 수 있어요. 자연스러운 일이지요. 감기를 이겨 내는 과정을 통해 면역력도 생깁니다. 그런데 아이가 열이 나고 칭얼대면 우리 엄마들은 미안하다는 말부터 합니다. 그런 게 엄마들 정서에 단단히 새겨져 있어요. 그게 왜 문제냐고요? 엄마가 가진 지나친 죄책감은 아이의 정서를 불안정하게 만들 수 있습니다. 아이에게 소리치거나 때리지 않아도, 엄마의 지나친 죄책감이 아이를 불안하게 만들기도 합니다.

첫째가 둘째에 대한 질투심만으로 이런 행동을 하는 걸까요? 엄마와 떨어진 그 일주일이 그렇게 절대적일까요? 왜 그렇게 아이에게 쩔쩔매는 엄마가 되었을까요? 부모는 완벽할 수 없어요. 부모도 실수할 수 있죠. 그렇다고 해도 부모는 일관된 지침을 가지고 아이를 대해야 해요. 미안하다고 해서 아이의 잘못이나 위기를 그냥 넘어가서는 안 됩니다.

부모는 아이에게 한결 같은 등대가 되어 주어야 해요. 그래야 아이가 불안하지 않아요. 한결 같은 등대가 되려면 꼭 해야 하는 일이 있습니다. 마음이 힘들어도 꼭 해야 하는 일이에요. 바로 훈육입니다. 만 3세부터는 적극적으로 훈육해야 해요. 물론 그 이전에도 지속적이고 일관되게 옳고 그른 것을 가르쳐 주어야 합니다. 단호한 눈빛과 목소리로 옳은 것과 그른 것, 해도 되는 것과 하지 말아야 하는 것을 가르쳐 주고, 해야 하는 것은 꼭 참고 해내게 해야 합니다. 깊은 사랑과 단단한 책임감을 가지고, 따라야 할 지침들을 아이에게 명확하게 알려 주어야 해요. 아이를 독립된 개체로 보고 한계를 설정해 주면 아이가 힘들어하는 것처럼 보일 수 있어요. 그러나 그것이 자녀를 사랑하지 않는 건 아니에요.

여기서 지침들은 여러 사람과 평화롭게 살려면 반드시 따라야 하는 것들입니다. 그런데 지나친 죄책감은 아이가 싫어할까 봐, 방긋 웃지 않을까 봐, 아이가 상처를 받을까 봐, 아이가 엄마를 미워하게 될까 봐 등등의 두려움을 갖게 만들어요. 그래서 부모로서 아이에게 꼭 가르쳐야 하는 것들을 놓치게 합니다. 그런데 아이에게 가르쳐야 할 것을 제대로 가르치지 못하면 부모로서 효능감이 떨어져요. 육아에 자신감이 생기지 않습니다. 아이를 두렵게 만들어서는 절대 안 되지만, 아이에게 넘지 말아야 할 한계를 설정해 주고 이를 따르도록 단호하게 가르쳐야 합니다.

정말 착한(?) 부모들이 있어요. 아이들에게 안 된다는 말은 한 번도 하지 않고, 아이가 해달라는 것을 다 들어주고, 아이를 방긋 웃게 하는 데만 전력질주하는 착한(?) 부모입니다. 그런데 착한 부모의 아이가 착하지 않아요. 이 아이들은 자라면 자랄수록 말을 안 듣습니다. 착한 부모는 아이를 키우기가 점점 힘들어져요. 아이의 감정을 그렇게 살펴 주는데도, 아이는 불편한 감정을 계속 표출합니다. 점점 더 큰 덩어리로 표출하지요. 이럴 때 양육을 포기하고 싶은 마음이 들 수 있어요. 엄마 노릇 하기 싫다는 마음도 듭니다. 육아가 갈수록 고통스러워지는 것이지요.

부모의 의도는 선했어요. 아이에게 상처 주고 싶지 않다는 부모의 의도는 사랑에서 비롯된 것이 맞아요. 하지만 부모의 의도와 행동이 아무리 선하다고 해도, 해야 할 것을 하지 않으면서까지 그 자세를 지나치게 고수하면 그것은 아이에게 도움이 되지 않을 수 있어요. 그 행동으로 때로는 아이가 혼란스러울 수도 있어요.

아이를 키우면서 한 번도 갈등이 생기지 않기란 불가능합니다. 부모든 아이든 서로 완벽하게 만족할 수는 없어요. 불편한 감정은 생기기 마련이에요. 아이한테 화 한 번 안 내고, 싫은 소리 한 번 안 했다는 부모가 있습니다. 그런 일이 한 번도 없었다는 것은 해야 하는 싫은 소리마저 안 하고 참은 것은 아닌지 오히려 걱정이 되는 부분입니다. '아이인데 뭘, 내가 이해하고 말지'라든가 '아이가 속상해하는 모습을 내가 어떻게 봐. 그냥 넘어가자'라는 마음이었을 것입니다. 그런데 그것은 아이에게 절대 좋지 않아요. 아이가 잘못하는 것이 있으면 싫은 소리도 해야 합니다. 아닌 건 아니라고 알려 주세요. 그리고 마찬가지로 부모라면 아이의 불편한 감정도 들을 수 있어야 해요. 부모라는 안전한 창구를 통해서 불편한 마음을 내뱉는 경험으로 아이는 소통을 배우고, 그렇게 자라야 다른 사람과도 감정을 나누고 소통하며 살 수 있어요.

이 세상에 육아 영재는 없어요. 누구든 인내심을 갖고 배워야 해요. 부모도 때로 실수합니다. 어쩔 수 없는 경우가 있어요. 아이가 이런저런 어려움을 겪었다고 해서, 부모가 아이를 사랑하지 않는 것은 아니에요. 그 실수의 시간보다 백 배 더 많은 시간이 기다리고 있습니다. 이전의 실수에 집착하지 마세요. 그렇게 하지 않았다면 좋았겠지만 이미 지나간 일입니다. '나에게 이런 면이 있구나'를 잘 깨닫고 육아의 방향을 잘 정해서 같은 실수를 줄여 가면 됩니다. 아이들은 생각보다 부모를 쉽게 용서해요. 부모가 손을 내밀면 금세 잡아 줍니다.

훈육은 필요해요,
하지만 무서워지지 마세요

아이가 행복한 사람으로 자랐으면 좋겠다는 이야기를 많이 합니다. 인간은 행복하려면 불편한 감정, 불안, 초조함, 애처로움, 화남, 절망, 좌절 등 견디기 힘든 감정을 그럭저럭 잘 다루어 낼 줄 알아야 합니다. 물론 이런 감정을 잘 다루어 낸다고 해도 언제나 행복하지는 않아요. 하지만 감정을 잘 다룰 줄 알면 대체로 행복하다고 느끼고 삽니다. 그런데 이러한 감정을 잘 다루려면 만 3세 이후의 훈육이 중요합니다.

왜 굳이 '만 3세'일까요? 아이가 상호 관계를 맺어 나가는 과정을 배우는 대상관계를 발달시키는 데는 단계가 있어요. 아이들은 만 1세가 되면 눈에 보이던 물건을 감추어도 그 물건이 어딘가에 있다는 것을 알아요. 뒤로 감추면 뒤로 와서 손을 쳐다봅니다. 만 2세가 되면 사람이 안 보여도 그 사람이 어딘가에 있다는 것을 알아요. 엄마가 나랑 놀다가 화장실에 가도 엄마가 어딘가에 있다는 것을 압니다. 만 3세가 되면 나를 사랑하는 엄마의 마음이 언제나 내 안에 있다고 생각할 수 있어요. 엄마가 내가 원하는 대로 들어주지 않아도, 눈에 보이지 않아도, 때로는 싫은 표정을 지어도, 볼 때마다 "사랑해. 사랑해. 예뻐"라고 하지 않아도, 어제 나를 사랑한다고 해 준 엄마의 마음이 일정하게 유지되고 있다는 것을 압니다. 그래서 만 3세 이후부터 훈육을 하라는 것이지요.

훈육은 옳고 그름을 알려 주는 것이라 "안 돼", "하지 마"라는 말을 많이 할 수밖에 없습니다. 아이들마다 조금 다를 수 있지만, 평균 발달상 그 말을 받아들일 기초가 준비되는 시기는 만 3세입니다. 게다가 만 3세는 점점 고집이 세지는 나이예요. 말도 잘할 수 있고, 말귀도 잘 알아듣는 나이입니다. 그래서 그때가 옳고 그른 것을 가르쳐 주는 훈육을 시작하는 적기이지요.

그렇다면 만 3세 이전에는 어떻게 할까요? 아이는 원래 말을 안 듣는 존재예요. 그것이 그들의 정체성입니다. 당연히 만 3세 이전에도 말을 안 듣습니다. 부모는 언제나 옳고 그른 것을 가르쳐 주긴 해야 합니다. 하지만 만 3세 이전에는 반복해서 짧게 말해 주는 정도만 하세요. 길게 말해도 잘 모릅니다. 너무 강하게 훈육하면, 아이가 부모의 사랑을 의심해서 불안해할 수 있어요. 짧게 계속해서 말해 주는 것과 동시에 아이의 발달에 대해서 더 공부하고, 보호 조치를 하는 것이 필요합니다. 예를 들어 만 2세인 큰아이가 만 1세인 동생을 거실 바닥에 자꾸 넘어뜨려요. 그러면 "안 돼"라고 짧게 말해 주고, 바닥에는 바로 푹신한 매트를 깔아야 합니다.

만 3세부터는 아이를 일부러 불편하게 해서는 안 되지만, 일상에서 피할 수 없는 것들은 견뎌 나가도록 도와주어야 합니다. 그게 아이의 몫이에요. 자녀 주변에 나쁜 친구들이 있어서 아이를 괴롭힌다면, 내 아이를 그 무리에서 빼내 주어야 해요. 하지만 자녀 주변에 있는 친구들이 평범한 아이들이고 이들의 행동도 일상에서 있을 수 있는 일들이라면, 내 아이를 무리에서 빼거나 내 아이가 편안하도록 다 맞춰 주어서는 안 돼요. 그래야만 결국 내 아이가 행복할 수 있습니다. 세상에는 안 되는 것도 있고, 참아야 하는 것도 있고, 기다려야 하는 것도 있다는 것을 가르치는 것이 훈육의 시작이에요. 다만 그것을 가르칠 때 소리를 지르거나 화를 내는 등 공격적으로 해서는 안 됩니다. 단호하지만 정서적으로 안전하게 가르쳐야 해요.

내 아이가 여러 친구들과 줄을 서 있다가 누군가와 조금만 부딪쳐도 울고불고 난리가 나면 어떡할까요? 그런 상황에서는 내 아이가 달라져야 합니다. 좀 불편해도 내 아이가 참아야 합니다. 나머지 친구들에게 내 아이와 제발 부딪치지 말라고 일일이 부탁할 수는 없습니다. 어린아이들은 놀다가 장난감을 서로 잘 뺏어요. 내 아이에게 "내 거 줘"라는 말을 하도록 가르쳐야 합니다. 다른 친구들에게 장난감을 빼앗지 말라고 가르칠 수는 없어요. 아이가 매번 대형마트 장난감 코너에서 장난감을 사 달라고 웁니다. 목에 핏대를 세우고 악을 쓰면서 우는데 병이 날 것 같아요. 하지만 세상의 모든 장난감을 다 사 줄 수는 없어요. 갖고 싶은 것을 참는 것도 아이가 견뎌야 하는 몫입니다.

다른 사람과 어울려 살아가려면, 아이에게도 겪어 내고 견뎌야 할 몫이 있어요. 성장 단계마다 겪어야 하는 일의 종류가 다르고 양이 다를 뿐입니다. 이것을 잘 견뎌 나가도록 옆에서 도와주는 것은, 훈육인 동시에 아이에게 개인의 '책임감'을 가르치는 길이기도 해요. 이것을 제대로 가르쳐 주지 않으면 아이는 언제나 자기 발등에 떨어진 불편함을 두고 남 탓만 하는 사람이 될 수도 있어요. 이것이 나의 몫이라고 생각하지 못합니다. 불편해도 그냥 내가 처리해야 하는 것, 너무 화가 나지만 내가 참고 견뎌야 하는 것이라고 생각하지 못하고 '나한테 왜 그러냐고?' 이렇게 생각해 버립니다. 문제의 원인이 나로부터 시작되었다고 생각하지 않는 거예요. 책임감은 결국 내가 견뎌야 하는 나의 몫이에요. 이것을 배우지 못하면 세상을 살아가기가 무척 힘들고 불행하다고 느껴져요.

요즘 부모들은 아이가 불편한 상황을 마주했을 때 두 종류의 모습을 주로 보입니다. 하나는 지나치게 다 제거해 주는 쪽으로 갑니다. 다른 하나는 무섭게 혼을 내서 못 하게 합니다. 첫 번째 방식으로 양육하면 인생을 살아가는 동안 아이가 한 사람으로서 견디고 겪어야 하는 나의 몫이 있다는 개념이 제대로 서지 않을 수 있어요. "알았어, 알았어", "그래, 그래" 하면서 아이가 불편한 것을 뭐든 다 치워 주면 아이는 나의 몫을 견디는 연습을 하지 못합니다. 두 번째 방식으로 아이를 너무 무섭게 제어하고 혼내면 오히려 더 통제가 안 되는 아이로 자랄 수 있어요. 모든 상황에서 지나치게 위축되는 아이가 될 수도 있습니다. 인간의 삶을 고층 빌딩을 짓는 것이라고 봤을 때 지반을 단단하게 다져 주려면, 겪고 견뎌야 하는 것을 가르칠 때 정서적으로 절대 안전해야 해요. 단호하되 절대 무섭게 해서는 안 됩니다.

훈육이 중요하다고 하면 꼭 아이를 무섭게 대하는 부모들이 있어요. 훈육은 아이를 가르치는 겁니다. 그런데 화를 내요. 가끔 때리기도 합니다. 그러면 아이는 무서워하죠. 경미한 화를 자주 내는 부모는 자신이 잘못하고 있다는 것을 아는 경우가 많아요. 그래서 화를 내고 나서는 많이 후회합니다. 그때는 아이에게 자신이 후회하고 있다는 것을 빨리 알려야 해요. 마음의 평정심을 찾고 난 다음 빨리 사과해야 합니다. 그러면 아이들은 속으로 '만날 저래 놓고 또 화 낸다'라고 할지도 몰라요. 그것까지 예상해서 "매번 이렇게 후회하니 하지 말아야 하는데, 아빠도 사람인지라 노력하지만 참 안 되네.

그래도 혼내면서 할 이야기는 아니었어. 미안해" 해야 합니다. 부모 역시 어떤 상황에서는 자신의 감정을 잘 다루지 못하는 미숙함과 유치함이 있다는 것을 아이한테 솔직하게 말해야 해요.

아이는 늘 엄격하고 근엄한 부모도 무섭다고 생각합니다. 화를 자주 내고 폭력적인 부모 못지않게 무서워해요. 아이는 이런 부모에게 가까이 다가갈 수 없는 거리감과 벽을 느껴요. 아이를 편하게 대하고, 아이에게 상냥해지려고 노력해야 합니다. 부모는요, 무서워서는 안 됩니다. 세상에는 무서운 사람이 정말 많아요. 무서운 아저씨, 무서운 선배, 무서운 일진, 무서운 유괴범, 무서운 도둑…. 그런데 엄마, 아빠마저 무섭다면 아이는 어디 가서 편안하게 마음을 열고 소통할 수 있을까요? '무섭다'라는 감정 자체도 스트레스예요. 부모가 무서우면 아이는 이 스트레스를 태어나서 독립하기 전까지 항상 곁에 두고 살아야 합니다. 너무 잔인하고 슬픈 일이에요. 자기를 낳아 준 사람이 세상에서 가장 좋고 편안해야 합니다.

부모들에게 아이를 키우면서 언제 가장 힘들었냐고 물어보면, 아이가 어릴 때는 아이 몸이 아플 때라고 대답합니다. 아이가 어느 정도 자랐을 때는 아이의 마음이 아프거나 절망할 때 그것을 지켜보는 것이 많이 힘들다고 대답해요. 보통 공부나 성적 같은 문제로 부모와 자식이 서로 마음이 틀어졌을 때도 힘들다고 합니다. 아이들은 어떨까요? 아이들은 대부분 부모가 무섭고 두려울 때가 가장 힘들다

고 대답합니다. 신체적인 것은 말할 것도 없고 정서적인 공격자로 느껴질 때, 아이는 너무나 힘들어합니다. 어린아이든 큰 아이든 그래요. 그래서 부모는 무서우면 안 된다는 겁니다.

아이 앞에서 화내지 마세요. 쉽게 "순간 욱해서 그랬어"라고 말하지 마세요. 욱하는 일은 정당화될 수 있는 변명이 아닙니다. 부모에게는 잠깐의 욱이고 화였는지 모르지만, 아이에게는 두려움과 공포의 순간이 됩니다. 아이는 살면서 그럴 때가 가장 힘이 듭니다. 상처가 돼요.

아이가 참 내 마음대로
안 된다는 생각

　　자녀 문제로 저를 찾아오는 부모에게 많이 듣는 말이 있어요. "원장님, 우리 아이는 왜 이렇죠?" 다른 집 아이들은 무난하게 잘 크는 것 같은데, 우리 아이는 유난히 키우기가 힘겹다는 것입니다. 말도 너무 안 듣고 못 하는 것도 너무 많다고요. 어떤 방법을 써도 우리 아이에게는 통하지 않고, 뭐든 너무 더디고 어려워한다고도 하지요.

　　이럴 때 제가 해 주는 첫 말은 "다른 집 애들도 다 그래요"입니다. 앞서 말했지만 말 안 듣는 것은 아이들의 정체성이거든요. 못하는 것도 그래요. 아이들은 배운 것이 많지 않으니 당연히 못하는 것도 많습니다. 유독 내 아이만 문제가 있는 것처럼 보이는 것은 내가 내 아이만 보고 있어서예요. 다른 집 아이들은 잠깐씩 봐요. 내 아이는 나만 아는 것이 무척 많고요. 그중 아이가 못하는 것들이나 어수룩한 행동들이 잠깐씩 보는 다른 집 아이들과 비교되면서 걱정되는 것이지요. 사실 잘하는 것처럼 보이는 다른 집 아이도 자기 부모 앞에서는 내 아이와 비슷할 겁니다. 말도 잘 안 듣고 못 하는 것도 많을 겁니다.

만약 누가 보아도 아이가 심하게 말을 안 듣고 문제 행동이 심하고 생활연령에 비해 발달이 많이 떨어진다면, 그것은 한숨만 쉬고 있을 문제가 아니지요. 전문가를 찾아가서 어떤 도움이 필요한지 빨리 의논해야 합니다. 전문가를 찾아가 봤더니 "괜찮다"고 해요. 그런데도 내 아이의 부족한 면이 자꾸 눈에 띈다면 그때는 '나에게 통제적인 면이 있나'를 생각해 봐야 합니다. 통제적인 사람일수록 상대의 미숙한 면이 잘 보여요. 통제적인 사람은 대부분 좀 불안합니다. 불안은 강박적이고 완벽주의적인 것과 관련이 있습니다. 그래서 백가지 중에 아흔 가지를 잘해도 못하는 열 가지가 더 눈에 보여요. 유독 내 아이의 부족한 면이 두드러져 보이는 것입니다.

부모가 아이를 바라볼 때 '내 생각에 너는 이 정도는 할 수 있을 것 같은데 왜 그것밖에 못하니?', '넌 왜 하지 말라고 그렇게 말했는데 계속 그걸 하니?', '이렇게 정성을 다해 키웠는데 왜 이 정도도 못 따라와 주니?', '이만큼 노력하고, 이만큼 사랑을 퍼부었으면 바뀌어야 하는 것 아니니?' 등의 생각들이 너무 강하게 든다면 부모 자신에게 통제적인 면이 있는 것이라고 볼 수 있어요.

"우리 애는 감기에 자주 걸려요. 그래서 외출해서 돌아오면 손부터 씻으라고 마르고 닳도록 말하는데 그걸 왜 안 하는지 모르겠어요.""밤새 공부해서 일등을 하라는 게 아니에요. 책 다 사 주고, 학원도 보내 주고, 놀이공원도 데려 가고, 해달라는 거 다 해 주는데 왜 공부를 못 할까요?""전 정말 아이한테 욕심 없어요. 그저 코 좀 잘 닦았으면 좋겠어요. 만날 안 닦고 콧물을 질질 흘리고 다녀요. 왜 말을 안 듣는지 모르겠어요." 이런 것들도 사실 모두 통제적인 것입니다. 물론 다 맞는 말이에요. 손 씻으라는 것도, 코 닦으라는 것도 부모로서 할 수 있는 말이지요. 그러나 아이가 그 말을 듣지 않아 미칠 것 같다면 그것은 지나친 것입니다. 도덕적인 절대 가치, 사회적인 규칙 등은 반드시 따르도록 가르쳐야 합니다. 하지만 이런 생활적인 것들은 계속 잘 가르쳐 줄 뿐 아무리 부모라도 완벽하게 내 마음대로 하라고 강요할 수는 없는 거예요. 이해시키고, 아이 스스로 깨닫게 되기까지 기다릴 뿐입니다.

"아이가 내 마음대로 안 돼서 힘들어요." 이런 엄마들에게 저는 묻습니다. "아이들은 원래 그래요. 엄마는 자신의 마음을 마음대로 완벽하게 통제할 수 있나요?" 대부분 못한다고 대답하지요. 그러면 이렇게 말해 줍니다. "내 마음도 마음먹은 대로 못 하는데 남의 마음을 어떻게 내 마음대로 하겠어요." 자식도 탯줄이 끊기는 순간 '남'이에요. 생판 모르는 '남'이라는 것이 아니라 '내'가 아닌 '남'이라는 의미입니다. 내가 아닌 다른 사람을 마음대로 하고 싶은 것은 과도한 통제예요. 자기 자신에 대한 통제는 '자기 조절'을 의미합니다. 법과 질서와 같은 타인에 대한 통제는 국가와 사회가 평화롭게 유지되는 데 너무나 중요해요. 가정도 작은 사회라 적당한 통제는 필요합니다. 하지만 과도한 통제는 부모와 아이 관계, 아이의 건강한 정서 발달을 해칠 수 있어요.

오랫동안 우리 문화에서는 나에게 의미 있는 사람을 통제하는 것을 사랑이라고 잘못 생각해 왔어요. 그래서 우리 스스로 느끼지도 못하는 사이에 상당히 통제적인 면을 많이 가지고 있습니다. 연인 사이, 부부 사이, 부모와 자녀 사이 등에서 상대를 과도하게 통제하면서도 그것이 이 사람을 특별히 사랑하기 때문이라고 오해해요. 혹여 상대가 상처받더라도 쉽게 용서받을 거라고 여기죠. 하지만 과도한 통제는 사랑이 아닙니다. 상대에 대한 과도한 통제는 상대가 아니라 나를 위한 것입니다. 이것이 상대를 진정으로 사랑하는 것이라고 볼 수 있을까요?

아이의 행동에 정말 걱정되는 부분이 있다면, 통제가 아니라 아이와 같은 팀이 되어 해결하려고 해야 합니다. 일곱 살 된 아이가 손가락을 심하게 빨아서 갈라지고 피가 날 정도예요. 이럴 때 "너, 손가락 빨지 말라고 했지! 다시 한 번 빨면 그땐 정말 혼날 줄 알아!"라고 하면 아이의 문제 행동을 가운데 두고 아이와 맞서는 것입니다. 이렇게 대결 구도가 되면, 아이는 설사 그 대상이 부모라 하더라도 누군가와 맞서 있는 상황이라 지고 싶지 않아져요. 의도를 가지고 하는 게 아니라 본능적으로요. 그래서 순순히 부모의 말을 따르기가 쉽지 않아요. 아이의 문제 행동은 아이와 맞서서는 고치기 힘듭니다. 부모와 아이가 서로 협조하는 관계, 한 팀이 되어야 조금 더 수월하게 고칠 수 있습니다.

고쳐야 할 문제 행동이 있다면 첫째, 아이의 마음을 공감해 주세요. "○○야, 지금 손가락도 갈라지고 피도 나는구나. 많이 아프겠네. 분명 너도 그러고 싶지 않을 거야. 그래도 네 마음대로 잘 안 되지? 어떤 때는 아프기도 하고 속상하기도 할 거야." 둘째, 이 문제를 수면 위로 올립니다. "그런데도 계속 이렇게 하는 것은 분명히 문제는 문제다. 계속하면 안 되겠네. 그건 너도 알지?" 이렇게 말하면 대부분의 아이가 인정하고 동의해요. 셋째, 아이가 문제 행동을 해결하는 과정의 주인공이 되게 합니다. "자, 이것은 분명히 고쳐야 할 문제인데, 너는 어떻게 해 볼래? 네 의견을 들어 보고 도와줄 수 있는 부분은 엄마가 도와줄게." 이렇게 하면 아이는 문제 행동을 해결하는 과정의 중심에 서게 되고 부모는 돕는 형태가 되지요. 아이는 자신이 문제를 해결해 가는 과정을 이끌어 나가는 주인공이라고 생각해 위협감을 느끼지 않고 편안한 마음을 가질 수 있습니다. 이 과정에서 좋은 결과가 나오면 아이는 상당히 자부심을 느끼고 뿌듯해합니다.

부모와 아이가 문제 행동을 고쳐 나가는 데 한 팀이 되면, 비록 단번에 손가락 빨기를 중단하지 못한다 하더라도 아이는 많은 것을 얻을 수 있습니다. 가장 큰 것이 어떤 문제가 있을 때 부모와 힘을 합해서 같이 해결할 수 있으며, 그 과정에서 부모가 나와 함께 노력하고 있다는 믿음을 갖는 것입니다. 또 문제 해결 과정의 주인공이 자신이기 때문에 이를 통해 자기 행동에 대해 스스로 책임지는 책임감도 배울 수 있어요. 무엇보다 아이는 부모에게 도움을 요청하는 것을 꺼리지 않게 되고, 부모의 도움이나 조언도 편안하게 받아들이게 됩니다.

하지만 이렇게 부모가 돕고 아이가 적극적으로 고치려고 노력해도 어떤 행동이 습관처럼 되어 버리면 쉽게 고쳐지지 않을 수 있습니다. 이때 잊지 말아야 할 것은 부모 못지않게 아이도 실망한다는 것입니다. 그럴 때는 오히려 부모가 위로해야 합니다. 사람마다 느끼고 생각하는 것이 다 다르듯 사람마다 맞는 방법도 다를 수 있다고 조언해 주어야 해요. 한 가지 방법으로 좋은 결과가 나오지 않을 때는 또 다른 방법을 적용해 볼 수 있다고 이야기하면서 격려해 주세요. 이때 필요한 것이 부모의 인내심입니다. 인내하면서 아이에게 설명해 주고, 참고 기다리며, 다음 날 또 노력하게 만드는 과정을 아이와 같은 편에서 끊임없이 반복해야 합니다.

어느 누구도 다른 사람에게 뭔가를 강요하거나 강제로 못 하게 할 수 없어요. 자식이라도 마찬가지입니다. 아무리 못 하게 한다고 해도 아이의 문제 행동은 하루아침에 고쳐질 수 없습니다. 그것은 불가능에 가까운 일이에요. 이를 마음 깊이 깨닫는 것만으로도 아이를 키우면서 겪는 많은 좌절과 실망에서 조금은 자유로워질 수 있을 거예요.

아이가 내 말을 잘 들을 거라는 전제 자체가 육아를 힘들게 합니다. 매일매일 말 안 듣는 아이 앞에서 그럼 어떻게 할까요? 답은 하나입니다. 그냥 새날이 밝았다고 생각하세요. 우리는 어제 세수하고 오늘 또 세수해요. 새날이 밝았으니까요. 우리는 어제 양치하고 오늘 또 양치합니다. 새날이 밝았기 때문입니다. 30분 전에 해 줬던 말, 아이가 못 지켰습니다. 새날이 밝은 겁니다. 또 세수하듯이 또 양치하듯이 새날이 밝은 겁니다. 아이의 행동에 의미를 부여하지 말고 그냥 또 말해 주세요. 육아는 상황 상황마다 새날이 밝은 거라고 생각해야 마음이 좀 낫습니다. 아이가 또 말을 안 들으면 '아, 또 새날이 밝았구나' 생각하세요. 새날이 너무너무 자주 오더라도 눈 한번 질끈 감고, 심호흡 한번 크게 하고 '새날이 밝았구나' 생각하세요. 저도요, 그렇게 키웠습니다.

어린아이답지 않았던 아이는
사실 아팠던 거예요

아이 때는 그냥 아이여야 합니다. 말 안 듣고 철없고 떼도 부리고 조르기도 하고 까불기도 하고…. 아이는 아이답게 자랄 때가 가장 건강합니다. 누구든 그 나이에 맞는 행동을 할 수 있어야 가장 건강한 겁니다. 〈오은영의 화해〉에 글을 보낸 분들 중에는 어렸을 때부터 지나치게 독립적이었던 분들이 많았어요. 어린 나이답지 않게 술주정뱅이 아버지를 챙기고, 자기중심적인 엄마의 비위를 맞추고, 어린 동생을 도맡아 보살폈던 분들입니다. 주변 어른들은 이런 아이를 보면 칭찬해요. 그런데 사실은 자발적으로(?) 한 행동이 아닌 경우가 많아요. 사랑받기 위해서, 살기 위해서 어쩔 수 없이 한 행동일 때가 많습니다.

인간에게는 꼭 채워져야 하는 의존 욕구라는 것이 있습니다. 독립적이냐, 의존적이냐 하는 것과는 전혀 다른 차원의 문제예요. 중요한 사람에게 조건 없이 가장 소중한 존재로 여겨지는 경험, 사랑이 필요할 때는 사랑을, 위로가 필요할 때는 위로를, 보호가 필요할 때는 보호를 받아야 하는 기본적이고 생존적인 욕구가 바로 의존 욕구입니다. 그런데 이 의존 욕구를 채우지 못하고 어른스러워야 했던 아이들은 '허구의 독립성(pseudo-independence)'을 갖게 됩니다. 실은 의존적인데 겉으로는 독립적인 것처럼 보이는 것입니다.

어린 시절에 허구의 독립성을 가질 수밖에 없었던 사람은, 인생의 모든 것이 일처럼 느껴질 수 있어요. 삶의 모든 것이 다 내가 해내야 하는 책임들인 것만 같죠. 고통이 끝이 없다고 느끼는 것입니다. 하지만 살아 보면 매 순간이 그렇지는 않아요. 슬플 때도 있지만 기쁠 때도 있고, 힘들 때도 있지만 편안할 때도 있습니다. 그러나 사람들로부터 보살핌이나 도움을 받은 경험이 없는 사람은 어떤 때는 사람조차 귀찮습니다. 목적 없이 사람을 만나는 것도, 외출하는 것도 귀찮습니다. 업무가 늘어나는 것이니까요. 어떨 때는 사랑스러운 내 아이도 귀찮고 성가십니다. 육아가 힘들 수밖에 없어요.

가장 가슴이 아픈 것은, 이런 허구의 독립성을 가질 수밖에 없었던 사람은 어린 자녀에게 어른스럽게 행동할 것을 요구할 가능성이 높다는 겁니다. 나는 아무도 도와주지 않고 누가 말해 주지 않아도 다 알아서 했는데, 아이는 왜 빠릿빠릿하고 야무지게 해내지 못하는 걸까 싶거든요. 왜 의젓하지 못해서 나를 이렇게 힘들게 하나 싶어서 아이를 탓할 수 있습니다. 어떻게 보면 부모에게 받지 못한 위로를 자식에게 받으려 한다고도 볼 수 있어요. 하지만 아이는 당연히 그렇게 잘하지 못합니다. 아이니까요. 어린 시절 그 아이가 부모 역할을 한 것이 부당했던 것처럼, 아이에게 나이에 비해 의젓하라고 요구하는 것은 부당한 겁니다.

육아에 지치고 힘들 때, 형제 중 첫째에게 또는 순한 아이에게 은근히 의젓하기를 강요합니다. 어린 시절 손 안 가는 아이, 모범적인 아이, 착한 아이, 부모를 지나치게 배려하는 아이 중에 이런 허구의 독립성을 가지고 자란 사람이 많아요. 경계해야 합니다. 제가 자주 하는 말이 있습니다. "먹은 밥그릇 수는 어떻게 하지 못한다." 아무리 뛰어난 아이라도 나이가 어리면 할 수 없는 일들이 있습니다. 성장하는 데는 세월이 필요하니까요. 준비되지 않은 상태에서 지나친 자율성을 요구하거나 아직 어린아이인데 완전히 믿고 맡겨 버리는 것은 문제가 될 수 있습니다.

부모가 자율성을 너무 빨리, 지나치게 강조하면 생길 수 있는 부작용이 있습니다. 어려움에 봉착했을 때 도움을 청하는 걸 부끄럽게 여기게 되기도 해요. 도움을 바라는 것은 독립적이지 못하고 무능하다고 스스로 생각하거든요. '해내지 못하는 나의 모습은 부모가 나에게 원하는 모습이 아니다' 하는 수치심이 들어서 도와달라는 말을 선뜻 하지 못하는 겁니다. 나의 결정과 방식에 대한 확신이 부족하고 스스로 해결해야 될 것과 도움받아야 할 것을 구분하는 것에 의문을 갖게 되는 거지요.

"너를 믿어. 하지만 사람은 누구나 다 어려움을 겪어. 너처럼 경험이 많지 않은 나이에는 위기가 있게 마련이야. 그럴 땐 언제나 의논하자. 엄마, 아빠한테 거리낌 없이 얘기해 줘"라고 말해 주세요. "믿어"에서 끝나면 안 됩니다. 부모에게는 부모의 역할이 있으니까요.

형제 중에 유난히 말 안 듣는 아이가 있어요. 솔직히 부모는 늘 폭탄덩어리인 아이에게 더 조심스러워지지요. 그렇지 않은 자식은 부모의 이런 행동을 이해하지 못할 수 있습니다. 자기는 말도 잘 듣고 규칙도 잘 지키는데, 부모는 오히려 다른 사람에게 피해를 주고 부모와 자신을 힘들게 하는 형제의 편만 드는 것 같습니다. 아이는 아이라서 이런 상황을 이해할 수 없어요. 부모에 대한 불만이 생기고, 형제에 대한 미움이 생깁니다. 부모가 불쌍하면서도 '도대체 착한 나한테는 왜 이럴까' 하는 마음에 공정하지 못하다고 여기는 양가감정이 생겨 괴롭고 혼란스럽기도 해요. 또 하나의 문제는 말 잘 듣는 아이는 부모한테 다리를 못 뻗습니다. '나라도 부모를 덜 힘들게 해야지'라는 생각에 본인도 힘들 때가 있고 불만이 있어도 부모에게 말을 못 합니다. 이렇게 되면 굉장히 많은 문제가 생기지요.

이 때문에 말을 잘 듣는 아이에게 문제가 있는 형제의 상태를 조금은 정확하게 설명해 주는 것이 필요합니다. 그저 "동생이니까", "너는 착하니까", "너는 어릴 때 더 했어"라면서 이해를 강요하는 것은 바람직하지 않아요. "동생이 이렇게 행동하는 것은 분명 문제야. 고쳐야 해. 그런데 전문가에게 상의했더니 이 나이에는 조금 더 기다려 보라고 하네. 그래서 그렇게 하고 있는 거야. 엄마가 이렇게 하는 것은 동생을 감싸거나 봐주는 것이 아니니까 네가 조금만 이해해 줘"라고 설명해 주어야 합니다. 그리고 무엇보다 말을 잘 듣는 형제에게 꼭 해 줘야 하는 말이 있어요. "동생을 보살피는 건 부모의 몫이야. 동생 때문에 네가 힘들 때는 꼭 말해 줘. 너도 혹시 엄마, 아빠의 도움이 필요할 때는 언제든 얘기해야 하는 거야. 엄마가 힘들까 봐 얘기 안 하면 안 돼. 네가 얘기해 주는 것이 엄마는 더 기쁘고 그게 엄마를 돕는 일이야"라고 일러 주세요.

형제 중에 장애가 있는 아이가 있을 때도 조심해야 합니다. 부모가 하고 있는 심각한 고민이나 걱정은 어디까지나 부모의 몫이에요. 다른 자녀에게 그 짐을 나눠 주어서는 안 됩니다. 다른 자녀는 그 형제를 그저 조금 더 사랑해 주어야 하는 소중한 존재로만 생각할 수 있으면 돼요. 아무리 힘들어도 부모의 역할은 부모가 해야 하고, 아이는 형제의 역할만 해야 합니다. 아프거나 장애가 있는 아이나 그 부모를 진료할 때, 저는 아이의 형제를 꼭 데려오라고 합니다. 그리고 그 형제에게 말합니다. "동생 걱정 말고 너는 네 인생을 행복하게 살아. 네가 홀가분하게 잘 커서 네가 행복하고 잘되는 것이 동생에게도 가장 도움이 되는 일이란다. 괜히 동생을 돌보겠다는 책임감 느낄 필요 없어. 이 아이를 돌봐야 하는 것은 부모님이고, 원장님 같은 사람이란다."

여러 가지 이유로 어린 시절 아이로 살지 못했다면, 지금이라도 다시 자식의 자리로 내려오는 경험을 해야 합니다. 부모가 들어 주든 아니든, 부모에게 힘들었다고 말하세요. 그리고 부모의 부모가 되려는 행동은 이제 그만하세요. 허구의 독립성을 가진 분들 중에는 마음 깊은 곳에 언젠가는 나를 인정해 주겠지 하는 마음에, 미움이 크면서도 부모를 가장 가까이에서 챙기는 경우가 많습니다. 좀 멀어지세요. 어린 시절 채우지 못한 의존 욕구는 배우자가 채워 줄 수도 있습니다. 배우자는 너무나 소중하고 중요한 관계예요. 진지하게 자신의 문제를 이야기하고 정서적 보호와 위로를 받으면 많은 부분이 채워집니다.

그리고 내 아이는요, 나이에 맞는 아이의 자리에 있게 해야 합니다. 아이가 잘 못하면 "괜찮아, 아직 어리니까 천천히 배워 나가면 돼"라고 말해 주세요. 이 말이 잘 나오지 않으면, 외워서라도 해 주어야 합니다.

'허구의 독립성'을 가질 수밖에 없었던 분들에게 꼭 하고 싶은 말이 있습니다. 정말 최선을 다해서 살았을 거예요. 죽을힘을 다했을 겁니다. 당신의 삶에 박수를 보내고 싶습니다. 너무 힘들었죠. 지금도 무척 힘들 겁니다. 이제는 내려놔도 괜찮아요. 좀 허점을 보여도 괜찮습니다. 좀 게으를 정도로 내려놔도 돼요. 열심히 안 하고 쉬어도 괜찮습니다. 이 세상에서, 이 우주에서 제일 소중한 사람은 '나'입니다. 내가 없으면 세상도 없어요. 그걸 잊지 마세요.

다시 손을 내밀어야 하는 건
언제나 부모

        부모와 아이의 관계에서 누가 더 문제의 비중이 크냐에 상관없이, 설사 아이의 문제가 크더라도 그 방식은 부모가 먼저 바꾸어야 합니다. 아이가 부모 말을 징글징글하게 안 듣더라도 '내가 부모니까, 그래도 내가 뭔가 바뀌면 이 아이가 좀 나을 거야' 하는 마음의 준비를 부모가 가져야 합니다. 아이가 가진 모든 문제가 부모 때문이어서가 아니에요. 다 부모 잘못이어서가 아닙니다. 아이에게 문제가 있더라도, 부모가 더 나은 방식으로 나름대로 잘 대하면, 지금보다는 상황이 좋아질 수 있기 때문입니다.

아이는 초등학생이 되자마자 게임을 하기 시작했습니다. 지금은 고등학생이고 중독 수준이에요. 인터넷 강의를 듣는다고 하고 게임을 합니다. 공유기를 끄거나, 마우스를 없애거나, 주말에만 하기로 약속도 해 보았어요. 다 소용이 없었습니다. 회유도 경고도 거친 말도 많이 했어요. 그래도 까딱도 안 합니다. "도대체 커서 뭘 하고 싶니?"라고도 물어봤어요. 아무 생각도 없대요. 아들은 기본적으로 대답을 잘 안 합니다. 소위 문제아처럼 반항적이지는 않지만 문제의식도, 고치려는 의지도 없어요. 기다리면 언젠가 정신을 차릴까요?

　누군가 어떤 행동에 몰두할 때 사람들은 겉으로 드러나는 행위에만 주목해 이걸 중독이라는 말로 부르며 계속해서 화두에 올려요. 아이의 문제 행동이 심할 때도 그렇습니다. 마치 밥을 잘 안 먹는 아이에게 엄마가 하루 종일 편식에 대해 말하는 것과 같아요. 어린이집을 다녀오면 "오늘 밥 잘 먹었어? 뭐 먹었어?" 하고, 식사 때가 되면 "안 먹으면 치울 거야, 다시 차려 달라고 하기만 해 봐", 남편이 오면 "쟤 오늘 또 안 먹었어, 감기 걸린 것도 밥 안 먹어서 그런 것 같아" 등 모든 대화의 중심에 밥을 놓는 것이죠. 아마 게임 중독에 걸린 아이의 가정도 이런 식의 대화를 할 가능성이 아주 높습니다.
　이런 대화만 있는 가정에서는 부모와 자식 간에 긍정적 소통을 하기가 어려워요. 사람은 아동기, 청소년기, 성인기를 거치면서 부모와 다양한 상호작용을 합니다. 부모는 자식을 혼내기도 하고 조언도 해

쳐요. 아이는 부모의 말을 통해 자긍심을 갖거나 스스로를 반성하기도 합니다. 이 아이는 아마 중·고등학교 내내 게임 문제로 혼났을 거예요. 아이의 문제 행동을 없애기 위해 화내고 뺏고 금지하는 데 관계의 대부분을 할애했겠죠. 통제와 제재, 아들이 약속을 지키지 못했을 때 질책과 비난, 그리고 '난 네 인생 책임 못 진다'와 같은 협박이 대화의 주였을 겁니다. 결과적으로 긍정적 소통은 없었던 셈이에요.

아이에게 문제가 있는 건 맞아요. 분명히 나아져야 합니다. 그런데 나아지려면 부모와 대화를 해야 해요. 대화하려면 부모와 아이 사이에 긍정적인 상호작용이 있어야 합니다. 부모와 긍정적인 상호작용이 없으면, 약간 과장해서 아이는 부모와의 관계에서 즐거움이 하나도 없는 거예요. 즐거움이란 무슨 대단한 신뢰나 행복을 말하는 게 아닙니다. 시덥잖은 농담에 깔깔댄 기억, 맛있는 것 먹으러 간 기억, 미안하고 고맙고 원망스럽다가도 그래도 역시 가족이구나 하는 느낌. 이 아이에게는 이런 경험이 없을 것 같아요. 이런 아이가 게임 중독처럼 심각한 화제를 두고 부모와 대화할 수 있을까요?

'아이가 얼마나 외로울까'라는 생각이 듭니다. 부모는 아이가 어느 정도 자라 청소년기가 되면 덩치가 크다는 이유로 성인이라고 착각해요. 고등학생도 아이입니다. 반항적이지 않고 말도 없는 아이의 마음에서는 무슨 일이 있는 걸까요? 차라리 부모에게 소리 지르고 화를 내는 게 더 나아요. 아무 말도 안 하는 건 훨씬 안 좋은 상태입니다. 사람은 부모와의 관계에 신뢰와 믿음이 없을 때 불안정해집니다. 안정을 찾기 위해 무언가 몰두할 거리를 찾아요. 아이는 그게 게임이었을 수도 있어요.

어떻게 해야 할까요? 지금 가장 필요한 것은 가정의 소통을 회복하는 일이에요. 이제 와서 가능할까요? 가능합니다. 일단 게임과 관련된 대화는 하지 마세요. 그건 아들이 가장 힘들어하는 주제예요. 본인도 그만두고 싶어도 잘 안 되는 부분이거든요. 이 문제를 매번 주제로 삼으면 아이는 대화에 참여할 수 없어요. 결국 아이가 느끼는 건 무력감입니다. 나는 아무것도 할 수 없는 인간이라고 여기게 되는 거예요. 다른 대화를 하세요. "뭐 필요한 거 없어?"라고 한번 물어보세요. "급식은 맛있니? 먹고 싶은 거 있어? 키가 좀 큰 것 같은데 옷은 다 맞아? 셔츠 하나 사 줄까?"

어떤 부모는 이런 대화를 하라고 하면 "제 일도 제대로 못 하는 놈 한테 무슨 옷이에요?"라고 합니다. 그 생각부터 바꿔야 해요. 아이의 문제는 단기적으로 볼 게 아니에요. 가까운 사람과 자신의 삶에 대해 이야기하는 훈련이 되지 않으면 성인이 되어서도 같은 문제를 되풀이할 수 있습니다. 배우자 혹은 훗날 낳게 될 자식과도 문제를 겪을 수 있다는 겁니다. 지금이라도 바꿔야 합니다. 명심해야 할 건, 애초에 신뢰 관계를 쌓는 것은 아이의 몫이 아니라 부모의 몫이었다는 거예요. 그건 아이가 할 일이 아니에요. 부모가 즐겁고 재미있고 믿을 만하다는 생각이 들 때 아이는 부모와 소통하기 시작합니다.

한 엄마가 말했어요. 아이가 말을 너무 안 듣고, 뭘 물어도 대답도 잘 안 한다고요. 아이랑 대화가 너무 안 된대요. 그러면서 물었어요. "제가 어떻게 해야 할까요?" "제가 어떤 노력을 해야 할까요?" "아무래도 아이가 저를 싫어하는 것 같아요." 그러면서 또 물었어요. "부모를 싫어하는 자식도 있나요?" 자녀에게 사랑받는 것까지 바라지도 않지만 아예 싫어하는 것 같다며 괴로워하는 부모가 상당히 많습니다. 아이는 부모가 미울 때도 있지만 싫은 것은 아니에요. 부모의 그 말이나 그 행동을 불편해하는 것으로 보는 것이 맞습니다. 싫은 것처럼 표현하지만 아이의 속마음은 달라요. 부모는 아이의 싫다는 표현 자체에 실망할 게 아니라 그 원인을 찾아야 합니다. 그 원인은 부모가 아이를 도와주어야 할 지점인 경우가 많아요.

아이가 말을 안 하면 "말해! 그러니까 엄마한테 말을 하라고. 말을 해야 알 것 아니야!"라고 말하는 대신 생각해 봤으면 합니다. '이 아이가 나한테 말을 한다면 무슨 말을 하고 싶을까?' 행동도 그렇습니다. 아이가 문을 쾅 닫고 자기 방으로 들어가요. "야, 너 아빠가 얘기하는데 버르장머리 없이!"라고 하는 대신 이렇게 생각해 봤으면 합니다. '아이는 이 행동을 왜 할까? 아이의 어떤 마음이 이렇게 표현되었을까?' 오냐오냐 받아 주라는 것이 아니에요. 잘 지도하려면 상대를 잘 이해해야 합니다. 아이는 말로만 말하지 않아요. 말을 안 하는 것도 자기 의사를 표현하는 것이고, 행동으로도 말합니다. 말로 하지 않고 표현한 것이 무엇일지 생각해 보세요. 그것이 어떤 마음을 드러내는 것인지 생각해 보세요.

육아 앞에서
너무 비장해지지 마세요,
괜찮아요

학교에 못 가는 중학교 2학년 여자 아이가 있었습니다. 아이는 학교에 가야 한다는 것도 알고, 가고도 싶은데, 가려고만 하면 죽을 것같이 두렵다고 했어요. 학교에 아이를 괴롭히는 친구는 하나도 없었습니다. 오히려 친구들은 "내일도 꼭 와야 해" 하면서 잘해 주었지요. 부모는 이사도 해 보고 전학도 시켜 보았지만 소용없었어요. 아이의 부모는 직장도 안정적이고 점잖고 좋은 사람들이었습니다. 치료에도 적극적이었어요. 오빠가 한 명 있었는데, 사이도 나쁜 편이 아니었습니다. 집안 분위기나 양육 태도에는 크게 문제가 없었어요.

그런데 아이의 상태는 불안감이 높아지다 못해

공포 수준이었어요. 무엇이 아이를 이렇게 만들었을까? 진료를 거듭하며 아이의 문제 안으로 깊숙이 들어가 보니, 초등학교 저학년 어느 날 밤에 대한 기억이 있었습니다. 그날 아이는 어쩌다 세수를 안하고 잠이 들었어요. 잠결에 엄마가 "○○야 세수해라. 세수하고 자야지"라면서 깨웠답니다. 아이는 소리가 들렸지만 너무 졸려서 잠을 깨기가 싫었어요. 그런데 갑자기 천둥 같은 아버지의 고함소리가 들렸습니다. 아버지는 "세수를 하고 자라고 하면, 벌떡 일어나서 세수하면 되지!" 하면서 아이를 억지로 일으켜 세워서 욕실까지 끌고 갔다고 해요. 아이는 너무 두려워서 욕실 앞에서 안 들어가겠다고 버텼습니다. 그랬더니 아이 표현으로는 아버지가 자기를 번쩍 들어서 욕실 안에 내동댕이쳤대요. 아이는 그때가 너무 공포스러웠다고 했습니다.

참 사소한 일이지요. 제가 아이에게 "사소한 일인데…"라고 했더니, 아이는 "맞아요, 원장님. 되게 사소한 일이잖아요"라고 했어요. "그래, 사소한 일이었네. 아직 어리니까 '오늘은 그냥 자고 내일 닦아라' 하면 되는데"라고 했더니, 아이는 "그러면 됐을 걸, 그러면 됐을 걸. 내가 매일 세수를 안 하는 아이도 아니고 어쩌다가 그런 건데" 하면서 그 자리에서 엉엉 울었습니다. 물론 이 아이의 모든 불안의 원인이 이 일 하나 때문만은 아니에요. 복합적인 이유가 있기는 합니다.

진료하다 보면 이렇게 사소한 일을 사소하게 다루지 못하는 부모를 종종 봅니다. 그런데 부모에게 상처받았다고 하는 많은 사람의 기억을 되짚어 보면 대부분 어린 시절에 부모가 잘못 다룬 사소한 일들이 있어요. 외출했다가 들어와서 바로 손을 안 닦는다고 소리 지르고 때려 아이를 공포에 떨게 했습니다. 사소한 일로 시작해서 나중에는 너무 비장해졌어요.

한 젊은 엄마는 어린 시절 그냥 평범한 아이였어요. 그 또래 아이가 할 수 있는 실수도 하고 잘못도 하는 보통 아이였습니다. 피아노를 배우지만 잘 못 칠 수도 있어요. 받아쓰기를 하면 틀릴 수도 있어요. 시험을 잘 볼 때도 있고 못 볼 때도 있어요. 공부하기 싫을 때도 있고, 참고 할 만할 때도 있습니다. 가끔 아주 작은 거짓말을 하기도 합니다. 옷을 옷걸이에 걸지 않을 때도 있고, 늦게 일어날 때도 있고, 뭔가 잃어버릴 때도 있어요. 이건 그냥 보통의 아이들이 하는 행동입니다. 그런데 어머니는 평소에는 예뻐해 주다가 뭔가를 잘못하면 순간 싸늘하게 변했습니다. 잘못할 때마다 혼을 냈습니다. 때렸습니다. 너무 가혹하지요. 그냥 그 나이에 할 수 있는 자연스러운 것임에도, 그녀에게 가장 중요한 의미를 갖는 어른인 어머니는 가차 없었어요.

이 젊은 엄마의 머릿속에는 어린 시절부터 '한 번의 실수로 영원히 미움을 받을 수 있구나'라는 생각이 크게 자리 잡게 되었지요. 그 가차 없는 기준에 맞추기 위해 완벽한 인간이 되어야 했습니다. 그

런데 완벽할 자신이 없었어요. 완벽할 수도 없었습니다. 그것에 맞추지 못하는 자기 자신이 수치스러웠어요. 늘 이런 생각을 가지고 있었다면 스스로가 유능하다는 느낌을 받기가 어려웠을 겁니다. 그런 사람이 아이를 키울 때는 얼마나 두렵고 불안했을까요? 얼마나 자신이 없었을까요? 다른 일에 유능한 사람도 아이를 키우는 데는 자신이 없고 불안해합니다. 육아라는 것이 그래요. 완벽할 수가 없습니다. 부모는 그저 최선을 다할 뿐이에요. 잘못하면 오늘은 후회하고 반성하며 내일은 잘해 보려고 하면 됩니다. 하지만 내일도 잘한다는 보장은 없어요. 똑같은 실수를 또 하면 또 반성하고 고치면 됩니다.

문제의 원인을 따져 보면 사소한 것인데, 왜 우리 부모는 그 무게에 맞게 가르쳐 주지 않고 언제나 감정싸움을 하게 될까요? 부모가 손을 닦으라고 하는 것은 아이에게 위생 관념을 가르쳐 주려는 목적일 것입니다. 그러면 그렇게만 하세요. "손은 꼭 닦아야 하는 거야. 엄마를 위해서가 아니라 네 건강을 위해서야. 손은 생각보다 더러워." 이렇게 가르쳐 주면 됩니다. 바로 닦지 않으면, 좀 기다려 주면 돼요. 한 엄마가 그랬어요. 아이가 그 사소한 것도 말을 잘 듣지 않으면 '이제 다섯 살밖에 안 되는 애가 이렇게 내 말을 안 듣네. 저 메롱거리는 것 좀 봐. 벌써 나를 무시하네. 앞으로 어떻게 가르쳐?'라는 생각이 든답니다. 그래서 제가 그 엄마에게 물었어요. "엄마, 몇 살이세요?" 그 엄마가 대답했어요. "서른여덟이요." 제가 말했어요. "아이보다 34년을 더 사셨군요." 그 엄마가 웃음을 터뜨렸습니다. 그래요.

그렇습니다. 지금 아이의 사소한 잘못은, 우리 아이만 하는 것이 아닙니다. 그 나이 대의 아이들은 보통 다 그래요.

며칠 전에는 이런 일이 있었습니다. 2년 6개월 된 남자아이가 왔어요. 저랑 눈을 마주치면 빤히 쳐다보면서 미소 짓는 아주 귀여운 아이였습니다. 그런데 이 아이가 어린이집에서 자꾸 돌아다녀서 걱정이래요. 아이는 날뛰는 정도는 아니고, 왔다 갔다 하는 정도였습니다. 그래서 제가 "어머니, 이 나이 애들은 이 정도는 돌아다녀요"라고 말했지요. 그랬더니 어린이집 선생님이 그 반에서 돌아다니는 애는 이 아이밖에 없다고 그랬답니다. 저는 그 엄마의 말을 듣고 갑자기 웃음이 나왔어요. "어머니, 그 어린이집 정말 놀라운데요. 어떻게 그 긴 시간을 2년 6개월밖에 안 된 아이들 예닐곱 명이 '얼음' 하고 앉아 있을 수가 있어요? 완전 놀랍네요." 한번 생각해 보세요. 만 세 살도 안 된 아이들이 어떻게 5~6시간을 얌전히 앉아 있을 수가 있죠? 꼼짝 않고 앉아 있기를 바라는 것도 너무 가혹한 거죠.

부모가 자꾸 비장해지는 이유를 누구보다 잘 압니다. 아이를 잘 키우고 싶은데 마음 깊은 곳에는 자신의 부모하고 해결되지 않은 문제들이 여러 가지 불편함으로 존재합니다. 고통의 모습이기도, 한의 모습이기도, 후회의 모습이기도, 원망의 모습이기도 해요. 이런 여러 가지 불편한 마음들은 부모가 되었을 때 비현실적이고 절대로 불가능한 '이상적인 부모, 완벽한 육아'에 매달리게 만들기도 합니다. 무엇보다 부모의 역할이나 육아에 대한 자기만의 철학을 깊이 생각해 보고 개념을 세워야 하는데, 그러지도 않아요. 구체적으로 어떤 모습 이어야 할지 모릅니다. 그래서 더 쫓기듯이 너무 비장해지는 것 같 아요. 그런데 그 비장함이 아이를 숨 막히게 합니다. 부모와 아이 관 계를 망가뜨리고, 아이의 정서를 불안하게 만들어요.

　부모에게는 자비가 있어야 합니다. 가장 좋은 육아는 아이뿐 아니 라 부모도 편안한 육아예요. 육아 앞에서 너무 비장해지지 마세요. 괜찮아요. 그 정도로 하늘이 무너지지 않습니다. 우리 아이, 잘못되 지 않습니다.

아이의 감정을
생각으로 받지 마세요

아이가 나쁜 말을 할 때가 있어요.
아니, 나쁜 말이라고 하는 것은 적절하지 않네요.
부모가 감당하기 어려운 말이라고 하는 것이 옳을
것 같습니다. 예를 들면 이런 말이에요. "동생이 없
었으면 좋겠어." "언니가 사라져 버렸으면 좋겠어."
"나는 엄마 없이 혼자 살았으면 좋겠어." 부모는 이
런 말을 들으면 속이 상해요. 얘가 왜 이런 말을 할
까 걱정도 됩니다. 이런 말을 잘했다고 칭찬할 수는
없어요. 그런데 혼내서도 안 됩니다. 그것은 순전히
아이의 감정이니까요.

이럴 때 아이에게 "너 왜 그런 생각을 해?", "그런
생각하면 나쁜 사람이야"라고 나무라지 마세요. 그

런 생각이 얼마나 나쁜 생각인지 일깨워 주려고 설명하지 마세요. 아이는 그저 자기 마음을 표현한 것뿐입니다. 아이가 표현하는 감정이 나에게 좀 버겁더라도, 감정은 그냥 감정이에요. 어떤 감정도 가질 수는 있는 겁니다. 엄마에게도 그래요. 아이도 엄마에게 화날 수 있고, 엄마가 미울 수 있습니다. 솔직히 우리도 아이를 목숨을 줘도 아깝지 않을 만큼 사랑하지만 1년 365일 24시간 내내 아이가 예쁘지는 않잖아요? 물론 언제나 사랑하죠. 그래도 아이가 조금 마음에 안 들 때도 있습니다. 아이도 그래요. 매순간 100퍼센트 엄마가 좋기만 하진 않아요. "엄마 미워!"라고도 말할 수 있어요.

우리는 종종 누군가 감정을 말하면 이것을 그 사람의 생각이라고 봅니다. 그냥 그런 감정이 들었다고 말한 것을, 의도를 가지고 한 '생각'으로 바꾸는 것이지요. 감정을 생각으로 받으면, 아이가 그런 생각을 가졌다는 것과 그 생각의 옳고 그름을 따지게 돼요. 쓸데 있는 것인지 쓸데없는 것인지 나누게 됩니다. 그러고는 그 생각을 고쳐 주려 설명을 하고 설득하려고 듭니다. 설득이 잘 안 되면 약간 화까지 내면서 감정을 고치라고 강요하지요. 이런 식이면 다음에도 자기 감정을 말할 수 있을까요? 그렇게라도 자신의 마음을 표현한 것이 그렇지 않은 것보다 만 배는 나은 거예요. 참 어렵긴 하지만, 아이의 말과 행동을 담대하게 받아들이도록 노력해야 합니다.

감정을 표현하면 감정으로 받아 주세요. 예를 들어, 남편이 "나 너무 힘들어. 회사 때려치울 거야" 합니다. "사표를 내고 싶을 만큼 많이 힘들구나. 마음이 그렇게 힘들어서 어떡해"라고 받는 거지요. 여기에 "당신만 힘들어? 나도 힘들어. 이 세상에 안 힘든 사람이 어디 있어? 관두면 뭐 먹고 살아? 가장이 돼서 그렇게 책임감이 없어?"라고 하면 감정을 생각으로 받은 겁니다. 아이에게도 이렇게 받아 주세요. "우리 ○○, 많이 속상하구나." "동생 때문에 많이 힘들지?" "동생이 없어졌으면 좋겠다는 마음이 들만큼 많이 힘들었구나. 엄마가 몰랐네. 미안해." 그리고 따뜻하게 물어 주세요. "왜 그런 마음이 들었어? 뭐가 힘든지 엄마한테 말해 줄 수 있어?" 그렇게 아이의 마음을 좀 따라가 보세요. 그래야 아이를 도울 수 있습니다. 아이의 마음을 안아 줄 수 있어요. 물론 현실에서 이렇게 소통하기가 쉽지 않다는 건 잘 알아요. 그래도 그렇게 하려고 노력해야 합니다. 그래야 마음에 상처가 덜 생겨요. 함께 있으면서 외롭다는 생각이 덜 듭니다.

아이를 키우는 어떠한 어려운 순간에도 아이가 나를 근본적으로 가장 좋아한다는 사실을 믿어 의심치 마세요. 자식은 원래 부모를 가장 좋아합니다. 자식은 원래 엄마를 제일 좋아합니다. 학대만 안 한다면 그래요. '나를 세상에서 제일 좋아하는 아이가 왜 나에게 그런 말을 했을까?'를 궁금해하셨으면 합니다. 누구나 자신의 깊은 마음, 힘든 마음은 가장 가까운 사람, 의미 있는 사람에게 표현합니다. 아이도 그런 거예요. 아이가 어떤 상황에서 그 말을 했는지, 다른 사람도 아닌 나에게 그 말을 한 이유가 무엇일지 한번 생각해 보세요.

아이와 대화하려면, 아니 대화까지도 아니고 말이라도 하려면 마음의 길을 열어야 합니다. 아이와 마음의 다리가 연결되어야 합니다. 그러려면 아이의 감정은 감정으로 받아주셔야 해요. 감정을 감정 그 자체로 수긍해 주어야 마음이 연결됩니다. 마음이 연결되어야 말을 할 수가 있어요. 말이 먼저가 아니라 마음이 먼저인 겁니다.

저는 상담하면서 가끔 이런 이야기를 합니다. "이 집은 가족들이 말이 너무 많아요. 일단 할머니 말 줄이시고, 엄마도 말 줄이고, 서로에게 하는 말 줄이시고, 아이한테 하는 말 줄이세요." 말이 너무 많으면 가장 중요한 순간에는 본질에서 벗어납니다. 아이에게 30분 동안 하는 잔소리도 사실은 이렇게 줄일 수 있어요. "이건 네가 아무리 하기 싫어도 해야 돼. 네가 징징댄다고 해도 엄마가 들어줄 수 없어. 엄마가 너를 억지로 끌고 가서 시킬 수는 없어. 그런데 하긴 해야 하는 거야." 이 말을 그렇게 길게 할 필요는 없어요. 보통 이렇게 조언하면 다들 "맞아요, 원장님" 하더라고요.

평소 서로 기분이 좋을 때는 말이 많아도 좋습니다. 유쾌한 대화가 되거든요. 그런데 서로 감정이 안 좋을 때 말이 많으면 손톱으로 칠판을 찌이익 긁는 소리처럼 들립니다. 부모가 아이한테 하는 말도 그렇고, 부부끼리 하는 말도 그래요.

기분 좋은 대화, 즐거운 대화는 평소 많이 하세요. 그러나 뭔가 안 좋을 때, 다툼이 있거나 갈등이 있을 때, 아이가 말을 안 들어서 좀 더 명확하게 지시할 때, 그럴 때는 딱 필요한 핵심만 말하고 말수를 줄이는 것이 좋아요. 그것이 관계를 위해서도 하고 싶은 말의 효과를 위해서도 훨씬 낫습니다. 특히나 중요한 이야기일수록 미리 정리해서 되도록 짧게 하는 것이 좋아요. 말의 양이 많다고 해서 아이가 더 잘 알아듣는 것이 아닙니다. 사실 아이가 말을 잘 안 듣는 이유는 말귀를 못 알아들어서가 아니죠. 듣기 싫어서입니다. 감정적인 이유 때문인 거죠. 똑같은 말에 사족을 붙이고 붙여서 더하고 더하는 것은 아무 소용이 없습니다.

아이에게 자기 신뢰감을
키워 주려면

부모로부터 받은 상처가 많은 사람
은 대인관계를 어려워합니다. 사람들이 자신을 좋
아하지 않는다고, 싫어할지도 모른다고 걱정해요.
또 아주 작은 것을 결정할 때조차 주저합니다. 자신
이 뭘 원하는지도 모르고, 원하는 게 있어도 그것
을 원해도 되는지 걱정해요. 내 마음의 소리를 듣지
못하는 거지요. 그리고 매사 후회하고 괴로워해요.
이분들의 부모는 아이를 키우면서 뭘 빠뜨렸기에
자식들이 이렇게 힘들어하는 걸까요? 아이들은 부
모와 말로 상호작용도 하지만, 감정적인 교류도 합
니다. 아이는 부모와 감정을 주고받으면서 자기 확
신과 신뢰를 키웁니다. 이분들의 부모는 그 부분을

놓친 거예요. 우리도 아이를 키우면서 이것을 종종 놓칩니다. 눈에 보이지 않거든요. 눈에 보이지 않는 것을 볼 줄 아는 눈, 부모는 이 눈을 가지도록 노력해야 합니다.

학교에 간 아이가 엄마에게 다급하게 전화를 합니다. 오늘 가져가야 하는 중요한 것을 안 가져왔다고 합니다. 어젯밤에 분명 잘 챙기라고 신신당부까지 했는데 말이죠. 엄마는 아이에게 다시 한 번 잘 찾아보라고 합니다. 아이는 불안한 목소리로 말합니다. "분명히 넣었어요. 그런데 아무리 찾아봐도 없어요." 엄마는 직접 갖다 주고 싶지만 워킹맘이라 그럴 수 없었어요. 대신 선생님께 말씀드리고 점심시간에 잠깐 집에 다녀가라고 했어요. 다행히 집은 학교에서 멀지 않았습니다. 점심시간이 되자 아이는 집으로 가는 중이라고 전화를 했어요. 집에 가면 다시 전화하겠다고 했습니다. 그런데 한참을 기다려도 연락이 없었어요. 전화는 하교 후에야 왔습니다. 아이는 다 잘 처리했다고 했어요. 엄마는 물었어요. "다행이네. 집에 가서 금방 찾았어?" 그랬더니 아이가 말했어요. "엄마, 집에 갔더니 없더라고요." 엄마는 깜짝 놀라 물었어요. "어머, 그래서 어떻게 했어?" 아이는 답했습니다. "엄마, 그래서 다시 가방을 찾아봤어요. 그랬더니 가방 안에 있는 거 있죠."

자, 이런 상황에서 아이에게 뭐라고 하실 건가요? A라는 엄마가 말합니다. "내가 너 그럴 줄 알았어. 엄마가 다시 한 번 잘 찾아보라고 했어? 안 했어? 그게 무슨 고생이니?" 아이가 대답합니다. "엄마,

그래도 잘 처리하긴 했잖아요." 엄마는 말하죠. "'잘'은 무슨! 다음부터는 그런 실수 안 하도록 좀 해." 이 엄마는 집에 돌아오자마자 아이를 불러놓고 다시 일장연설을 했어요. 엄마는 아이가 다음부터 같은 실수를 하지 않도록 확실히 가르쳤다고 생각합니다. 하지만 아이는 실수는 부끄러운 것이라고 배웠어요.

B라는 엄마는 말합니다. "그것 봐. 너는 네 물건을 잘 챙기는 아이잖아. 이번에 그걸 확실히 알았지? 이제는 너를 좀 믿어도 되겠네." 아이는 쑥스러워하면서 대답합니다. "그러게요. 제가 잘 넣어 두었더라고요. 그런데 아까는 왜 안 보였을까요?" 엄마는 말합니다. "사람이 너무 당황하면 눈앞에 있는 것이 잘 안 보이기도 해." 덧붙여 "엄마도 그럴 때가 있어. 그래서 중요한 것은 아침에 나가기 전 한 번 더 체크하기도 해"라고 했습니다. "저도 이제 그래야겠어요." 아이가 말했습니다. 이 엄마는 집에 돌아와서 낮에 있었던 일에 대해서 다시 언급하지 않았습니다. 아이는 엄마와 대화하면서 약간의 자기 확신과 신뢰가 생겼습니다. 그리고 일이 잘 해결된 것에 대한 성취감을 느꼈어요. 다음에 이런 일이 생기지 않게 하려면 어떻게 해야 하는지도 배웠습니다.

아이를 키우면서 "잘한다! 잘한다!" 칭찬만 해 준다고 자기 신뢰감이 높아지는 것이 아니에요. 오히려 이런 감정을 주고받는 과정을 통해 자기 신뢰감이 생깁니다. 아이들은 매사 결정을 해야 합니다.

'지금 화장실을 가야 하나? 이 문제를 마저 풀어야 하나?' '지금 배가 좀 고픈데, 밥을 먹는 게 나을까? 참았다가 공부 1시간 마저 다 하고 먹는 게 나을까?' 이런 아주 사소한 것을 결정할 수 있는 힘이 생겨요.

우리는 실수나 실패를 통해서 뭔가를 배우는 것에 좀 인색합니다. 그러다 보니 그것을 해결하는 과정에서 느낄 수 있는 성취감을 못 느낍니다. 사회도 그렇고 학교도 그렇고 집에서도 그래요. 그런데 가만히 생각해 보세요. 뭔가를 아주 잘해야만 성취감을 느낀다면, 살면서 성취감을 얼마나 느낄 수 있을까요? '나는 내가 자랑스러워'라는 생각을 몇 번이나 할 수 있을까요? 그래서 우리가, 우리 아이가 자꾸만 무기력해지는 것이 아닌가 하는 생각이 듭니다.

잘해서 배우는 것보다 실수해서 배우는 것이 훨씬 많습니다. 실수나 실패는 부끄러운 것이 아니에요. 이것을 어릴 때부터 반복해서 가르쳐 주어야 합니다. 아이가 실수나 실패를 매끄럽게 해결해 가도록 도와주어야 해요. 자꾸 실수를 탓하면 아이는 안 하고 싶습니다. 호기심을 가지고 세상을 탐색하고 도전하려 하지 않아요. 그런데 아이뿐만이 아닙니다. 우리도 마찬가지예요. 어느 분야든 초심자는 실수하면서 배워 나갑니다. 그게 당연한 겁니다.

아이가 자기 신뢰감을 쌓아 가는 것을 막는 것이 또 하나 있습니다. 바로 '잘'입니다. 저는 아이들에게 '잘'이라는 표현을 거의 쓰지 않아요. "잘해"라고 하지 않고 "그냥 해"라고 합니다. 한 아이가 제게 말했어요. "제 성적이 나쁘다고 아빠가 돈 아까우니까 학원 그만 다니래요." 제가 물었지요. "학원 그만두고 싶니?" 아이는 아니라고 하더군요. 그래서 물었어요. "안 다니는 것보다 다니는 것이 도움이 되니?" 아이는 그렇다고 했어요. 그래서 제가 답했습니다. "그럼 그 냥 다녀. 하나라도 더 배우겠지 뭐."

사람들은 공부를 '잘'한다는 것을 성적이 좋은 거라고 해석해요. 그런데 하루 종일 열심히 공부해도 좋은 성적이 나오지 않는 사람 도 많습니다. 공부를 열심히 한다고 해서 성적이 다 좋은 것이 아니 에요. 하지만 열심히 하는 것은 잘하는 것이 맞습니다. 부모는 아이 를 너무 사랑하고 너무 잘 키우고 싶어요. '잘'을 잘못 해석하면 아이 를 굉장히 혹독하게 대할 수가 있어요. '잘'은 기준이 항상 너무 높습 니다. 아이들은 당연히 그 기준에 못 미치죠. 그런데 부모들은 아이 가 그 기준에 맞지 않으면 열심히 해도, 즐겁게 해도, 성실하게 해도 '잘'한 것이 아닌 것으로 여깁니다. 줄넘기도, 피아노도, 그림도 결과 가 좋지 않으면 '잘'한 것이 아니라고 보죠. 그러면 아이들은 좀 불행 하다고 느끼게 됩니다.

한 엄마가 말했어요. "원장님, 얘 큰일 났어요. 공부를 너무 못해 요." 제가 물었지요. "아이가 나쁜 짓을 하나요?" 엄마는 눈이 동그래 지면서 대답했어요. "아니요." 저는 계속해서 물었습니다. "아이가 학 교는 잘 갑니까?" 엄마는 "네"라고 대답했어요. "아이가 급식도 잘 먹 고 아이들이랑 잘 어울리나요?" 엄마는 다시 "네"라고 대답했어요.

"선생님이 아이에 대해서 뭐라고 하세요?" 엄마는 조금 밝은 목소리로 대답했어요. "얘는 친구들하고 잘 어울린대요." 저는 또 물었습니다. "아이가 학원을 빠지지 않고 잘 다니나요?" 엄마는 "네"라고 대답했지요. 그래서 저는 이렇게 말했습니다. "그러면 아이는 공부를 잘하고 있는 겁니다."

우리도 그래요. '잘'을 잘못 해석하면 육아가 무척 힘들어요. 아이가 골고루 먹어야, 키가 커야, 성적이 좋아야, 좋은 대학에 가야 잘 키우는 것이 아닙니다. 아이를 잘 키운다는 것은 마음이 편안한 아이로 키우는 거예요. 꼭 '잘' 해야만 할까요? 꼭 그래야만 한다면 어디 부담스러워서 세상으로 나올 수나 있을까요? 결혼도 부담스럽고, 부모가 되는 것도 부담스러워서 할 수가 없습니다. '그냥' 해도 괜찮고, '좀' 해도 괜찮아요. 결국 '하고 있는 것'이 중요합니다. '계속 하는 것'이 중요한 겁니다.

결국 '부모와의 따뜻한 추억'이
가장 중요합니다

〈오은영의 화해〉에 사연을 보내신 분들이 꼭 하는 말이 있어요. "어린 시절 엄마와 따뜻한 기억이 없어요." "부모와 즐거운 시간을 보낸 추억이 없어요." 저는 이분들이 두 장 남짓한 편지에 약속이나 한 듯 그 말을 적은 까닭을 너무나 잘 알 것 같습니다. 사람이 살아가면서 마음이 힘들 때 무엇에 가장 위로를 받을까요? 아주 가깝고 소중한 사람이 위로해 주는 것, 그리고 아주 가깝고 소중한 사람과의 즐거운 경험입니다. 마음이 꽉 채워지는 듯한 따뜻한 경험. 그런 것을 가지고 사람은 위기나 어려움을 극복해 나가요. 어린 시절 그런 경험을 주는 사람은 대개 부모입니다. 부모와 했던 아주 즐거운 경험, 놀이, 대화 이런 것들이 살면서 지칠 때 힘이 됩니다. 가만히 떠올라 나를 따뜻하게 감싸 주거든요.

저는 지금도 기억합니다. 제 아버지는 지금의 저처럼 항상 엄청 바쁘셨어요. 매일 밤 12시에 들어오고는 하셨어요. 그런데 어느 일요일, 갑자기 인천의 한 해수욕장에 가자고 하셨습니다. 제 나이 6~7세 여름이었어요. 부랴부랴 짐을 챙겨 어머니랑 아버지랑 저랑 오빠랑 4명이 차를 타고 해수욕장에 갔습니다. 사람들이 바글바글했어요. 그날 정말 재미있는 일이 있었어요. 저, 오빠, 아버지가 바닷물에 들어갔는데, 오빠가 "와, 똥덩이다!" 했습니다. 그래서 봤더니 정말 사람 똥이 물 위에 동동 떠다녔어요. 지금 생각해도 너무 웃겨요. 똥을 본 아버지의 표정, 오빠가 "와, 똥덩이다! 똥도 굵다" 했던 목소리, 제가 깔깔거리며 웃었던 것이 생각나면 마음이 따뜻해지면서 기분이 좋아집니다. 그때 해수욕장에 가서 있었던 일이 모두 다 기억나는 것은 아니에요. 출발할 때 굉장히 설레던 느낌, 사람들 머리가 수박처럼 물 위에 동동 떠 있던 모습, 오빠가 "똥덩이다" 했을 때 튜브를 타고 있던 제가 그 똥이 저에게 올까 봐 피하던 장면, 똥덩이가 유유히 둥둥 떠가던 모습 등이 생생하게 남아 있어요. 무료하거나 지칠 때 가만히 있다 보면 가끔 이 '똥덩이 사건'이 떠오릅니다. 그러면 실없이 혼자 피식 웃고는 해요.

이런 추억도 있어요. 어릴 때 저희 집은 청파동에서 지대가 높은 곳이었습니다. 어느 겨울 늦은 밤이었어요. 아버지께서 퇴근하고 돌아오면서 귤을 사 오셨어요. 지금은 귤이 싸고 흔하지만 그때는 정말 귀한 과일이었습니다. 그런데 귤이 담긴 누런 종이봉투의 밑이 찢어져 있었고, 아버지가 손으로 봉투 아래를 감싼 채 들어오셨습니다. 어쩐 일인지 물었습니다. 아버지가 언덕을 다 올라왔을 때쯤 귤 봉투 밑이 빠지는 바람에 봉투 안에 있던 귤 스무 개가 언덕 아래로 데굴데굴 굴러 내려가기 시작했답니다. 아버지가 난감해하면서 "아, 이거 참, 귤이 굴러가네" 하고 서 있는데, 한 젊은 남녀가 굴러 가는 귤들을 집어서 담아 주었다고 했어요. 그러면서 "저희 하나씩 먹어도 되죠?" 했답니다. 아버지는 그러라고 하면서 하나씩 더 주었다고 하셨어요. 저는 귤이 데굴데굴 굴러 내려가는 모습이 상상이 돼서 엄청 깔깔 웃었어요. 귤을 보면 종종 그때 사건이 떠올라 가만히 미소 지을 때가 많습니다. 그 기억이 떠오르면, 굉장히 비쌌을 텐데 늦은 밤 식구들 먹이겠다고 귤을 사 가지고 오신 아버지 마음, 모른 척 지나가지 않고 귤을 주워 준 젊은 남녀의 마음에서 '정'이 느껴지면서 마음이 따뜻해집니다.

쓰다 보니 이런 기억도 있네요. 제가 어렸을 때 인형을 무척 좋아했어요. 특히 '바비 인형'을 좋아했어요. 옛날에는 '마론 인형'이라고 했지요. 그 인형들 옷을 코스모스백화점에서 팔았습니다. 예전에는 명동에 '코스모스백화점'이라고 있었어요. 초등학교 3학년 크리스마스 때였어요. 아버지가 갖고 싶은 것을 사라며 약간의 용돈을 주셨어요. 혼자 버스를 타고 명동 코스모스백화점에 갔어요. 수많은 인형 옷을 행복하게 구경하고 있는데, 어디선가 "은영아!" 하고 아버지가 탁 나타나셨어요. 저는 '우리 아버지가 내가 여기 있는 걸 어떻게 아셨을까?' 싶어서 깜짝 놀랐어요. 그 당시 명동에는 전기구이 통닭을 파는 곳이 한 군데 있었습니다. 아버지는 그곳에서 통닭을 사 주시고, 어딘가로 데려가서 부츠 같은 것도 사 주셨어요. 아버지와 함께 버스를 타고 집에 돌아오면서 "아버지, 제가 여기 있는 걸 어떻게 아셨어요?" 하고 물었어요. "집에 전화했더니 엄마가 너 버스타고 시내 나갔다고 해서, '아, 어제 내가 돈을 줬으니까 인형 옷을 사러 갔겠구나' 싶었지." 저는 그때 왠지 으쓱해지면서 기분이 굉장히 좋았습니다.

우리는 이런 에피소드들로 살아가는 것 같아요. 그 에피소드는 어머어마한 일이 아니어도 됩니다. 부모를 떠올렸을 때 늘 인상 쓰고 있고, 화내고 있고, 짜증내고 있는 모습만 기억난다면 자식한테는 너무 잔인하지 않을까요? 순간순간 깔깔대며 웃고 즐겁고 유쾌했던 추억, '아, 그때 진짜 재미있었지!' 하면서 그때 부모가 줬던 마음 가득 꽉 찬 느낌, 충족감, 이런 것들을 통해서 인생을 잘 겪어 나갈 수 있는 힘을 아이가 얻어 가는 것 같아요. 평생을 단단하게 살아가게 하는 가치관을 결정짓는 데는 지식도 중요하지만 부모와의 좋은 경험도 굉장히 중요합니다.

아이는 그리 대단한 것을 원하지 않아요. 아이는 작은 일상에서도 재미있어하고 즐거워합니다. 대화나 놀이로도 따뜻한 추억은 얼마든지 만들 수 있어요. 연애할 때 '이 사람하고 꼭 잘 되고 싶다'는 마음을 가지면 굉장히 정성을 들이게 되잖아요. 그런 마음으로 아이와 시간을 보내세요. 아이는 엄마와 함께 수박을 통통 두드려 고르고 골라온 수박을 반으로 쪼개었을 때 그 빨간 속을 보면서 깔깔대기도 합니다. 아빠와 욕실에서 하는 물총놀이도 신나해요. 기어가는 개미를 함께 쫓아가면서도 놀 수 있어요.

그리고 아이가 어릴 때는 선물을 자주 하게 되는데 선물에는 편지나 카드를 꼭 넣어 주세요. 상자를 하나 정해서 부모에게 받는 편지나 카드를 모아 두게 하세요. 아이가 어릴수록 부모의 편지에는 사랑이 듬뿍 묻어나게 되어 있습니다. 네가 얼마나 사랑스러운지, 내가 너를 얼마나 사랑하는지를 표현하는 말을 많이 쓰거든요. 그래서 어린 시절의 카드는, 특히나 살면서 큰 힘이 됩니다. 아이에게 '내가 우리 부모에게 이렇게 귀한 존재였구나'를 느끼게 하거든요.

부모가 아이에게 줄 수 있는 것은, 돈이나 명예나 학력이 아니에요. 결국 따뜻한 기억, 행복했던 추억뿐입니다. 아이가 부모에게 원하는 것도 결국 그것입니다.

잘 키우고 싶은 생각이
너무 강해지면,
그 안에 '내 욕심'

아이를 잘 키우고 싶은 생각은 매우 선한 의도이고 사랑입니다. 저는 그 생각을 절대 비난하지 않아요. 그런데 그것이 조금 과해지면 일종의 욕심이 됩니다. 아이에 대한 사랑도 너무 지나치면 내 욕심이 되어 갑니다. 부모는 늘 그것을 경계해야 해요. '나는 내 아이를 이렇게 키우고 싶다'는 건 내 욕심이에요. '이 아이는 나에게 무엇을 원할까', '이 아이가 살아보고 싶은 인생은 무엇일까'를 생각해야 합니다. 어린아이를 아득바득 밤늦게까지 학원으로 돌리고, 점수 2점을 더 올리는 것이 무슨 의미가 있을까요? 물론 제가 나이 오십이 넘은 엄마라 이런 생각을 하는지도 모르겠습니다.

아이가 뒤처지면 사는 것이 힘들어질까 봐 걱정하는 것, 이해합니다. 아이를 교육시키는 것은 부모의 의무입니다. 그러나 꼭 필요한 교육은 시키되, 지나치지는 않았으면 합니다. 영어 학원에 보내지 말라는 말이 아니에요. 아이가 다음 레벨로 빨리 못 올라간다고 점수를 올리기 위해서 또 다른 선생님을 붙이지는 말라는 겁니다. 최고로 만들려고 하지는 마세요. 그것은 내 욕심입니다.

저는 제 아이를 어떻게 키웠을까요? 도대체 오은영 원장은 아들을 얼마나 잘 키웠는지 궁금하다고들 하세요. 저는 정말 아이에게 화를 내거나 욱한 적이 없습니다. 잘난 척하는 것처럼 들릴지도 모르겠군요. 그렇다고 오냐오냐 하면서 키우지도 않았습니다. 저와 가까이 지내는 가족, 배우자, 친구들은 저를 정서적으로 무척 안정된 사람이라고 표현해요. 좀처럼 화내거나 흥분하지 않거든요. 그런데 저절로 된 것은 아닙니다. 굉장히 참으면서 노력했습니다. 그것이 얼마나 중요하고 얼마나 나쁜지 알기 때문에 매일 저를 가다듬으면서 노력했어요.

제가 보기에는 제 아들이 잘 자라 준 것 같습니다. 지금 제 아이는 대학생이에요. 재수하고 대학에 들어가 대학 생활을 잘하고 있죠. 중학교 2학년 때인가 3학년 때인가 아이가 좀 힘들어한 때가 있었어요. 저는 정서적으로 굉장히 섬세한 사람이에요. 남편도 자상한 사람입니다. 저희 아이는 두 가지가 합쳐졌는데 지나치게 섬세하고 좀 여렸습니다. 저는 섬세하지만 담대함이 있고, 남편은 자상하지만 꿋꿋함이 있는데 아이는 아직 어리다 보니 똑똑하기는 하지만 성적에 스트레스도 많이 받았어요. 제가 여러분에게 항상 말하듯, 저도 우리 아이에게는 공부 이외에 다른 재능이 있을 수도 있겠다고 생각했어요. 아이가 공부를 안 하는 것도 아니고, 말썽을 부리는 것도 아니고, 학교생활에 충실하지 않은 것도 아니니, 그저 꾸준히 공부해 나가는 아이를 계속 지지해 주면 된다고 생각했습니다.

아이는 중학교 때부터 자기 꿈은 '의사'라고 했어요. 주변에서는 아무도 아이에게 의사가 되라고 강요하지 않았습니다. 저는 조금 걱정이 되었지요. 엄마, 아빠가 모두 의사고 가족 중에 의사가 많긴 합니다. '아이가 이런 것들에 눌리면 제대로 커 나가지 못하겠구나' 생각되었어요. 너무나 정서적으로 섬세하고 여린 아이이기 때문에 지레 더 많은 상처를 받겠구나 싶었습니다. 그래서 아이를 키우면서 그 부분에 신경을 무척 썼어요. "배운다는 것은 실력을 늘리는 것이지 점수를 의미하지 않는다", "점수가 안 나올 때는 실수를 많이 했는지 모르는 것이 있었는지 이유를 찾아봐야 한다", "실수는 줄여 나가면 되는 것이고 모르는 것은 끊임없이 배워 나가면 되는 것이다" 등등의 말로 격려해 주었죠.

저는 평소 웃으면서 "의사만이 세상에서 가장 좋은 직업은 아니야. 네가 꼭 의사가 되어야겠다고 한다면 하는 게 좋겠지. 그런데 다른 것이 하고 싶으면 다른 것을 해도 돼. 이 세상에는 해 볼 만한 일들이 많단다"라는 말을 자주 해 주었습니다. 제가 의사가 된 것은 제 나름대로 확고한 이유가 있고 그 이유가 제 행복에 중요했기 때문이에요. 지금도 의사인 것이 행복합니다. 하지만 그건 '저'예요. 아이는 나와 다른 사람이니, 아이에게 행복한 조건이 다를 수 있어요. 여린 마음에 자기 뜻도 아닌데 부모를 따라 직업을 선택하는 우를 범하게 하고 싶지 않았습니다. 결국은 아이가 자기 몫을 잘 찾아갈 것이라고 믿고 있어요.

저도 아이를 키우면서 후회한 적이 있어요. 고등학교에 들어간 아이가 "엄마, 선행을 안 했더니 수학 점수가 안 나와요"라고 했습니다. 그때 잠깐 '선행을 시켰더라면 아이가 조금 편하게 공부하지 않았을까' 하는 후회를 했어요. 물론 다시 돌아간다고 해도 아마 안 시켰을 겁니다. 여하튼 그때 수학 공부로 힘들어할 때도 "괜찮아, 네가 선행을 안 해서 어느 부분이 어려우면 좀 늦더라도 배우면 돼. 알고 넘어가는 것이 중요해. 대학에 들어가서 네가 하고 싶은 공부를 할 때 힘들어지면 안 되니까 말이야. 점수에 연연해하지 말고 실력을 쌓아"라고 해 줬어요. 재수할 때도 "1년 동안 네가 미진했던 부분에 실력을 쌓아"라고 했어요. 여린 아이라 이런 공을 많이 들였더니 공부하면서 좀 편안해했습니다.

저희 아들은 재수할 때도 가끔 주말이면 저에게 요리를 해 주었습니다. 간단한 요리가 아니라 제법 근사한 요리를 잘 만들어요. 보통 재수생 부모라면 "지금 네가 이 상황에 한 자라도 더 봐야지"라는 말이 자동으로 나갈지도 모르지요. 아이는 요리하면서 마음을 진정시키고 스트레스를 푸는 것 같았어요. 아들이 엄마한테 요리를 해 주고 싶다면, 그렇게 해서 본인 마음이 편안하다면, 그게 좋은 거라고 생각했습니다. "넌 어쩜 이런 걸 이렇게 잘하니? 정말 맛있다! 요리 천재인 것 같아!"라는 감탄도 아끼지 않았어요. 그러면 아이가 뿌듯해했습니다.

머리가 좋아도 공부 재능이 없는 아이들이 있습니다. 머리가 좋다는 이유로 성적을 너무 강조하면, 결국 그것 때문에 공부가 아닌 다른 일을 잘할 수 있음에도 그 일을 하게 지탱해 줄 마음의 기둥이 무너져요. 공부는 열심히 가르쳐야 하지만, 해야 하는 정도를 넘어서면 그것이 아이가 정말 원하는 것인지, 나의 욕심은 아닌지 한번 잘 생각해 봐야 합니다.

아이를 존중한다는 것은 뭘까요? 이 아이의 인생을 내가 좌지우지할 수 없다는 것을 인정하는 것입니다. 이 아이와 내 생각이 다를 수밖에 없다는 것을 그냥 받아들이는 것이에요. 내가 생각하는 행복의 기준이 내 아이가 생각하는 행복의 기준과 다를 수 있다는 것을 편안하게 받아들이는 것입니다.

고통이 시작되는 곳을
알았다면
행복이 오는 곳도
알아야 해요

나의 내면과 내가
손을 잡는 것이
'화해'입니다

　　　　　　어린 시절에 대한 상처가 많은 한
남자가 저에게 물었어요. "원장님, 제가 이 문제
를 해결해야만 그 다음 단계로 나아갈 수 있지 않
을까요? 어떻게 하면 이 상처를 치료할 수 있을까
요?" 저는 솔직하게 말했습니다. "그 상처는 치료가
안 됩니다. 당신이 원하는 식의 해결은 어려울 겁
니다." 정말 그렇습니다. 표현할 수도 없이 깊은 그
상처는 어떤 수를 쓴들 없었던 일처럼 될 수는 없습
니다. 아무 일도 없던 것처럼 치료가 되기란 불가능
합니다. 그 일은 이미 벌어진 일입니다.

　부모는 아이가 세상을 보는 창입니다. 그 창에 거
미줄이 쳐져 있고, 심한 얼룩이 묻어 있어요. 창을

열고 닫을 때마다 소름끼치는 끼익 소리도 납니다. 어쩌다 열린 창 사이로는 살을 에는 듯한 칼바람이 들어옵니다. '나'는 최소 20년을 그런 창으로 세상을 보았어요. 그러다 보니 결국 '내'가 다른 사람을 바라보는 '사회성', '내'가 세상을 바라보는 '가치관', '내'가 나를 바라보는 '자존감' 이런 것들에 다 문제가 생기고 말았습니다.

'내'가 그런 창을 갖게 된 것은 '내' 탓이 아니에요. 자식은 부모를 선택할 수 없습니다. 그저 운이 나빴을 뿐입니다. '그저'라는 말을 붙이기에는 너무 잔인한 운이지요. 하지만 '내'가 그런 취급을 받을 만한 사람인 것은 아닙니다. 그건 전적으로 부모 잘못이에요. '나'보다 더 훌륭한 사람이 그들의 자식으로 태어났어도, 그들은 아마 똑같이 대했을 겁니다.

이런 말씀을 드리는 이유는, 그런 부모를 원망하라는 것이 아니에요. 더 이상 그 창에 매여 있지 말라는 겁니다. 그 창으로 계속 세상을 보면, '나'는 계속 아플 수밖에 없습니다. 언제나 상처에서 피가 나고 스치기만 해도 무척 쓰립니다. '나'는 상처 안에서 머물러 살고 있으니까요.

이제 새로운 창이 생겨야 합니다. 그래서 세상을 바라보는 새로운 기준과 사고, 새로운 감정들이 생겨야 해요. 이전의 창에 계속 매달려 "너무 아파. 바람아 불지 마"라고 사정하지 마세요. 그 창과 '내'가 떨어져서 새 창을 만들어야 합니다. 물론 정말 쉽지 않은 일이에요.

최소 20년 동안 그 창으로 살았으니까요. 그 오랜 시간을 무시할 수 없습니다. 하지만 새 창을 만드는 데는 그만큼 오래 걸리지 않을 거예요. 지나간 시간을 아까워하지 마세요. 앞으로 20년, 40년을 계속해서 지금처럼 아파하면서 살 수는 없지 않을까요?

새 창을 만들기 위해 가장 먼저 해야 할 일은 이 상처가 회복되어야만 '내'가 뭔가 할 수 있다는 생각에 매몰되지 않는 겁니다. 부모와의 문제가 완전히 해결이 되어야만 '내'가 다시 새롭게 태어날 수 있다는 생각, 안 하는 것이 좋아요. 상처 회복이 선행되어야 한다고 생각하면, 평생 상처에서 허우적거릴 수 있습니다. 그 일은 이미 벌어진 일입니다. 어떻게 해도 없었던 일이 되지 않아요.

그 일로 인해서 지금 현재 '나'의 상황이 나쁠 수 있습니다. 하지만 '내'가 성인이 되었으면 그 관계는 끝났다고 생각하세요. '내'가 성인이 된 이상, 그 관계는 심정적으로 끝난 겁니다. 여전히 부모와 같이 살고 있어도, 그들이 계속 '나'에게 영향을 주고 있더라도 성인이 되었다면 '내'가 속절없이 겪을 수밖에 없는 단계는 끝난 겁니다. 이제는 그 관계를 마무리하세요.

어떻게 마무리할까요? 우선은 마음으로 '이제 그 관계는 마무리되었다'라고 되뇌세요. 그리고 그들이 내게 계속 똑같은 영향을 주어도, '내'가 조금이라도 다른 각도로 반응하는 방법이 무엇일까에 대해 궁리하세요.

　화해는 '내'가 '나'와 하는 겁니다. 부모는 죽을 때까지 '나'에게 사과하지 않을 수 있어요. 우리는 죽을 때까지 부모를 용서하지 못할지도 모릅니다. 그 마음, 그냥 그대로 두세요. 누구도 나 아닌 남을 어쩌지 못해요. 부모도 내가 아닌 이상 남입니다. 결국 '내'가 화해해야 하는 것은 '나'예요.

　속절없이 당했던 '나'와 화해하고, 이 사람들이 나를 망치면 어떻게 하지 했던 '나'와도 화해해야 합니다. 자신을 형편없이 생각했던 '나'와 화해하고, 자신을 비난했던 '나'와 화해하고, 자신의 나쁜 면에 진저리를 쳤던 '나'와 화해해야 합니다. '나' 자신을 세상의 가장 초라하고 작은 존재라고 여겼던, 그래서 '나'는 어떤 것도 가질 수 없고 아무것도 할 수 없다고 느꼈던 '나'와 화해해야 합니다.

그리고 이제는 힘도 있고 작지도 않은데 여전히 하염없이 내리는 비를 맞으면서 웅크리고 앉아 있는 작은 아이에게 다른 누구도 아닌 '내'가 손을 내밀어야 합니다. 이제는 그만 일어나 새로운 창 앞에 서라고 말해 주세요.

나의 내면과 내가 손을 잡는 것이 '나와 화해'하는 시작입니다.

"이게 그렇게 슬퍼할 일인가?" 하고
나와 대화하세요

　'나'는 어린 시절 잘못된 창문으로 인해 세상에 대한 잘못된 관점을 가졌어요. 잘못된 관점으로 세상을 대하다 보니 세상으로부터, 다른 사람으로부터 잘못된 피드백도 많이 받았겠지요. 새로운 창을 만드는 일은 이것을 하나하나 고쳐 가는 일입니다. '내'가 세상을 바라보는 기준을 새롭게 바꾸고, 가치관을 새롭게 쌓고, 다른 사람을 바라보는 관점을 새롭게 만들고, '내'가 '나'를 보는 새로운 눈을 갖는 거예요. 좀 어렵죠? 어찌 보면 손에 잡히지 않는 듯한 이야기입니다. 예를 들면 이런 거예요.

　편의점에 갔습니다. 물건을 몇 가지 골라 계산하

려고 계산대 앞에 섰어요. 그때 어떤 남자가 갑자기 끼어들어 점원에게 물건을 주면서 "이거 계산해 주세요" 합니다. 점원은 그 남자 물건을 받더니 바코드를 찍어요. '나'는 기분이 확 나빠졌습니다. '뭐야? 내가 먼저 왔는데? 아이씨! 이 점원, 나 무시해? 저 남자는 또 뭐야? 내가 계산대 앞에서 서 있는 거 안 보여? 내가 그렇게 우스워?' '나'의 얼굴은 빨갛게 달아오르기 시작했어요. 몸도 조금 부들부들 떨렸습니다.

어찌 보면 별일 아니지요. 하지만 사람의 해결되지 않은 핵심 갈등은 크고 중요한 일은 물론 일상에서 매일 접하는 아주 사소한 것에서도 건드려질 수 있어요. 이것이 건드려지면 이전의 경험으로 인한 반응이 순식간에 나옵니다. 점원의 행동이 정말 '나'를 무시한 행동이었을까요? 아닐 수 있죠. 하지만 순간적으로 그렇게 생각되는 겁니다. 이런 생각의 패턴을 본인이 알고 있어야 해요. 그래서 그런 상황에 직면했을 때 잠깐 멈춰야 합니다. '잠깐, 이 점원이 나랑 일면식이 있나? 없지. 이 점원이 일부러 날 무시할 이유가 있나? 없지. 이건 나의 너무 과한 생각이야. 그만!' 이런 식의 사고 과정을 거쳐야 합니다. 이것이 잘못된 자아상으로 인해 갖게 된 생각, 습관, 행동을 조금씩 바꾸어 가는 방법입니다. '내'가 주도해서 독립적으로 판단하고, '나'의 감정을 재부팅시키는 경험을 쌓아 가는 것이지요.

부모에게 받은 상처로 지금 너무 힘들다면, '내'가 '나'를 도와야 합니다. '내'가 지금보다 좀 낫고 행복해지기 위해서는 그 과정을 스스로 해 나가야 합니다. 아주 잠깐, 아주 잠깐만 멈춰 보면 됩니다. 잠깐 멈추면 이전 방식으로 생각이 흘러가고, 반응이 나오는 것을 막을 수 있어요. '이 점원이 나를 무시하나? 이게 맞는 생각이야? 이 점원이 날 언제 본 적이 있다고. 내가 이 부분에서는 언제나 과하구나.' 멈춰서 생각하면 순간 평정심이 다시 찾아옵니다. 새 창을 만들려면 이런 경험을 쌓고 또 쌓아야 해요.

잠깐 멈추고 생각하는 것은 자주 하면 자주 할수록 좋습니다. 사람은 하루 종일 잠자는 것이 아니기 때문에 의식이 깨어 있는 한은 어떠한 상황이든 마주하게 되지요. 이럴 때 한 번이라도 잠깐 멈춰서 생각해 보세요. 물론 처음에는 잘 안 될 거예요. 노력하는 와중에도 쉽게 옛날 패턴으로 돌아가서 뒤집어질 때도 있고 다 관두고 싶을 때도 있을 겁니다. 하지만 내가 나를 살리려면 앞으로 '내' 인생의 흐름의 근간은 이렇게 가야 합니다.

특히 살아가면서 기분이 나빠지거나 우울해지거나 괴로워지거나 마음이 좋지 않을 때, 언제나 '잠깐만, 잠깐만' 하면서 스스로를 멈추고, '내가 지금 무슨 생각을 하고 있는 거지?'라고 물어야 합니다. '음, 기분이 좀 안 좋은데, 무시당한 느낌이 들어. 근데 저 사람이 나한테 그럴 이유가 없는 걸'이라는 식으로 생각해 보는 거지요. 그러면 그 생각에 따라서 행동이 바뀝니다. 이전에는 그런 상황에서 부들부들 떨었지만 이번에는 가볍게 "제가 먼저 왔는데요?"라고 할 수 있습니다. 그러면 상대방의 반응도 바뀌겠지요. 상대가 "어? 그러세요? 죄송해요" 할 수도 있습니다. 그러면 '나'는 "일단 하던 거니까, 먼저 하세요"라고 해 줄 수도 있겠죠.

이렇게 하고 나면 이전의 생각의 패턴을 다시 점검해서 새롭게 만들 뿐 아니라 스스로에게 '자긍심'도 선물할 수 있어요. 이전처럼 생각하지 않은 자신이 좀 대견하고, 이런 문제 상황을 잘 처리한 '내'가 좀 괜찮아 보이거든요. 이런 경험 몇 번만으로 새로운 창이 뚝딱 만들어지지는 않지만, 마음은 훨씬 나아집니다. 자신이 심한 좌절에 넘어갈 때도 잠깐 멈춰 보는 것이 필요합니다. '나'를 잠깐 바라보세요. '잠깐, 이게 내가 이렇게까지 슬퍼할 일인가? 난 왜 이렇게 엄청 슬프지?' 이런 생각만 할 수 있어도 심한 좌절감이 약간은 덜해집니다.

이 과정은 주도적이면서 창조적, 창의적으로 이루어져야 해요. 우리는 '내' 인생이지만 주도적이지 못할 때가 많았습니다. 어렸으니까요. 주도적으로 할 능력도 없었고, 주도적으로 해서는 안 되는 줄 알았습니다. 그래서 이런 상황에 멈추긴 했는데 어떻게 생각해야 할지 모를 수도 있어요. 본 적도, 배운 적도 없기 때문입니다. 그래서 창조적으로, 창의적으로 해야 한다고 말씀드린 겁니다. 아마 오랫동안 '아, 이렇게 하는 것이 옳은 건데' 하고 생각만 해 온 것이 있을 거예요. 괴로워하면서 자기 나름 고민했던 부분이 있을 거예요. 그걸 이제 '내' 식으로 한번 펼쳐 보는 겁니다. 이제는 속절없이 주어진 삶이 아니라 창조적인 '나'만의 인생을 만들어 가는 것이지요.

아이가 "아, 공부는 지긋지긋해" 합니다. "야! 공부나 잘하면서 그래라"라든가 "그게 학생이 할 말이냐!"라는 말이 바로 나가는 것도 '내' 이전 생각의 패턴일 수 있습니다. 아이에게 뭐라고 해 주어야 할지 몰라서 일단 윽박지르고 보는 것이지요. 많은 부모가 아이를 그렇게 다루었어요. 뭐라고 답해 주어야 할지 모를 때, 아이를 어떻게 다루어야 할지 모를 때 잠깐 멈춰 보세요. 스스로에게 '잠깐'이라고 말하고 멈추는 것은, 이 문제에서 '나'를 놓치지 않는 방법이기도 합니다. 이 상황에서 '나'를 잊지 않는 거지요. 아이에게도 "잠깐만, 엄마가 좀 생각해 봐야겠다. 너와 얘기를 좀 해야 하는 주제이기는 하네" 하세요. 그리고 잠깐 생각해 봅니다. '내가 여기에서 공부를 너무 강조하면 아이가 공부에 질리겠다, 우선 오늘은 아이가 왜 그렇게 생각하는지 편안하게 들어보자.' 아이에게 "네가 그렇게 지긋지긋해 하는 이유를 한번 얘기해 봐. 괜찮아. 엄마가 네 마음을 들어야 너를 이해하잖아." 아이의 말을 다 들어요. 아이의 말이 내 생각과 달라도 아이를 설득하지 마세요. "음, 그렇구나. 알겠다. 오늘 말해 준 네 마음 잘 알겠어"라고만 해 주세요. 그런 다음, 그 문제는 시간을 내서 깊이 생각해 봅니다. 특히 아주 가깝고 소중한 사람에게 나의 격한 감정적인 반응을 멈추는 것, 격한 말 폭풍을 멈추는 것은 굉장히 중요해요.

이상하게 들릴지 모르겠으나 저는 하루에 여러 번 숨을 참습니다. 잠시 숨을 참다가 후 하고 내쉬지요. 우리는 대부분 하루를 바쁘게 지냅니다. '내'가 숨쉬고 있다는 생각을 하지 않으면 숨 쉬는 것을 못 느낄 정도로 바쁩니다. 저는 잠깐 숨을 참으면서 '아, 내가 숨쉬고 있구나'라고 깨달아요. 일상에서 저를 놓치지 않는 방법입니다. 생각을 잠깐 멈추는 것이 어려우면, 저처럼 숨을 한번 참아 보는 것도 괜찮아요. 그렇게 '내' 안에 '나'를 깨우는 겁니다. '이게 무슨 의미일까?' 생각해야 합니다. 잠깐 멈추지 않으면, 깨어 있지 않으면 '내'가 아닌 세상 방식대로, 내가 배워 온 대로 그냥 휩쓸려 갑니다. 말의 폭탄 속으로 끌려들어 가지 않게 멈추고 깨우세요

내가 받은 상처,
내 안의 욕망을 인정하고
나를 받아들여요

살면서 나를 가장 힘들게 하는 것
은 무엇인가요? 살면서 내가 가장 중요하게 여긴
것은 무엇인가요? 어떤 부분이 채워지지 않았을 때
가장 괴로웠나요? 다른 건 없더라도 '이것만 있으
면 괜찮아'라고 여기는 것이 있나요? 이런 질문에
답을 한번 달아 보세요. 이 또한 '나'를 알아차리는
방법입니다.

회사 사람들 때문에 괴로운 여자가 있었어요. 회
사 사람들은 모였다 하면 좋은 차, 명품 옷, 일류 학
교, 아파트 시세 등에만 관심이 있었습니다. 여자가
좋은 아파트에 살지 못한다고 은근히 여자를 무시
하기도 하고, 사람들의 그런 대화에 싫은 내색을 하

면 사람들은 그녀에게 자격지심을 가지고 있는 것 아니냐고도 했죠. 하지만 여자는 명품 얘기만 하고 누구 아버지가 부자다, 해외여행을 갔다 왔다, 누구는 외제차를 뽑았다 등등의 대화뿐인 회사 사람들이 저급해 보였습니다. 그러면서도 한편으로는 자꾸만 두려워진다고 했어요. 지금까지 여자는 차별하지 않고 서로 배려하며 산다면 돈이 없어도 좋은 삶이라고 생각하며 살았어요. 그런데 막상 자신이 50대가 되었을 때, 저들은 전망 좋은 넓은 아파트에 살고 자기는 좁아터진 아파트에 사는 건 아닌가 하는 생각이 들어 불안해진다고 했습니다.

'차별 없이 서로를 배려하는 삶'은 누구도 부인할 수 없는 잘 사는 삶입니다. 정의와 평등, 배려는 가장 상위에 속하는 가치지만, 인간은 각자 자신의 삶을 살면서 거기서 얻는 깨달음으로 자신만의 가치 기준도 세워 나갑니다. 어릴 때 가난했던 경험으로 다른 건 몰라도 궁핍은 못 참는다고 하는 사람도 있고, 다 포기해도 학벌에 대한 욕심만은 못 버린다고 하는 사람도 있습니다. 그에 비해서 사연 속 여자의 기준은 다소 추상적이에요. 여자는 소위 잘사는 동네인 강남권에서 성장했다고 했습니다. 남편도 대기업에 다닌다고 했어요. 그런데 어린 시절 어떤 경험을 했고 뭐가 충족되지 않았기에, 이렇게까지 돈이 마음에 걸리는 걸까요? 그녀는 그 질문에 스스로 답해 봐야 합니다.

제가 생각해 볼 수 있는 가능성은, 그녀는 어쩌면 윤택한 삶을 원하고 있을지도 모른다는 거예요. 물질적인 욕망을 저급한 것으로 여겨 무의식 속에 억압해 왔을 수도 있어요. 그리고 그런 사람들과 자신을 분리해서 그들을 이상한 사람으로 여기고, 결국 그들이 자신을 괴롭힌다고 생각하게 되었을 수도 있습니다. 혹시 마음 깊이 경제적 풍족함을 누리고자 하는 욕망이 있는지 살펴봐야 해요.

그리고 그보다 더 중요한 건 그것이 범법적 행위거나 남을 해치는 게 아닌 한, 잘못된 것이 아님을 받아들이는 거예요. 평등과 배려는 물론 너무나 소중한 가치입니다. 그러나 우리가 흔히 갖는 좋은 차와 넓은 집에 대한 욕망도 그렇게 지탄받을 만한 것은 아니에요. 여자의 마음속에서는 두 가치가 상반된 것, 양립할 수 없는 것으로 자리 잡은 게 아닌가 싶습니다. 당연히 가질 수 있는 욕망을 편안하게 받아들이지 못한다는 건, 두 가치의 통합이 전혀 이루어지지 않았기 때문이에요. 기부를 많이 하는 사람도 비싼 가방을 갖고 싶어 할 수 있습니다. 그건 손가락질 할 일이 아니에요.

어떤 가치를 수호하는 것보다 더 우선이 되어야 할 것은 현실을 기반으로 자기 내면의 욕망을 통합하는 일입니다. 이걸 안 하면 인간은 너무나 고통스러워요. 형이상학적 가치를 좇는 것도 인간이기 때문에 할 수 있는 일이고, 호화로운 것을 욕망하는 것도 인간이라서 하는 일이에요. 둘 다 지극히 인간적인 것입니다.

'나'를 알아차리려면 어린 시절 받았던 상처에 대한 '나'의 감정을 인정해야 해요. 부모에 대한 미움과 싫음도 인정해야 합니다. '내' 안의 욕망도 마찬가지예요. 그것이 어떤 욕망이든 인정하고 그 다양한 욕망을 가진 것이 '나'라는 것을 받아들여야 합니다. 그래야 진정한 '나'를 알아차릴 수 있습니다.

끊임없이 자신에 대해 질문하세요. 아주 개인적인 질문부터 시작하세요. '내' 인생에서 좌절된 것은 무엇이고 만족된 것은 무엇인지, 그래서 결론적으로 무엇이 우선이고 무엇이 나중인지, 글로 써 보고 소리 내서 말하는 과정을 가져야 합니다. '나'를 알아차려야 '나'에게 다가올 수많은 나날을 안정감을 가지고 살아갈 수 있어요.

제가 제 자신에 대해서 좀 안정됐다고 느낀 것은 정신분석을 받고 나서입니다. 레지던트 시절 3년을 받았어요. 정신분석을 받고 성격이 조금 바뀌었습니다. 지금도 에너지가 많은 편이지만, 그때는 그야말로 혈기왕성했어요. 제가 '정의롭다'고 생각하는 것에 대해 말하거나 행동하는 것에 두려움이 없었습니다. 옳고 그름도 굉장히 명확했어요. 정신분석을 받고 나서는 저의 용감함 내지는 옳지 않은 행동에 대한 판단 안에 또 다른 저의 모습, 또 다른 저의 아픔이 있었다는 것을 알게 되었습니다. 그때 저에 대해서 정말 많은 것을 알게 되었어요. 그 후로는 말도 안 된다고 생각했던 사람들에 대해서도 좀 이해를 하게 되었어요. 물론 아동학대, 성추행 같은 것에는 여전히 공분하지만, 보통 사람들이 하는 옳지 않은 행동이나 미성숙한 행동을 보게 될 때 그래도 된다고 생각하는 것은 아니지만 예전처럼 분기탱천하지는 않게 되었습니다. 인간에 대한 이해의 폭이 조금은 넓어진 것이지요.

우리는 요즘 나를 알아차리는 일보다 남을 의식하는 것에 더 집중하는 경향이 있습니다. 너무 바빠서 가족끼리 대화할 시간도 없으면서 우리 이야기, 내 이야기가 아니라 다른 사람 이야기를 더 많이 합니다. 그런데 다른 사람 이야기도 "그 사람 참 잘되지 않았어?", "그 사람 참 괜찮지?"가 아니라 대부분 질투와 비방이에요. 우리가 왜 알려진 사람들의 부인이, 그 자식이 뭘 입고 뭘 먹었는지 알아야 할까요? 왜 한 번도 만난 적 없는 사람의 SNS를 보고 부러워해야 할까요? 사람들은 매일 남의 이야기만 하고, 남만 보고 살면서 불필요한 상대적 박탈감을 키워요. 그래서 현재의 상황보다 더 불행하다고 느끼는 것 같아요.

인간은 누구나 남에게 인정받고 싶은 욕구가 있습니다. 그런데 그 남은 '나'에게 의미 있는 사람, 가까운 사람, 중요한 사람이어야 해요. 얼굴도 모르는, 혹은 '내'가 별로 좋아하지도 않고 관심도 없는 사람들의 인정은 중요한 것이 아닙니다. 그리고 의미 있는 사람이 '나'를 인정해 주는 것도 중요하지만, '내'가 '나'를 인정하는 것도 중요합니다. '내'가 '나'를 인정하는 마음을 '자긍심'이라고 해요. 그런데 이 자긍심은 '내' 안에서 끝나야 해요. '나'의 경계를 넘어가면 오만입니다. 자긍심은 '내'가 '나'를 위해 좀 느끼고, '내'가 정서적으로 기쁘

고 안정되는 정도의 선이어야 합니다. '나'를 넘어서 남에게 나쁜 영향을 주면, 그것은 오만입니다. 함께 사는 사회에서 다른 사람에게 '내'가 미칠 수 있는 영향을 생각하고 배려하는 것, 이런 면에서는 남을 좀 의식하는 것이 반드시 필요하죠.

'내' 생각대로 사는 것, 좋습니다. '나'의 모든 행위나 표현, 표현된 내용이 '나'에게서 끝나면 상관없습니다. 하지만 타인에게 영향을 주게 될 때는 고민해 봐야 합니다. 어떤 사람이 열심히 살아서 돈을 많이 벌었어요. 그 돈을 버는 과정에서 나쁜 짓을 한 적도 없습니다. 이 사람이 평소 자신을 꾸미는 데 굉장히 많은 돈을 들여요. 그럴 수 있어요. 그러나 휘황찬란하게 꾸미고 자선단체에 봉사하러 가는 것은 지양해야 하죠. 열심히 살아서 돈을 많이 번 것이 자신의 자긍심이라도 때와 장소를 가려야 합니다. '내' 행동이 타인에게 주는 영향을 고려해야 하는데 '나'를 보고 상대가 위화감을 느낄 수도 있으니까요. 집에서 그 옷을 입거나 격식을 차려야 하는 모임이나 행사라면 상관없지만, '내'가 남에게 어떤 영향을 줄 때는 생각해 봐야 해요.

'내' 행위와 '내'가 표현하는 것들이 '나'의 선에서 넘어가지 않도록 남을 고려해야 합니다. 그것이 사회적 동물인 인간의 기본 자질이에요.

내 인생의 뿌리가 흔들릴 정도로
괴로워하지는 마세요

'왜 나만?'은 사실 좀 노력해 본 사람들이 가질 수 있는 생각입니다. 열심히 살다 보니까 문득 억울해지는 거지요. '몰라, 누가 하겠지' 하고 미루거나 아무것도 안 하면 억울할 일도 없습니다. 기본적으로 책임감도 좀 있고 성실해서, 열심히 하다 보니 이런 생각도 드는 것이죠. 하지만 이 생각의 근본에는 약간의 피해의식이 있어요. 피해의식의 밑면에는 억울함과 자존감 저하가 있습니다. 피해의식은 아무 것도 주체적으로 할 수 없어서 당할 수밖에 없었던 어린 시절에서 기인하겠지요. 자존감도 일부 마찬가지일 겁니다. 부모가 잘못 만들어 놓은 나의 '자아상'도 큰 몫을 할 것입니다. 성실하고 책임감이 강한데 자존감이 떨어지는 것, 사실 어찌 보면 좀 억울합니다.

언젠가부터 '자존감 높이기'가 상당한 이슈가 되었습니다. 그런데 요즘 같은 세상에 자존감을 높이는 것은 너무 어려운 일 같습니다. 부모한테 사랑을 많이 받고 인정을 많이 받은 사람도 언제나 당당하고 씩씩하기란 어려운 세상이에요. 자존감이 낮아질 수밖에 없는 상황이 계속 생깁니다. 이런 와중에 각종 미디어에서, 책에서, SNS에서 자존감을 높여야 한다고 자꾸만 강조합니다. 물론 자존감이 너무 낮으면 안 되겠지만, 이런 상황에서 자존감을 높이려고 애쓰라고 하는 것도 가혹해 보이네요. 자존감처럼 눈에 보이지 않고 기준을 잡기도 어려운 것들을 형체화해서 자꾸만 그 기준에 다다르려고 하다 보니 사는 것이 더 힘들어지는 것 같습니다.

자존감을 높이려고 너무 애쓰지 마세요. 살면서 겪을 수밖에 없는 상처나 갈등, 위기를 너무 고통스럽지 않게 버텨 내는 정도면 됩니다. 제가 생각하는 자존감은 우주 공간에 '나'라는 사람은 단 한 명이라는 것을 언제나 잊지 않는 거예요. '내'가 있음으로 모든 관계가 발생한다는 것을 잊지 않는 겁니다.

대학 입시를 재수한 아이가 수능 시험을 본 후 저를 찾아왔습니다. "애썼다. 남들은 한 번 보는 것, 두 번 보느라 얼마나 고생했니? 잘 치렀어. 대견하다"라고 말해 주었지요. 아이는 무척 쑥스러워했어요. "아니, 뭐 대견까지는 아니에요" 하더군요. 그래서 제가 "아니야. 중간에 포기하는 사람들도 있어. 끝까지 치러 냈으니 대견하지" 했습니다. 아이는 생각했던 것보다 성적이 잘 나오지 않았다고 속상해했어요. "저 정말 최선을 다했거든요. 엄청 열심히 했어요." 제가 아이의 어깨를 두드리며 말했습니다. "최선을 다했으면 된 거야." 아이는 조금 슬픈 눈이 되었습니다. 그리고 "그런데 결과가 별로 좋지 않잖아요?"라고 했습니다.

나름 열심히 했는데 결과가 나빠요, 그러면 결국 최선을 다하지 않은 걸까요? 얼마나 더 열심히 해야 최선인 걸까요? 왜 나만 이렇게 운이 나쁠까요? 저는 아이에게 말했습니다. "최선을 다해도 언제나 결과가 좋을 수는 없어. 최선을 다하면 성공할 수 있지만 실패할 수도 있어. 좌절하기도 해. 최선을 다한다는 것은, 그 실패나 좌절까지 모두 쭉 겪어 나가는 거야." 아이는 눈이 동그래지면서 "그게 최선이에요?"라고 묻더군요. "그렇단다. 결과가 좋아야 최선이 아니야. 열심히 해도 결과는 나쁠 수도 있어. 좌절이 오더라도 피하지 않고 실패하더라도 포기하지 않는 거야. 끝까지 겪어 나가다 보면 언젠가는 마무리가 되지. 그 모든 과정을 포함하는 것이 최선이야"라고 설명해 주었습니다. 아이는 생각에 잠긴 듯 한참을 아무 말도 하지 않았어요.

'최선', '열심히'라는 단어를 써 놓고 보면 너무 비장해 보이지만, 저는 나름대로 열심히 최선을 다해서 삽니다. 그렇게 산다고 해서 좋은 결과가 있을 거라고 생각하진 않아요. 반드시 보답을 받지도 않습니다. 하지만 그냥 그걸로 됐다고 생각합니다. 인간은 나름대로 자신이 옳다고 생각하는 방향으로 살아갈 수밖에 없어요. 그 과정에서 좋지 않은 결과도 있습니다. 저와 생각이 다르거나 맞지 않는 사람들을 만나기도 합니다. 어쩔 수 없다고 생각해요. 저는 그저 제가 옳다고 믿는 방향으로 매일매일 성실하게 살아갈 뿐입니다. 그게 그냥 저의 삶이에요.

"저 사람들이 부당했어. 이건 공평하지 않아." 그래요. 공평하지 않을 때도 있어요. 원래 인간들은 공평하지 않게 행동해요. 세상도 인생도 공평하지 않아요. "그런 일 겪어 보신 적 없잖아요?" 이렇게 저에게 따지고 싶을 수도 있습니다. 그렇지 않아요. 저도 많이 겪었습니다. 저도 공평하지 않다고 느낄 때 속이 상해요. 어떻게 그런 상황에서 속이 상하지 않을 수 있겠어요? 속이 상하더라도 '내' 인생의 뿌리가 흔들릴 정도로 괴로워하지는 마세요. 진료실에서 많은 사람을 만나다 보니 누구나 인생에서 비슷한 양의 행복과 불행을 겪으면서 살더군요. '나'만 겪는 것이 아니에요. '나'만 유독 뉴스에 나올 법한 이상한 사람들을 만나는 것 같아도, 사실은 비슷해요. 다만 일찍 겪은 겁니다. 나중에는 좀 덜할 거예요.

이런 일을 겪을 때 중요한 것은, '내'가 '내 자신'을 객관적으로 바라보고 그 일이 벌어지게 된 데 '내'가 조금이라도 책임질 부분이 있는지를 보는 겁니다. 만약 그런 부분이 있다면 억울해도 좀 바꿔 보세요. 그렇지 않으면 똑같은 패턴이 반복될 수도 있습니다.

결과만 보면 삶은 더 힘들어요. 어떤 것을 해낸다는 것은, 꼭 결과를 완벽하게 잘 해낸다는 의미는 아닙니다. 능력이 있어도 결과가 나쁠 수 있습니다. 그것은 누구도 어떻게 할 수가 없는 거예요. 결과보다 '내가 했다'는 과정 자체에 의미를 부여하고 스스로를 인정해 주는 연습을 해야 합니다. '내가 했다'는 것은 능력이 있는 것은 물론이고, 위기를 참아 내고 필요한 구성을 잊지 않고 챙기는 등의 많은 과정의 단계 단계를 잘 겪어 냈다는 거예요. 그것만으로도 인정받을 만합니다.

'아, 나 또 시작이다, 경계!' 스스로에게 외쳐야 해요

20대 중반의 아주 똑똑한 여자가 있었어요. 항상 착하고 바르고 똑부러진다는 말을 들어온 사람이었습니다. 그런데 남자친구에게 데이트 폭력을 당했어요. 남자친구는 화가 나자 이 여자를 때렸습니다. 여자는 도망을 갔어요. 남자의 연락을 받지 않았습니다. 잘한 겁니다. 이런 사람은 피하는 것이 맞아요. 그런데 남자가 여자에게 협박했어요. 자신에게 돌아오지 않으면 차에 뛰어들어 죽어 버리겠다고요. 착한 여자는 남자에게 돌아갔어요.

연인이나 부부 사이에 "네가 떠나면 나는 죽어 버릴 거야" 하면서 자해하거나 자살 소동을 벌이는 것과 "네가 감히 나를 떠나?" 하면서 상대를 칼로 찌르거나 해코지를 하는 것은 완전히 반대되는 행동 같지만 핵심은 같습니다. 상대를 과도하게 통제하려는 거예요. 이것은 절대 사랑이 아니에요. 여기에는 100퍼센트 자기 마음만 들어가 있는 겁니다. 자기 통제의 틀이 중요한 것이고, 상대에 대한 배려는 전혀 없는 것이지요. 자기가 설정해 놓은 통제의 틀을 그 사람이 벗어나는 상황을 용납할 수가 없는 겁니다. 이런 조짐이 조금만 보여도 이런 사람과는 당장 헤어져야 해요.

이 여자는 부모와의 관계는 아주 좋았습니다. 그런데 부모에게 남자친구 이야기를 못 했습니다. 부모뿐 아니라 그 누구에게도 이 이야기를 하지 못했어요. 특히 부모님에게는 실망하실까 봐 말씀을 못 드렸어요. 하지만 부모님께 말씀 안 드린 것은 잘못된 판단 같아요. 물론 잠깐은 그런 남자를 만난 딸에게 부모님이 실망할 수 있어요. 하지만 그 실망은 길어야 하루를 넘기지 않았을 겁니다. 그보다 딸을 보호하는 것에 집중했을 거예요. "야, 그놈 정말 이상하다. 너 빨리 정리해"라고 했을 겁니다.

그런데 이 여자는 왜 말하지 못했을까요? 부모는 그렇다 치고 친한 친구도 많은데 왜 그 누구에게도 도움을 청하지 못했을까요? 우리가 흔히 알고 있는 그 '자존감'이라는 것이 낮아서 그런 것이었을까요? 아닙니다. 이 여자는 '자의식'이 지나치게 높은 것입니다. '자의식'은 내가 나를 인식하는 능력이에요. 이것이 굉장히 강한 사람들이 있습니다. 자의식이 강한 사람들은 자신을 인식할 수 있는 능력이 높기 때문에 그것을 통해서 반성도 많이 합니다. 나를 객관적으로 보면서 반성하고, 그것을 토대로 긍정적인 방향으로 나가기도 하지요. '내가 이번에 또 그랬네. 이번에는 꼭 고쳐야 되겠다'라고 생각할 수도 있습니다. 굉장히 발전적인 것이지요.

그런데 이것이 지나치면, 다른 사람에게 도움을 청하지 못하게 되기도 합니다. 남들은 아무도 그렇게 생각하지 않아도, 자신은 '아, 내가 그런 일에 휘말리다니…. 도대체 내가 정말 왜 그랬을까? 아, 이런 내가 진짜 싫다' 하면서 자기 자신이 마음에 안 들고, 자기 자신이 생각했을 때 그 꼴이 용납이 안 되기 때문이에요. 그런 상황에 처한 자기 모습을 견딜 수가 없는 겁니다. 이 사람들은 남들이 "괜찮아. 그 놈이 이상한 놈이야. 너는 아무 잘못 없어"라고 말하는 것이 중요하지 않아요. 자기가 보는 자기가 가장 중요합니다. 그래서 그런 이상한 놈을 만나고 있다는 것을 차마 입 밖으로 내지 못하는 것이지요. 그런 이상한 놈을 만나 온 자기 자신을 스스로 드러내는 것이 너무 힘듭니다.

공부도 잘하고 모범생인 아이가 학교폭력을 당하고도 부모에게 말을 안 하는 경우가 있습니다. 세상 좋은 부모인데도 아이는 말을 못 해요. 이런 아이들 중에서도 과도하게 자의식이 높은 경우가 있어요. 아이는 가해자가 무서워서 말을 못 하는 것이 아니에요. 그런

허접한 아이와 얽힌 상황에 처한 자신을 못 견디는 것입니다.

이런 사람들이 항상 하는 생각이 있어요. '이 꼴에 처한 내가 너무 싫다.' 이런 사람들이 잘 쓰는 말이 있어요. "실망시켜 드릴까 봐 너무 죄송해서…." 그런데 정작 그 말을 들은 부모는, 형제는, 친구는 이런 일로 실망하지 않습니다. "너 어쩜 그런 일이 있었니? 혼자서 얼마나 힘들었니?"라고 위로합니다. 그런데 이런 사람에게는 주변의 위로가 도움이 안 돼요. 그래서 다른 사람에게 자기 일을 잘 이야기하지 않아요.

자의식이 지나치게 높은 사람은 내면의 자신을 만나는 순간 혼자 다 해결하려고 합니다. 이런 상황에 휘말려서 이런 꼴에 처해서 또 누구에게 도와달라고 하는 자기 자신이 너무 싫기 때문에 어떻게든 자기 혼자 해결해 보려고 하는 거지요.

이런 사람은 도움을 요청하는 것을 배워야 합니다. 꼭 부모가 아니어도 좋습니다. 누군가 믿을 만한 사람, 가까운 사람, 은사, 친구, 아랫사람이어도 상관없어요. 도움을 청하는 것 자체를 수치스러워하거나 부끄러워하지 않는 걸 먼저 연습해야 합니다. "도와줘", "나 어떻게 해야 해?"라는 말을 연습해 보세요. 도와달라는 말은 못나서 하는 말도 아니고, 부끄러운 말도 아니에요. 혼자 해결하기 어려운 일에는 도움을 청하는 것이 보통 사람의 행동입니다. 자신을 믿는 자세는 좋아요. 그런데 그것은 나에게 헤쳐 나갈 힘이 있다는 것을 믿는 것이어야 합니다. 모든 것을 혼자서 해결해야 한다는 생각이

어서는 절대 안 돼요. 혼자서 해결하다가 힘들면 도움을 받아도 됩니다. 다들 그렇게 살아요. 그렇게 사는 것이 자연스러운 겁니다. 저도 자의식이 꽤 높은 편입니다. 하지만 다른 사람의 도움을 많이 받아요. 사람은 혼자서는 살 수 없습니다. 혼자서는 할 수 없는 일들이 원래 있는 거예요.

요즘은 자존감도 그렇지만 자의식과 관련된 어려움을 겪는 사람도 많아요. 거울에 얼굴을 비춰 보면 내 안색이 어떤지, 피부 트러블이 생겼는지, 없던 점이 생겼는지 이런 것을 알 수 있듯이 '내'가 '나'를 바라볼 수 있어야 합니다. 성찰 능력이지요. '자의식'은 거기에서부터 시작이 됩니다. 자의식은 '나'를 잘 성찰해서 알아차린 다음에, 반성할 것은 반성하고 더 발전적으로 가야 좋은 것입니다. '내게 이런 면이 있구나. 이럴 때 내가 괴로워하니까 이건 내가 하지 말아야 되겠다' 이렇게 깨닫거나, '나는 이런 상황에서는 거절을 못 하는구나. 결국 들어주고 나서 일에 허덕이게 되면 내가 괴로우니까 다음부터는 이런 종류의 일들은 처음부터 거절해야 되겠다' 이렇게 나를 알아가는 것이지요. 성찰을 통해 '나'를 알고, '나'에게 도움이 되는 방법들을 찾아가는 것이 중요합니다.

자의식이 강한 사람들은 뭐든 잘하고 싶고, 인생을 발전시키고 싶고, 좀 더 유능한 사람이고 싶어 해요. 사회 안에서 건강한 사람이고 싶어 합니다. 좋은 생각이에요. 다만 그 기준이 너무 높은 것이 문제예요. 굉장히 철저하고 완벽하고 실수 없고 잘해 내는 것을 기준으로 삼습니다. 그래서 다른 사람들이 '그럴 수 있지'라고 하는 것을 받아들이지를 못합니다. 그래서 지나치게 실수하지 않으려 들기도 합니다. 그런데 그것 때문에 해야 할 것을 시작조차 못 하는 사람도 있어요.

고등학교 3학년 아이가 있어요. 공부를 좀 하는 아이입니다. 아이는 '이번 시험만큼은 정말 잘 봐야지' 하면서 준비를 많이 했어요. 그런데 첫날 본 시험이 어려웠습니다. 시험을 좀 못 봤어요. 자기 생각에 자기가 설정한 기준, '내가 이 정도 준비했고 나라는 사람은 이 정도 해내야지' 했던 기준에서 많이 못 미쳤습니다. 자의식이 강한 사람은 이런 상황에 마음이 확 불편해지거나 속이 상해요. 그러면서 뒤로 나자빠지기도 합니다. '어차피 이번 시험 망쳤네, 해 봐야 무슨 소용 있겠어? 이미 내신 망쳤는데' 하면서 힘을 잃습니다. 사실 이렇게 손을 놓고 있는 사이에도 시험은 계속 진행됩니다. 손을 놓은 것 때문에 성적은 더 나빠집니다. 그러면 '나'는 점점 더 불안해져요. 그러고 나면 슬퍼지기도 합니다. 우울해지기도 해요. 우울하고 불안하니까 그 이후에 해야 할 것을 더 못 합니다. 심한 경우 수능 시험을 보다가 1교시 언어 영역을 만족스럽게 보지 못했다고 바로 나와 버리는 경우도 있어요.

이런 사람은 '내'가 처음에 계획한 것만큼 이루지 못했을 때 다음 단계를 쉽게 포기하려고 한다는 것을, 그것 때문에 우울해지고 슬퍼지기까지 한다는 것을 알고 있어야 해요. 그리고 스스로 그쪽으로 가지 않도록 노력해야 합니다. '아, 나 또 시작이다. 첫 번부터 잘 안된다고 또 나뒹굴어지려고 하네. 오~ 경계! 경계!' 이렇게 스스로에게 외쳐야 해요. 이것이 '나'에게 필요한 알아차림입니다.

뭘 좀 하다가 금방 그만두는 아이들이 있어요. 그 행동이 '자의식'과 관련이 높을 때 제가 해 주는 말이 있습니다. "네가 초심자라는 것을 잊지 마. 초심자로 시작했는데, 제대로 하지 못하는 너를 네가 못 견뎌하는 것은 교만한 거야. 초심자가 못하는 것은 당연해. 초심자는 원래 시행착오를 겪으면서 배워 가야 하는 거야."

인간은 혼자 해결하지 못하는 일에 대해 도움을 청하는 것이 당연한 거예요. 그리고 처음 시작하는 일은 못 하는 것이 당연한 겁니다.

당신만 괴롭지 않다면
지금 그대로도 괜찮아요

30대 남자가 찾아왔어요. 자동차 키를 자꾸 잃어 버려서 미치겠다고 했습니다. 다른 물건은 잘 안 잃어버리는데, 자동차 키는 벌써 몇 번째인 줄 모르겠다고요. 제가 그 남자에게 물었어요. "차 키 말고 다른 것도 잃어버리세요?" 남자는 답했습니다. "아니요, 절대 안 잃어 버려요." 저는 또 물었어요. "많이 괴로우세요?" 남자는 답했습니다. "아니 뭐, 괴롭기보다는 돈이 좀 들지요." 그래서 이렇게 말씀드렸습니다. "그럼 그냥 그렇게 사셔도 됩니다."

이 남자는 부주의한 것이 맞아요. 남자에게는 부주의하고 주의력이 좀 부족한 증상이 있었습니다.

하지만 그렇다고 치료를 받으라고 하지 않아요. 뭔가 문제가 되는 증상이 있어도 그것을 적당하게 조절해서 자기 나이에 맞게 있어야 될 곳, 자기가 해야 하는 일에 영향을 미치지 않고 해낼 수 있다면 괜찮다고 봐요.

친구를 잘 못 사귀는 아이가 찾아와도 어떤 점을 바꿔야 한다고 말하지 않습니다. 아이에게 "친구가 없어서 외롭니?"라고 우선 물어요. 아이가 그렇다고 대답하면 한 번 더 묻습니다. "너 사람 싫어하니?" 아이가 아니라고 대답하면 "그럼, 그건 좀 생각해 봐야겠구나. 사람이 외로우면 힘들지. 너 교실에 들어가 있으면 불편하니?"라고 또 묻습니다. 아이가 "어떨 때는요"라고 대답하면, "그게 좀 편해지면 되겠다. 시간은 걸릴 거야. 우리의 목표는 네가 엄청 활발해져서 너희 반 모든 친구와 친해지는 것이 아니야. 그냥 네가 많이 외롭지 않고, 어떤 무리에 들어갔을 때 불편하지 않도록 한두 명의 친구와 가까이 지낼 정도면 돼. 한두 명 정도는 좀 친한 친구가 있는 게 학교 생활하기에 낫거든" 이 정도로 얘기해 줍니다. 덧붙여 말합니다. "네가 친구를 잘 사귀지 못하는 것은 나쁘거나 잘못한 일이 아니야. 하지만 계속 그러면 살면서 불편할 수도 있으니까 조금씩 다듬어 가면 되는 거야."

어떤 면이 좀 부족하다는 것은 나쁘거나 못난 것이 아니에요. 비난받을 일도 아닙니다. '나'를 완전히 바꾸려고 할 필요는 없어요. '나'의 모습을 있는 그대로 받아들여도 됩니다. 다만, '내'가 '나'의 모습 중에 좀 불편한 면이 있으면, 불편하지 않을 정도만 되도록 노력하면 되는 거예요.

저와 친한 남자 후배가 어느 날 밤 전화를 했어요. 겁이 많고 소심한 후배입니다. 뭔가 사소한 일로 너무 불안해져서 연락한 것이었어요. 이야기를 다 듣고 제가 말했지요. "그냥 소심하게 살아도 돼. 그게 네가 행복한 방법이야. 도전 안 해도 돼. 그냥 그대로도 괜찮아." 후배는 내 말에 "그렇죠, 선배? 그냥 이렇게 살아도 되죠?" 하면서 굉장히 마음 편해했습니다.

남자 나이 40대 초반이면 일에 대한 고민이 많아집니다. 회사에 다니는 사람은 독립해야 하는 것 아닌가 갈등하고, 사업하는 사람은 조금 더 확장시켜야 하는 것 아닌가 생각해요. 이럴 때 조금 소심한 사람은 고민이 더 깊어집니다. '나도 뭔가 해야 하는 것 아닌가' 싶다가도 '지금 이대로도 좋은데' 하거든요. 자신은 안정적인 것을 좋아하지만 주변이 싱숭생숭하니, 자신이 지금 현실에 별 불만이 없고 자신만 변화를 추구하지 않는 것이 마치 도태되는 것처럼 느끼는 겁니다. 그런데 그냥 그대로 살아도 돼요. 자신이 소심한 것이 불편하다면 고쳐야 되겠지만, 불편하지 않으면 굳이 대범해질 필요도 없습니다. 그것도 그런대로 마음 편하고 행복합니다.

어릴 때부터 너무 산만해서 저한테 상담을 받아 온 아이가 있었어요. 이 아이는 치료제를 써야 하는 상황인데, 틱이 심해서 치료제를 쓰지 못했습니다. 이 아이가 고등학교를 졸업할 때 저한테 이런 말을 했어요.

"원장님, 저는 대학 안 가려고요." 이유를 물으니, 본인은 일단 공부는 적성이 아닌 것 같다고 했습니다. 공부가 맞지 않는 사람은 대학에 갈 필요가 없다고 생각한다고요. 그러면 뭘 할 거냐고 물었지요. "제 단점이 한 자리에 오래 앉아 있는 것을 싫어하는 거잖아요. 저는 휙휙 돌아다니는 것이 좋아요. 특히 차를 타고 다니면 마음이 후련해요. 그리고 저에게는 틱이 있잖아요. 틱 때문에 다른 사람과 진지한 관계를 맺는 것이 불편해요." 아이는 일단 중고트럭을 사서 채소나 생선을 싣고 이곳저곳 돌아다니면서 장사를 해 볼 생각이라고 했어요. 장사를 배운 다음에는 음식점이나 식자재 유통을 하는 사업을 해 보고 싶다고 했습니다. 차를 타고 돌아다니는 것은 휙휙 돌아다니는 것을 좋아하는 자신에게 맞고, 또 "사세요!" 하고 소리를 지르는 것도 늘 나불나불 말하기 좋아하는 자신에게 딱이라고 했지요. 장사해도 사람과 관계를 맺어야 하긴 하지만, 오래 지속되는 깊은 관계는 아니니 그 정도는 잘할 수 있을 것 같다고 했습니다.

아이의 말을 들어 보니 다 맞는 말이었어요. 그래서 부모님과 상의해서 그렇게 하라고 했죠. 아이는 몇 년 장사를 하고는 지금은 꽤 큰 식당을 경영하고 있어요. 이 아이는 자신의 단점을 정확하게 알고 있었던 거예요. 증상이 완전히 낫지는 않았지만, 자신이 일하는 영역에서 문제가 되지 않게 잘 관리할 줄 알았습니다.

사람 안에는 여러 가지 모습이 있어요. 불안한 사람이든 산만한 사람이든 소심한 사람이든 그 사람이 가지고 있는 보석 같은 특징이 있습니다. 준비성이 철저하거나 다양한 호기심이 있거나 신중하고 조심스러울 수 있어요. 사람 안에 있는 여러 가지 면은 어떤 측면에서는 장점이 될 수도 있고, 다른 측면에서는 단점이 될 수도 있습니다. '나'를 이해할 때는 이런 것들을 통합적으로 보는 것이 중요합니다.

고쳐 나가야 한다는 생각이 들면 조금 노력해도 좋아요. 하지만 '나'를 완전히 바꿀 필요는 없어요. '나'는 '나'일 때가 제일 편합니다.

당신은 좋은 사람이지만,
당신을 다 좋아하진 않아요

20대 후반의 청년이 있었어요. 3개월 전에 찾아와서는 취업했다고 무척 좋아했습니다. 그런데 어제 와서는 "원장님, 이 회사는 저와 맞지 않는 것 같아요"라고 했어요. 이야기를 들어 보니 상사가 좀 별로인 사람이었습니다. 청년이 지시받은 업무를 처리해 보고하면 마음에 들지 않는다며 "야! 너 이따위로 일하고 월급 받아 갈 거야?"라고 했대요. 청년은 월급도 쥐꼬리만큼 받는데 자존심까지 상하면서는 못 다니겠다고 했어요. 저는 그래도 다니라고 했습니다. 청년이 "제가 문제인가요?"라고 묻더군요. 저는 솔직하게 그렇다고 대답했습니다. 청년은 약간 분해하면서 "왜요?"라고 물었어요. "그 관계가 그렇잖아. 그 상사랑 너는 업무로 맺어진 관계야. 밑에서 잘못하면 위에서 책임을 지게 되어 있어. 그래서 화를 내는 거야. 그런데 그건 너의 실수에 대한 반응일 뿐이지, 너라는 개인을 미워해서 그러는 것은 아니야." 이렇게 답하자 청년은 따지듯이 물었습니다. "아니, 그러면 좋게 말해 줄 수도 있잖아요?" 제가 대답했지요. "그러면 그 사람 인격이 엄청 훌륭한 거지. 그런데 그건 부모나 형제나 선생님에게나 바랄 수 있는 거야. 업무로 맺어진 사람은 업무 중심이야. 그 사람이 잘한 것은 아니지만, 그렇게 기분 나빠할 것은 없어. '그냥 인격이 좀 아니구나. 좋은 상사가 아니구나' 하면 되는 거야."

친구 때문에 상처를 받고 저를 찾는 아이들이 많아요. 친구의 모진 말에 상처를 받은 아이에게는 이렇게 묻습니다. "친구가 언제나 옳은 것은 아니잖아. 그 친구가 한 말이 옳은 말인지 잘 생각해 봐. 아닌 것 같으면 그 말에 영향을 받을 필요가 없는 거야. 물론 기분 나쁘지. 그러나 이 세상에는 옳지 않은 말을 하는 사람이 참 많거든. 그때마다 이렇게까지 아파할 필요가 없어. 네가 생각했을 때 뭐가 옳은 방향인 것 같아?" 아이가 자신의 생각을 말하면, "그렇게 하도록 해. 네 생각을 한번 점검해 보고 그쪽으로 가면 되는 거야"라고 해 줘요.

아이가 잘 맞지 않는 친구로 인해 괴로워할 때, "그 친구도 알고 보면 좋은 사람일 거야" 또는 "걔가 잘 몰라서 그래, 조금만 더 지나면 네가 얼마나 좋은 사람인지 그 아이도 알게 될 거야"라고 위로하지 않습니다. 오히려 이렇게 말할 때가 많아요. "여러 사람이 있는 집단에는 좋지 않은 사람도 있어. 그런 사람이 많은 건 아니지만 그런 사람이 있다는 것을 알고 있어야 해. 그러나 어떤 상황에서도 너는 괜찮은 사람이지. 집단 안에서 너랑 안 맞고 좋지 않은 사람도 있을 텐데 그런 사람의 기준에 너무 좌우되지 마."

우리는 살면서 "어떻게 나한테 이럴 수가 있어!" 하는 사람들을 종종 만납니다. '내'가 정말 좋은 사람이라고 해도 그런 사람을 만날 수 있어요. 그런 사람을 만나서 어떤 일을 당해도 '나'는 여전히 좋은 사람입니다. 그러나 '내'가 좋은 사람이라고 해서 모두가 다 '나'를 좋아하지는 않아요. 그것을 받아들여야 합니다. 왜 그럴까요? 사람의 마음은 다 다르기 때문이에요. 그냥 다른 거예요. 옳고 그른 것은 생각하지 마세요. 그 사람은 그냥 그런 사람입니다. 업무 관계로 만난 사람은 딱 업무까지만 하세요. 어쩔 수 없이 만나야 하는 사람은 그 어쩔 수 없이 만나는 만큼만 하세요. 그렇지 않은 관계는 정리하세요. '내'가 그렇게까지 애를 썼는데 그 사람이 '나'를 싫어하면 그 관계는 정리하는 것이 맞습니다.

예전에 어떤 작가가 신문에 이런 말을 했더군요. "퍼질러 놓은 인간관계를 이제는 정리를 좀 해야겠다." 참 많은 생각이 들었습니다. 정말 맞는 말이에요. 인간관계는 '나'를 중심으로 동심원을 그렸을 때, '나'와 가까운 더 친한 사람이 있고, '나'와 좀 떨어진 덜 친한 사람, 안 친한 사람이 있어요. 그들과의 관계가 다 같을 수는 없습니다.

'내'가 공들이고, '내'가 더 마음 아프고, '내'가 더 친절해야 할 사람은 '나'와 가까운 사람들이에요. 다른 사람들도 마찬가지입니다. '내' 중심에서 저 멀리 있는 사람이 '나'를 알아주지 않는다고 마음 아파하지 마세요.

그런데 그 동심원에 아예 없는 사람들이 있어요. 잘 모르는 사람들, 아주 친하지 않은 사람이면 좀 기분 나쁜 일이 있어도 불러 세워서 눈을 맞추고 말 대응을 하지 마세요. 그냥 흘려보내세요. 악연을 맺지 말라는 겁니다. 무서워서 그러는 것이 아닙니다. 그럴 필요가 없기 때문이에요.

'나'와 다른 생각을 가진 사람들이 있습니다. 그 사람은 그냥 그런 거예요. 나 혼자 그 사람을 욕할 수는 있어요. 그 욕을 다른 사람한테 하지는 마세요. 물론 아주 친밀한 두세 명에게는 그 사람에 대한 속상한 마음을 말할 수 있겠죠. 그러나 공개적으로는 하지 마세요. 기본적으로 상대의 감정과 생각이 나와 다르다는 것은 옳고 그르다를 따질 수 없는 겁니다. 그냥 다를 수 있다는 그 자체를 인정해 주세요. 나랑 다르다고 "왜 그렇게 생각해? 넌 틀렸어!"라고 할 수 없는 겁니다.

그리고 상대가 입 밖으로 소리를 내어 "미안합니다"라고 하면 그걸 있는 그대로 받아 주세요. 그것이 내게 진심으로 느껴지지 않을 수 있어요. '나'라면 그런 식으로 사과하지 않을 거고요. 그런데 그건 '나'입니다. '나'라는 사람이 더 잘하는 겁니다. 하지만 그 사람은 그 사람이에요. 사과를 하느라고 하는 거예요. 그러면 그 사과를 있는 그대로 받아들이세요. 마음에 와닿지 않아도 '사과를 하는구나' 하고 그 일을 그냥 마무리 지으세요. 우리는 객관적일 수가 없어요. 우리는 언제나 주관적입니다. 타인과 감정이 얽힌 일은 더욱 그래요. 타인의 감정을 나의 주관적인 생각으로 바라보지 않으려 노력해야 해요. 감정은 옳고 그름을 말할 수 없는 겁니다. 감정은 감정이니까요.

아주 어렸을 때부터 만나 온 아이가 있습니다. 아이는 굉장히 여렸어요. 잘 울고 상처도 잘 받았죠. 아이는 이제 대학생이 되었습니다. 그 아이와 며칠 전에 이런 이야기를 나누었어요. "네가 아주 어렸을 때는 감정이 와서 탁 닿으면 그릇에 금이 갔어. 그래서 너희 부모님은 굉장히 오랫동안 그릇에 금이 가지 않도록 너를 애써 키웠단다." 그랬더니 아이가 "저 이제는 좀 좋아졌어요?"라고 물었습니다. "요새는 금은 안 가. 그런데 아직도 그릇이 좀 얇아." 아이는 "저 요즘에는 옛날처럼 안 그렇잖아요?"라고 하더군요. "알아. 많이 좋아졌는데 그릇이 얇으면 울림이 커. 그래서 감정이 탁 닿으면 공명이 생기지. 그 울림이 네 마음에 코옥 하고 아픔으로 오는 거야." 아이는 제 말에 막 웃었습니다. "그 울림이 너한테 영향을 줘. 너를 마구 흔들어서 너의 근간을 흔들리게도 해. 예를 들면 누가 좀 기분 나쁜 말을 했을 때 역시 '난 안 돼. 난 이런 소리나 듣는 사람이야' 이렇게 생각하는 것이 너의 근간이 흔들리는 거야." 아이는 웃음을 멈췄습니다. "그럴 때는 울리는 그릇을 탁 잡아. 네가 그럴 수 있어야 해. 장기적으로는 그릇을 좀 두껍게 만들어야 해. 그래야 좀 든든한 사람이 되지. 섬세한 것은 좋은 거야. 하지만 울림은 적어야 돼. 그릇이 얇으면 다른 사람이 자꾸 너를 흔들 수 있어. 그런데 그 다른 사람이 늘 옳은 것은 아니야. 어떨 때는 너를 아끼지만 말은 기분 나쁘게 할 수 있어. 그 사람이 정신과 의사처럼 남의 마음을 잘 알지는 못하거든. 그럴 때는 조금만 울리다가 탁 잡고 '나 잘되라고 하는 말이지'라고 얼른 생각해." 이렇게 말해 주었습니다.

마음에 뭔가 탁 부딪히면 아파지기 전에 그릇을 꽉 잡으세요. 그 울림이 너무 오래 가서 나의 뿌리와 둥지까지 흔들게 두지 마세요.

죽기보다 싫은 일은 피하는 것도
세상 사는 지혜입니다

10년 넘게 임용고시를 본 삼십 대
남자가 있었습니다. 이 남자의 부모는 어릴 때부터
자녀의 공부에 대한 기대가 유독 높았어요. 다행히
남자는 공부를 잘하는 편이었어요. 부모는 남자가
교사가 되기를 원했습니다. 남자는 대학 전공도 부
모의 뜻대로 사범대학으로 선택했지요. 남자는 처
음에는 교사에 관심이 없었어요. 부모의 뜻을 어길
때마다 두 분이 보이는 냉대, 두 분의 불화를 견딜
수 없어서 부모가 설계한 대로 살고 있던 겁니다.
대학을 졸업하고는 경제적 지원을 받을 수 없어 남
자는 학원 강사 일을 시작했어요. 그런데 그 일이
생각보다 재미있고 보람이 있었습니다. 부모는 학

원 강사 일을 아르바이트라고 깎아 내리며, 언제까지 그러고 살 거냐고 비난했어요. 남자는 저에게 말했어요. "부모님의 그런 말을 들을 때마다 제 자신이 벌레처럼 작고 하찮게 느껴집니다. 부모님께 저 자체로 인정받고 사는 것이 그렇게 불가능한 일인가요?"

부모가 이제라도 남자의 마음을 이해해 주면 좋겠지만, 이제 성인인 그에게 부모의 인정이 반드시 필요한 것은 아니에요. 부모의 사과와 위로를 받을 수 없다면, 자신이 경험했던 행복을 토대로 스스로 창문을 만들고 시야를 확장해 나가는 수밖에 없어요.

남자는 학원 강사를 하며 "선생님 수업 좋아요", "선생님 훌륭해요"라는 말을 아이들에게 들을 때 정말 행복하다고 했어요. 그렇다면 그게 그 사람의 길입니다. 타이틀이 중요한 게 아니라 가르친다는 행위가 귀하고 소중한 것입니다. 좋은 선생님은 어떤 장소에서도 귀한 가르침을 줄 수 있어요. 이제는 부모가 '나'를 어떻게 보느냐보다, '내'가 '나'를 어떻게 생각하느냐를 더 중요하게 여겨야 합니다. 그것이 진정한 독립입니다. 자신이 행복한 일을 하면서 기쁨과 자존감을 회복하는 것은 중요해요. 교원 임용이 됐느냐 여부는 아무 상관이 없어요. 좀 더 안정적이냐 아니냐의 차이가 있을 뿐이지, 의미 있는 일을 하면서 아이들에게 좋은 영향을 준다는 것은 언제 어디서나 매우 가치 있는 일입니다. 자신이 행복하다고 느끼는 일은, 자신이 얼마나 존귀하고 소중한 사람인가를 느끼게 해요. 그 느낌은 우리의 마음을 풍요롭고 단단하게 합니다.

책을 읽어 오면서 '나'의 불행의 원천이 무엇인지 어느 정도는 찾았을 것 같아요. 그렇다면 이제는 '나'의 행복의 원천이 어디인지도 생각해 보았으면 합니다. '세상에 태어나서 어떻게 이런 일을 겪을 수 있을까, 부모라는 사람이 어떻게 자식에게 이렇게 할 수 있었을까' 하는 상처를 가진 사람이라도 365일 24시간 25년 내내 불행하지는 않았을 겁니다. 그런 일은 있을 수 없습니다. 아주 약간 기분 좋은 날도 있어요. 부모가 아니어도 내 주변에 나에게 잘 대해 준 사람도 있습니다. 성숙하지 못하고 이상한 부모였더라도 가물에 콩 나듯 잘해 줄 때도 있었을 거예요. 달걀 반숙을 맛있게 해서 준 날도 있고, "너 옥수수 좋아하잖아" 하면서 사다 준 날도 있을 겁니다. 물론 그런 날보다 그러지 않은 날이 훨씬 많고 길었을 테지요.

지금의 '나'는 상처도 많고 무척 힘들게 컸어요. 하지만 나쁜 사람은 아닙니다. 진짜 이상한 부모 밑에서 불행하게 컸는데 '나'는 이상한 사람이 아니에요. 좋은 사람입니다. 그러면 '나'에게 힘이 있는 겁니다. '내'가 힘을 받은 자원과 능력이 어딘가에 있어요. 그걸 찾아야 합니다. 그것은 애써야 찾을 수 있어요. 그것이 '나'의 행복의 원천, 힘의 원천일 거예요.

"아니요, 전 좋은 사람이 아니에요"라고 하고 싶으신가요? 당신은 지금 상처받고 괴로워하고 고통스러워하고 있는 것이지, 나쁘고 악한 사람이 아니잖아요. 다른 사람에게 피해를 주지 않잖아요? 게다가 이런 것이 중요하다는 것을 알잖아요? 그래서 다른 사람한테는 그러지 않으려고 노력하잖아요? 그러면 이상한 사람이 아닙니다. 좋은 사람입니다. 좋은 사람이 뭐라고 생각하세요? 좋은 대학 나와서, 연봉 잘 받고, 아이들 데리고 해외여행 잘 다니는 사람이라고 생각하나요? 다시 생각해 봤으면 합니다. 좋은 사람은 인간다운 사람입니다. 어떤 재난 기사를 봤는데 굉장히 마음이 아파요. 도와주고 싶습니다. 그 마음이 인간다운 겁니다. 남한테 잘하는 것은 나중 문제고, 남에게 해를 안 끼치고 악하게 하지 않는 것이 인간다운 것이에요. 인간다운 사람이 좋은 사람입니다. 혹시 못난 사람이라고 생각하나요? 세상에는 나쁜 사람은 있지만 못난 사람은 없습니다. 그리고 선행을 해야만 좋은 사람이 아니에요. 다른 사람에게 나쁘게 대하지 않고 살면 좋은 사람인 겁니다. 선행하는 사람은 훌륭한 사람이에요.

그런 이상한 환경에서 그런 이상한 부모에게 상처를 받으면서도 이상한 사람이 되지 않은 것은, '나'에게 보이지 않는 어떤 힘이 있다는 것을 증명합니다. 버티는 힘이 있는 거예요. '나'의 상처와 상황이 어렵다고 그 사실마저 평가절하하지 마세요. 그것도 어디선가, 어느 순간, 그 누구로부터 영향을 받은 것일 겁니다. 그걸 한발 물러서서 생각해 보세요.

저를 찾아 온 아이들이 종종 "원장님, 저는 뭐가 되어야 할지 모르겠어요"라는 고민을 말합니다. 그러면 제가 물어요. "너는 뭘 좋아하니?" 아이들은 이걸 좋아하고 저걸 좋아한다고 답합니다. "네가 정말 하기 싫은 것도 있지? 그것도 한번 생각해 봐. 네가 너를 잘 파악해 보면, 정말 죽기보다 싫은 것들이 있을 거야. 굳이 꼭 해야 하는 것이 아니면 그것은 피하는 것이 맞아." 어떤 아이는 밤늦게 일하는 것은 괜찮은데, 아침에 일찍 일어나는 것은 정말 어렵다고 했습니다. 그렇다면 일찍 출근하는 것을 중요하게 생각하는 회사는 곤란할 거라고 말해 주었어요. 이건 좀 게으른 것인데 고쳐야 하는 것 아니냐고요? 일찍 일어나는 것은 고칠 수 있을지도 몰라요. 하지만 나의 많은 특성은 사실 잘 안 고쳐집니다. 죽기보다 싫은 일을 피하는 것도 세상을 사는 지혜입니다.

아무리 해도 안 되는 일도 그래요. 실력은 좋은데 꼭 수능을 망치는 아이가 있었어요. 저는 그 아이에게 솔직하게 말해 주었습니다. "네가 고3, 재수, 삼수 수능을 세 번 치러 봤잖아. 너는 수능같이 한 번에 모든 것이 결정되는 시험은 안 맞는 거야. 너는 실력은 있으니까 그런 시험으로 인정받는 것은 피해." 아이는 물었어요. "그걸 피할 수 있나요?" "그럼, 여러 번의 기회가 주어진 시험도 꽤 많아. 수능 같은 시험은 너는 정말 피해야 할 것 같아. 거기에 너무 매달리지 마." 이렇게 조언했습니다. 이런 것에 평생 매달리면서 좌절감 속에 사는 사람들이 있어요. 자기를 모르는 겁니다. 시험에 떨어졌다고 실력이 없는 것이 아니에요. '나'와 안 맞는 것에 매달리면서 스스로를 별 볼 일 없는 인간이라고 생각하지 마세요. 길게 보면 좀 개선해 나가야 할 점일 수도 있지만, 굳이 그런 것에 '내' 인생을 걸 필요가 없어요. '나'를 파악해서 '나'와 맞지 않는 일은 피할 줄도 알아야 합니다.

지금 내가 서 있는 이 길이
최선일 가능성이 큽니다

한 엄마는 판사였어요. 아이가 좀 아팠습니다. 오랫동안 병원에 다니며 치료받아야 하는 상태였어요. 이 엄마와 꽤 긴 시간을 죄책감에 대해 대화했습니다. 시간의 양보다 질이 중요하니 아이가 안정되게 치료받을 수 있는 상황이면 직장을 그만두는 것이 꼭 정답은 아니라고 했어요. 능력을 발휘하고 싶고 직업을 유지하고 싶은 마음을 갖는 것에 대해 너무 죄책감을 느끼지 않아도 된다고도 말해 주었습니다. 1년 동안 열심히 아이를 치료한다고 금방 끝날 만한 상태가 아니었거든요. 아이를 위해 모든 것을 희생하는 것처럼 보여야만 아이를 사랑하는 엄마인 건 아니니까요.

이 엄마는 정말 오랫동안 고민했습니다. 그리고 직장을 그만두었습니다. '그때 내가 더 철저하게 아이에게 붙어서 돌봤더라면 아이가 조금 더 좋아지지 않았을까?' 하는 후회를 이다음에 분명히 할 것 같다고 했습니다. 직업을 포기한 것을 후회하게 될지도 모르지만, 지금 아이를 돌보지 않는다면 더 크게 후회할 것 같다고 했어요. 그 후회는 너무나 고통스러울 것 같다고요.

그럴 때가 있어요. 매일매일 잘해 오던 일인데, 문득 '지금 잘하고 있는 걸까, 계속 이렇게 살아도 괜찮은 걸까'라는 생각이 들 때 말이에요. 그때 그걸 하지 않았더라면, 그때 그렇게 했더라면 하는 생각에 후회합니다. 가지 않은 길에 대한 그리움과 아쉬움, 억울함과 기대는 누구에게나 있어요. 하지만 아마 놓쳤다고 생각하는 그 길로 갔어도 분명히 후회는 남을 겁니다.

가지 않은 길은 그리워하지 마세요. 잠시 스치듯 상상해 볼 수는 있지만, 지금 '내'가 서 있는 이 길이 최선일 가능성이 큽니다. 선택의 순간, '내' 세포 하나하나가 최선이라고 판단해서 선택한 길이기 때문이지요. 상황에 의해서, 어쩔 수 없었다고 생각할 수도 있어요. 하지만 결국 인생은 대부분 자신의 선택입니다. 그리고 그 선택은 내 안에 나도 모르게 그려 놓은 '행복의 그림'에 의해서 결정되었을 거예요. 쳇바퀴처럼 반복되는 일상에서 불현듯 허무감이 들 때는 자신을 들여다보세요. 선택의 순간마다 '내'게 가장 중요한 것은 무엇이었는지, 스스로에게 물어보세요.

'내' 행복의 그림은 무엇인가요? '나는 어떻게 살아야 행복할까'에 대한 나만의 기준에 대해서 끊임없이 생각하세요. 선택의 순간이 오면, 거기에 맞춰 더 상위의 가치에 우선순위를 놓고 서열을 정해야 합니다. 뭐든 자신이 최상의 가치로 두는 것에 따라 살면 돼요. 그게 옳아요.

어느 쪽이든 결정하고 나서는 '나 이래도 될까'라고 고민하지 마세요. 누구도 인생에서 두 마리 토끼는 못 잡습니다. 동시에 두 길을 갈 수는 없습니다. 가치 기준은 아주 이상하고 부적절하지만 않다면 괜찮아요. 어느 누구도 당신이 세운 가치 기준에 대해 비난할 자격이 없습니다. 선택 후에는 뭔가 잘못됐다고 후회하고 죄책감을 갖지 마세요. 그것이 그 순간에는 '내'가 가장 행복할 수 있는 방향이었을 겁니다. 스스로의 선택을 믿으세요.

일상의 사소한 선택들이 모두 인생의 방향에 조금씩 영향을 주지만, 결정적으로 큰 영향을 주는 선택들이 있어요. '내'가 무슨 일을 하면서 살아갈 것인가, '내'가 누구와 생각을 나누며 살아갈 것인가 등이죠. 이런 선택은 시간이 조금 더 걸리더라도, 주변의 반대가 있더라도 반드시 주체가 '내'가 되었으면 해요. 주변의 상황에 밀려서 서둘러 선택하지 마세요. 분노와 원망이 커질 수 있어요. '대학에 가고 취직하고 결혼하고 출산하고 아이를 키우는 삶'은 겉으로는 매우 소박해 보이지만, '내' 인생의 행복들을 크게 결정짓는 일들입니다.

이런 일들은 '내' 행복의 그림에 맞춰서 '내'가 주도적으로 선택해야 해요. 누군가가 원하는 삶이 아니라 자신이 원하는 삶으로 말이지요. 그래야 이다음에 후회가 덜 합니다.

후회가 들 때는 자신에게 지나치게 철저한 면이 있는지, 용납하지 못하는 면이 있는지도 스스로 살펴보고 내려놓을 것은 내려놓으세요. 저에게는 여러 가지 역할이 있습니다. 엄마, 아내, 딸, 며느리, 정신과 의사, 병원 원장, 방송인, 저술가 등…. 저는 각각의 제 모습을 볼 때 어색하지 않습니다. 모든 역할이 완벽하냐고요? 아니지요. 어느 역할에서는 좀 잘하는 것 같지만, 다른 역할에서는 좀 어설프기도 합니다. 하지만 그 모습들이 서로 충돌을 일으켜 제 안에서 불안을 일으키지는 않아요. 제가 저 스스로에게 갖는 감정들이 대체로 잘 통합되어 있어서 각 역할들도 편하게 느껴져요. 이것을 좀 어려운 말로 자아 조절 기능에 의한 '정체성 통합'이라고 합니다.

너무 지나치게 완벽하려고 애쓰지 마세요. 역할이 몇 가지 안 될 때는 누구나 잘할 수 있어요. 하지만 역할이 많아지면 그만큼 못 하는 것이 당연합니다. 역할이 많아지면 자아의 조절 기능이 약해지면서 혼란스럽고 불안해질 수 있어요. 그럴 때는 자신에게 너그러워져야 합니다. 그래야 가깝고 소중한 사람들에게도 너그러워질 수 있어요.

과거의 좋은 일이든 나쁜 일이든 그것이 누적된 결과가 현재인 것은 맞아요. 과거를 깡그리 무시할 수는 없습니다. 부모가 준 상처, 정말 크지요. 무척 아팠을 겁니다. 하지만 그것을 어느 정도 정리하고 마무리를 지어야만 새로운 창이 생겨요. 과거를 부여잡고 사는 사람은 과거에 머물러 사는 겁니다. 내 몸은 '오늘'에 있어요. 과거는 지나간 일입니다.

저희 집에 있는 인공지능 스피커에게 알람을 맞춰 달라고 했습니다. 그때 시간이 오전 7시 30분이었는데 제가 착각하고 오전 7시 15분에 맞춰 달라고 했어요. 그랬더니 말하더군요. "지나간 시간은 세팅할 수가 없습니다." 기계가 한 말이지만 그 말을 듣고는 제 마음에 깊은 울림이 있었습니다. 아! 그래요. 지나간 것은 그것이 영광이든 상처든 이제 '내'가 주도적으로 어떻게 할 수가 없는 시간이에요. 타임머신을 타고 가지 않는 한, 그냥 지나온 것입니다. 그 지나온 것으로 깨달음도 있고, 상처도 있고, 어떨 때는 너무 아쉽고 슬프고 굴욕감도 느끼지만, 지나온 것은 '내'가 어떤 힘을 행사해서 변화시킬 수 있는 게 아니에요. 지나온 것은 그냥 되돌아볼 수 있는 자료일 뿐입니다. 좋은 결과가 나왔든 나쁜 결과가 나왔든 그것은 '나'의 긴 인생의 행로에 그저 일정 기간일 뿐이에요. 지나온 것은 이제는 지나가 버린 것입니다.

저는 그냥 주어진
'오늘 하루의 최선'을 다합니다

　　　　　　　　이렇게 힘든데 왜 살아야 할까요?
살다 보면 좋은 일도 있기 때문일까요? 저는 우리
개개인이 누구를 위해서가 아니라 자기 자신에 대
한 책임으로 살아야 한다고 생각합니다. 이 세상에
태어나 살아가는 이상, 사랑을 받았든 못 받았든, 삶
이 순탄하든 순탄하지 않든, 어떤 고난이나 난제가
있든 인간은 자신의 생존에 대한 책임이 있어요. 그
래서 저도 저에 대한 책임으로 오늘을 삽니다. 주어
진 오늘 하루를 나름대로 최선을 다하면서 살아요.
　'최선', 앞에서 언급했지만 참 부담스러운 단어지
요. 제가 말씀드리려는 '오늘 하루의 최선'은 앞서
말씀드린 것과 조금 다릅니다. 만약 오늘 너무 힘들

어서 하루 쉬었어요. 그러면 그것이 오늘 하루의 최선이에요. '이렇게 바쁜데 오늘 하루를 날려 버렸네. 흑흑' 할 필요가 없습니다. 오늘 뭔가 했어야 하지만, 몸이나 마음이 힘들었기에 나에게 쉼이 필요했지요. 그러면 '그래, 오늘은 됐어. 오늘 충분히 쉬는 것이 내게 도움이 될 거야'라고 말하며 쉬는 것이 오늘 하루의 최선입니다. 생산성 있게 뭘 만들어 내고 이루고 빽빽한 스케줄을 소화하는 것만이 오늘 하루의 최선을 다한 것이 아니에요. 어제와 오늘 그리고 1년 후 오늘, 모두 똑같은 날들입니다. 늘 아침에는 해가 뜨고 저녁이 되면 해가 집니다. 의미는 인간이 부여하는 거예요. 동이 터서 밤에 잠들 때까지 나름대로 '내'가 '나'에게 도움이 되게 살았다면 그게 오늘의 최선입니다.

아이의 성적이 떨어졌어요. 아이가 10년 후에 대학을 못 가면 어쩌나 미리 걱정하지 마세요. 엄청나게 심각한 문제가 아닙니다. 성적이 전보다 떨어졌으면, "오늘 시험이 좀 어려웠어? 모르는 게 많았어?"라고 묻고, 아이가 "모르는 것이 많아"라고 하면 "시험 본 것 중에 몰랐던 것 하나 정도만 살펴보자. 알고 넘어 가야지" 하는 것이 '오늘 하루의 최선'입니다. '돈을 모아야 되는데' 하는 걱정이 있어요. 그러면 오늘 하루 좀 덜 쓰면 됩니다. 물도 들고 나가서 마시고 외식 대신 밥을 해 먹으면 돼요. 그러면 돈을 모아야 된다는 '나'의 걱정에 오늘 하루의 최선을 다한 거예요. 그런데 다음 날 친한 친구를 만났어요. 그 친구랑 밥도 먹고 차도 마셨습니다. 그것 역시 오늘 하루의 최선입니다. 오늘은 돈보다 더 큰 행복을 느꼈기 때문이지요. 오늘 열심히 일하지 않아서 후회합니다. 그것도 오늘 하루의 최선입니다. 그 후회를 느끼고 '아, 그러면 다음에는 오늘처럼 마음이 힘들지 않게 해 보자' 하면 되니까요. 후회해도 괜찮아요. 그것으로 자신을 비하하고 비난하고 괴로워하지 마세요. 그럴 것까지는 없습니다.

저도 걱정이 될 때가 있어요. 불안할 때도 있습니다. 후회가 될 때도 있죠. 기분 나쁠 때도 있고요. 화가 확 오르는 날도 있습니다. 그런 마음이 아예 안 들지는 않아요. 그러나 제 오늘 하루의 목표는 잠자리에 들 때까지 나 스스로 마음의 안정을 얻는 것입니다. 내 안에 스스로를 비하하는 생각이 든다면 좀 다듬고, 미래가 걱정된다면 좀 진정시키면서 오늘 눈을 떠서 잘 때까지 비교적 안정적으로 '잘 지냈다'고 생각하는 것이 '오늘 하루 최선'인 것이죠.

오늘 하루가 중요해요. 결국 오늘 하루가 쌓여서 '내'가 되는 겁니다. 오늘이 내일의 거름입니다. 미래는 지나치게 걱정하지 마세요. 너무나 많은 사람이 일어나지도 않은 미래에 대한 불안 때문에, 오늘의 안정을 못 누리고 삽니다. 앞으로 어떻게 살 것인가에 대한 고민을 하긴 해야겠죠. 하지만 그 적정선을 넘는 경우가 많습니다. 그러다 보면 오늘을 항상 불안 속에서 보내게 돼요.

최선이라는 것은 '내'가 할 수 있는 선입니다. '내'가 오늘 좀 피곤해요, 그러면 조금 쉬는 것이 최선이에요. '내'가 오늘 걱정이 너무 많아요, 그러면 '내가 뭘 걱정하지?'를 좀 생각해 보면서 마음을 진정시키는 것이 최선입니다. '내'가 오늘 기분이 너무 안 좋으면 '오늘은 사람을 덜 만나야겠다' 하면서 하루를 그럭저럭 넘기는 것이 최선이지요. '내'가 오늘 너무 날카로우면 '잘못하면 오해를 사니까 말을 좀 줄여야지' 하는 것이 최선입니다. '나'는 회사를 다니지만 크게 인정받을 만큼 큰 일을 하고 있지는 않아요. 그런데 이게 '내' 일터라면 오늘 하루도 '내' 자리에서 최선을 다하면 됩니다. 만약 '내'가 장애아를 키우는 엄마예요. 오늘도 여전히 아이와 한 마디도 못 나누었습니다. 하지만 '내'가 잘할 수 있는 선에서 아이와 눈을 맞추고 웃음을 지었다면, 오늘 하루를 잘 산 거예요. 순간순간 아이가 나중에 커서도 말을 못하면 어쩌나 하는 걱정이 들 수 있습니다. 잠시는 해도 돼요. 그러나 길게는 하지 마세요. 지나치면 인생에서 '내'가 행복하게, 혹은 편안하게 기억할 수 있는 하루를 놓치게 됩니다.

2008년 어느 토요일, 건강검진을 받았어요. 검사하는 후배가 담낭에 악성종양이 있는 것 같다고 했습니다. 그래서 월요일 아침 일찍 정밀검사를 받으러 갔어요. 악성종양일 가능성도 크다고 하더군요. 열어 봐야 알겠지만 담낭암일 가능성이 93퍼센트라고 했습니다. 대장암까지 발견된 상태라 담낭암이라면 오래 못 살 수도 있다고 했어요. 결과를 듣고 저는 제 병원으로 돌아와서 진료를 봤습니다. 진료를 보는 동안 담낭암에 대한 생각은 별로 안 났습니다. 그냥 평소 하듯이 진료를 봤어요.

지금 생각해 보면 그걸 담대하다고 해야 할지 좀 문제가 있다고 해야 할지 잘 모르겠어요. 그런데 그게 제가 오늘 하루를 사는 방식입니다. 제가 수술을 해서 누워 있는 상황도 아니고, 예약된 환자들이 있으니 출근을 했죠. 예약된 환자 중에는 지방에서 하루 월차를 내면서 온 사람도 있고, 정말 절실한 마음으로 저를 찾은 부모님도 있어요. 지금 저의 고민은 당장 해결될 일도 아니기에 저는 이 사람들을 만나 이 순간에 제가 맡은 역할에 최선을 다하는 것이 중요하다고 생각했어요.

진료를 다 끝내고 집에 가서야 '진짜 얼마 못 살면 어쩌지?' 하는 걱정이 들긴 했습니다. 그러고 나서 화요일도 멀쩡히 출근해서 진료를 봤어요. 진료를 보고 있는데 전화가 왔습니다. 제가 수요일에 수술하기로 했거든요. 수술 준비를 해야 하니 오후 6시 전까지는 와야한다며 빨리 입원하라고 했습니다. 시계를 봤더니 그때가 오후 4시 반이었어요. 알았다고 하고 부랴부랴 정리하고 입원했어요. 그러면서 '나도 참 희귀한 동물이다'라는 생각을 했습니다. 다행히 수술을 해 보니 7퍼센트의 가능성으로 담낭암은 아니었어요. 대장암은 맞았지만 초기여서 그나마 간단하게 끝났습니다.

사실 수술을 받은 수요일 그 다음 날은 무료 강연이 잡혀 있던 날이었어요. 많은 부모가 오기로 되어 있었습니다. 그런데 그 강연을 본의 아니게 취소해야만 했어요. 월요일에 악성종양 가능성에 대한 소견을 듣고 수술 날짜를 잡자마자 강연 담당자에게 전화를 했습니다. 건강상의 굉장히 큰 문제로 강연을 진행할 수가 없다고 했어요. 담당자는 며칠 사이에 그런 일이 생길 수 있느냐며 강연 약속을 먼저 잡은 것이니 약속을 지키라면서 이렇게 책임감이 없을 수가 있냐고 했습니다. 제가 강연을 취소함으로써 감당해야 하는 일에 대한 불만을 쏟아냈습니다. 강연에 참석하기로 한 사람들에게 자신이 일일이 전화를 걸어서 양해를 구해야 하는 상황이라고 했어요. 그래도 저는 "저도 원하지 않고 어쩔 수가 없는 상황이에요. 제가 약속을 어기진 않는데, 이번에는 상황이 그렇습니다. 죽고 사는 문제입니다. 죄송하게 됐습니다"라고 말할 수밖에 없었습니다. 그때 섭섭하다기보다는 '인간은 언제나 이기적인 것은 아니지만, 중요한 일이나 위기에 닥쳤을 때는 자기를 먼저 생각할 수밖에 없는 존재구나'라는 인간적인 허망함이 들었어요.

그 이후에도 여러 경험을 하면서 알게 된 것은 결국 우리는 우리가 할 수 있는 선에서 최선을 다할 뿐이라는 겁니다. 그것에 대해서 누가 우리한테 찬사를 보내든 아니든, 그런 것들은 모두 자기 입장에 따라 하는 것이라 어쩔 수 없다는 거예요. 결국 언제나 중요한 우선순위에 따라서 신중하게 결정하고, 그것에 최선을 다할 수밖에 없는 것이 인생이라는 것이지요. 인생에는 어쩔 수 없는 일이 있어요. 그리고 어차피 사람마다 입장이 다릅니다. 입장이 다른 것에 대한 상식적인 이해와 공감 능력이 필요할 뿐이에요. 우리가 최선을 다했는데 누가 험담을 한다면, 어쩔 수 없는 일이죠.

돈이 많아도 악다구니를 쓰면서 괴롭게 살기도 하고, 빈곤해도 그 안에서 소소한 행복을 누리기도 하는 삶을 두루 봅니다. 인생을 그렇게 악착같이 비장하게 살 필요가 있을까요? 인생은 갈피를 잡을 수가 없어요. 그렇다고 의미가 없는 것은 아니에요. 결국은 그저 오늘 하루 최선을 다하면 되는 겁니다.

얼마 전 강연 때의 일입니다. 강연을 끝내고 나오는데 어떤 엄마가 저를 따라 나오더니 눈물을 글썽이면서 제 손을 꼭 잡았습니다. "박사님, 제가 드릴 것이 이것밖에 없어요. 오늘 너무 잘 들었습니다. 너무너무 갈등하고 있었는데 도움이 많이 됐어요" 하면서 제 손에 작은 사탕 하나를 꼭 쥐어 주었어요. 저는 그 엄마를 안아 주면서 "잘 먹겠어요. 그렇지 않아도 목이 칼칼했는데 고마워요" 했습니다.

저는 사탕을 잘 안 먹어요. 그런데 그날은 차에 타자마자 그 사탕을 먹었습니다. 그 사탕은 근래 먹었던 어떤 음식보다 맛있었어요. 그날 그 사탕 하나로 제가 얼마나 행복감을 느꼈는지 모릅니다. 오늘 하루의 최선 끝에 드물게 오는 이런 행복감, 인간은 이런 경험으로 사는 것 같아요.

매일 잠들기 전, 나를 용서하세요

아이는 하루 종일 정말 징글징글하게 말을 듣지 않았어요. 저녁이 되자 지쳐 버린 엄마는 아이에게 소리 지르면 안 된다는 것을 너무나 잘 알고 있었지만, 몇 번이고 좋은 말로 가르쳐 줘야 한다는 것을 잘 알고 있었지만, 결국 아이에게 무섭게 화를 내며 자녀교육서에서 하지 말라는 말들을 쏟아내고 말았습니다. 울다 지쳐 잠든 아이를 보니, 엄마는 너무 미안했어요. 엄마라는 사람이 어떻게 이 정도밖에 안 될까 하는 마음에 자신이 한심해졌습니다. 그 엄마가 저를 찾아왔어요. 이런 날이 하루도 이틀도 아니고 일주일에 절반이 넘는다고 했지요. 제가 그 엄마에게 말해 주었습니다.

"매일 잠들기 전, 하루 종일 '나'를 힘들게 한 아이를 용서하세요. 그리고 그 아이를 잘 다뤄 주지 못한 '나'를 용서하세요."

저는 당신도 매일 밤 자기 전, 하루 일을 돌아보며 자신을 반성하기보다 용서했으면 좋겠습니다. "더 나은 사람이 되기 위해서는 용서보다는 반성을 해야 하는 것 아닐까요?"라고 묻는다면, "원래 더 나은 사람이라는 것은 없어요"라고 대답할게요. 세상에 나쁜 사람은 있지만 못난 사람은 없거든요. 그래서 더 나은 사람도 없습니다. '더 나은 사람'이 되려고 노력하는 것은 좋은 자세지만, '더 나은 사람'이 되려고 스스로를 괴롭히는 것은 바람직하지 않아요. 일부 반성하는 것은 좋아요. 하지만 자신을 너무 다그치지 마세요. 우리는 그저 남들이 만들어 놓은 기준들 때문에 자신을 지나치게 혹독하게 대할 때가 많습니다.

'더 나은 사람'이 되는 것보다 '나를 아는 사람'이 되는 것이 더 필요해요. 왜냐면 '나'를 알아야 '나'를 다룰 수 있기 때문입니다. 인생은 자신을 계속 알아가는 과정입니다. 자신에 대해서 많이 알면 알수록 자신을 더 잘 다루게 되겠지요. 자신을 잘 다루게 되면 마음이 쉽게 요동치지 않습니다. 자신에게 실망할 일이 조금은 덜 생깁니다.
제가 만났던 소리 지르는 엄마도 그렇습니다. '아이에게 소리를 지르면 안 된다'를 무조건 지키려고 하는 것보다 '아, 내가 이럴 때 이런 마음으로 아이에게 소리를 지르는구나'를 깨닫는 것이 중요해요. 그래야 아이에게 소리 지르는 행동을 줄일 수 있어요. 그렇게 '나'를 알려면 마음의 안정감을 찾아야 합니다. 마음의 안정감을 찾으려면 '나'를 미워하고 혼내서는 안 돼요. '나'를 인정하고 용서해야 합니다.

어떤 사람이 오늘 당신에게 심한 말을 했습니다. 화가 머리끝까지 났지요. 그런데 그 어떤 사람은 내버려 두세요. 한동안은 그 사람을 용서하기가 힘듭니다. 그때 분노감을 가졌던 당신을 당신이 용서하세요. 상사가 무리한 요구를 했습니다. 뭐라고 따지고 싶었어요. 하지만 아무 말도 못했지요. 잔뜩 위축되어 있던 당신을 용서하세요. 어떤 일에 쉽게 좌절하고 포기했던 당신을 용서하세요. 목숨 바쳐 사랑하는 자식이지만 순간 미워서 '으이구!' 했던 당신을 용서하세요. 뭔가 잘못하고도 뻔뻔하게 '뭐 그럴 수 있지'라고 생각했던 당신을 용서하세요. 갑자기 끼어드는 차 때문에 감정이 격해졌던 당신을 용서하세요. '오늘 이런 저런 일이 있었지. 오늘은 그냥 나를 용서하자' 하세요. 그리고 자신을 진심으로 용서하려고 노력하세요. 이것은 궁극적으로 당신이 마음의 안정감을 찾는 길이에요.

세상을 살다 보면 사소한 일들과 의외의 사람들에게서 생각보다 큰 고통을 받기도 합니다. 그 속에서 우리는 감정이 날카로워져서 오히려 자기 자신을 할퀴게 될 때가 많아요. 용서는 그럴 때 스스로 정서적 안정감을 찾고 자신을 바라보는 과정입니다.

잘못해 놓고 "다 괜찮아, 다 괜찮아" 하라는 것이 아니에요. 자신의 수많은 나약함과 치졸함, 별것 아닌데 화냈던 마음, 남을 미워했던 마음 등을 돌아보면서, 그 마음을 없애는 것이 아니라 그런 마음에도 불구하고 안정감을 갖도록 자신을 진정시키라는 겁니다. 그런 마음들 때문에 우리 마음 속 집의 기둥이 흔들리지 않게 하라는 거예요. 그것이 당신이 당신 자신을 용서해야 하는 이유입니다.

옛날이야기 하나 해 드릴게요. 옛날에 한 농부가 있었어요. 농부는 살림도 넉넉하고 몸도 건강했습니다. 아내는 영리하고 알뜰했고, 자식들도 건강하고 성실했지요. 남부러울 것이 없었습니다. 그런데 어느 날 이 농부가 담벼락을 딱 붙이고 사는 이웃 농부와 싸움이 났습니다. 그 이웃집도 농부네만큼 잘사는 집이었어요.

싸움의 발단은 이 농부네 암탉이 이웃집으로 넘어 가서 알을 낳은 것이었습니다. 농부의 며느리가 달걀을 찾으러 갔더니, 이웃집 며느리가 "우리는 남의 집 달걀을 주운 적이 없다"면서 기분 나쁘게 말했습니다. 이 일은 곧 며느리들의 싸움이 되고, 아들들의 싸움이 되고, 농부와 이웃 농부의 싸움이 되고 말았습니다. 두 집의 싸움은 하루가 멀다 하고 벌어졌고, 소송과 재판으로까지 이어졌습니다. 마을 사람들조차 혀를 내두를 정도였지요.

그러던 어느 날, 그러니까 농부가 이웃 농부와의 재판에서 이긴 날이었습니다. 그날 밤 농부는 이웃 농부가 자신의 집 헛간에 쌓아 놓은 짚단에 불을 붙이는 것을 보았어요. 농부는 이웃 농부를 현장에서 붙잡아 크게 벌을 줄 수 있는 좋은 기회라고 생각했어요. 그래서 정신없이 도망가는 이웃 농부를 죽기 살기로 뒤쫓았습니다. 그런데 농부가 막 이웃 농부를 잡으려고 하는 순간, 나무 막대기에 머리를 맞고 쓰러지고 말았습니다.

얼마나 시간이 흘렀을까. 농부가 정신을 차려 보니 짚단에 붙었던 작은 불은 큰 불길이 되어 농부의 집은 물론 이웃 농부의 집까지 다 태우고 그 마을의 절반을 태운 뒤였습니다. 농부는 잦아드는 불길을 바라보면서 정신이 나간 듯 같은 말을 되풀이했어요. "불붙은 짚단을 바로 꺼내어 짓밟아 껐더라면…. 그냥 짚단만 끌어냈으면 되었을 것을…."

러시아의 대작가 톨스토이의 단편집에 나오는 이야기입니다.

내일을 잘 살아가려면 오늘이 끝나기 전 '나'를 용서하세요. '내' 마음의 불씨를 끄는 것이 용서입니다. 오늘 생겨난 불씨는 오늘 그냥 꺼 버리세요. 그 작은 불씨를 끄지 않으면, 불씨는 어느 틈에 불길이 되어 당신 마음의 집을 다 태워 버릴지도 모릅니다.

당신 마음의 집을 태우고, 당신이 소중하게 생각하는 것들까지 재로 만들어 버릴지도 모릅니다. 농부가 저지른 실수를 당신은 하지 않기를 바랍니다.

오은영의 화해

1판 1쇄 2019년 1월 10일 발행
1판 126쇄 2024년 9월 20일 발행

지은이 · 오은영
펴낸이 · 김정주
펴낸곳 · ㈜대성 Korea.com
본부장 · 김은경
기획편집 · 이향숙, 김현경
디자인 · 문 용
영업마케팅 · 조남웅
경영지원 · 공유정, 신순영

글구성 · 김미연
일러스트 · 이선경
표지사진 · 서울문화사 제공

등록 · 제300-2003-82호
주소 · 서울시 용산구 후암로 57길 57 (동자동) ㈜대성
대표전화 · (02) 6959-3140 | 팩스 · (02) 6959-3144
홈페이지 · www.daesungbook.com | 전자우편 · daesungbooks@korea.com

ⓒ 오은영, 2019
ISBN 978-89-97396-87-0 (03180)
이 책의 가격은 뒤표지에 있습니다.

Korea.com은 ㈜대성에서 펴내는 종합출판브랜드입니다.
잘못 만들어진 책은 구입하신 곳에서 바꾸어 드립니다.

이 도서의 국립중앙도서관 출판시도서목록(CIP)은 e-CIP홈페이지(http://www.nl.go.kr/ecip)와 국가자료공동목록시스템(http://www.nl.go.kr/kolisnet)에서 이용하실 수 있습니다.(CIP제어번호: CIP2018040038)